轨道交通工程监理指南系列丛书

丛书主编：王洪东　黄威然　谢小兵　王　虹　魏康林　刘献忠　简　锋　辜思达
丛书主审：米晋生　王　晖　钟长平

轨道交通工程监理指南
盾构工程篇

主　编：魏康林　王　虹　李新明
副主编：陈丹莲　郭建军　张海彬

中国建筑工业出版社

图书在版编目（CIP）数据

轨道交通工程监理指南．盾构工程篇/魏康林，王虹，李新明主编．—北京：中国建筑工业出版社，2020.5

（轨道交通工程监理指南系列丛书 / 王洪东等主编）

ISBN 978-7-112-24905-3

Ⅰ.①轨… Ⅱ.①魏…②王…③李… Ⅲ.①地下铁道－隧道施工－盾构法－监理工作－指南 Ⅳ.①U231-62

中国版本图书馆CIP数据核字（2020）第034338号

责任编辑：孙书妍
文字编辑：刘颖超
责任校对：王誉欣 焦 乐

轨道交通工程监理指南系列丛书

丛书主编：王洪东 黄威然 谢小兵 王 虹
　　　　　魏康林 刘献忠 简 锋 辜思达
丛书主审：米晋生 王 晖 钟长平

轨道交通工程监理指南 盾构工程篇

主　编：魏康林 王 虹 李新明
副主编：陈丹莲 郭建军 张海彬

*

中国建筑工业出版社出版、发行（北京海淀三里河路9号）
各地新华书店、建筑书店经销
北京点击世代文化传媒有限公司制版
北京中科印刷有限公司印刷

*

开本：787毫米×1092毫米 1/16 印张：14¾ 字数：300千字
2021年12月第一版 2021年12月第一次印刷
定价：**72.00**元
ISBN 978-7-112-24905-3
（35272）

版权所有　翻印必究
如有印装质量问题，可寄本社图书出版中心退换
（邮政编码 100037）

轨道交通工程监理指南系列丛书

轨道交通工程监理指南　盾构工程篇

编委会

丛 书 主 编： 王洪东　黄威然　谢小兵　王　虹
　　　　　　 魏康林　刘献忠　简　锋　辜思达

丛 书 主 审： 米晋生　王　晖　钟长平

本 书 主 编： 魏康林　王　虹　李新明

本书副主编： 陈丹莲　郭建军　张海彬

本 书 编 委：（排名不分先后）

　　　　　　 马素芳　王俊彬　卢　琨　吕荣海　何颖豪
　　　　　　 杨明先　杨木桂　李世佳　张义龙　邹先科
　　　　　　 肖正茂　贺小玲　郭广才　徐明辉　梁红兵
　　　　　　 黄良海

主 编 单 位： 广州轨道交通建设监理有限公司

编著者简介

魏康林 主编

教授级高级工程师,国家注册监理工程师、注册咨询工程师(投资),广州轨道交通建设监理有限公司技术总监、副总工程师、项目总监理工程师。

王 虹 主编

教授级高级工程师,国家注册监理工程师、注册造价工程师,广州轨道交通建设监理有限公司技术专家。

李新明 主编

高级工程师,国家注册监理工程师,广州地铁盾构技术研究所副总工程师、广州轨道交通建设监理有限公司技术研发部副部长、项目总监理工程师。

陈丹莲 副主编

工程师,国家注册监理工程师,广州轨道交通建设监理有限公司技术研发部主管。

郭建军 副主编

高级工程师,国家注册监理工程师、注册安全工程师、一级安全评价师,广州轨道交通建设监理有限公司项目总监理工程师。

张海彬 副主编

高级工程师,国家注册监理工程师、注册一级建造师、注册安全工程师,广州轨道交通建设监理有限公司项目总监理工程师。

序

2020年春，在中国全民抗击"新冠"肺炎疫情之际，我陆续收到了广州轨道交通建设监理公司同行们编写的"轨道交通工程监理指南系列丛书"研究成果初稿，这些成果令我们这些早期参与过、主持过广州地铁建设的老同事倍感欣慰，研究成果说明他们在地铁工程管理和技术上已逐步走向成熟，其扎扎实实的科学专研精神非常值得学习与尊重。

广州轨道交通建设监理有限公司成立于1996年，经过二十多年的积累和沉淀，培养了一批又一批技术人才，坚持以老带新，不断壮大。他们坚持"建设一条线，总结一条线，提升一条线"，陆续出版了《复合地层中的盾构施工技术》《盾构施工监理指南》《广州地铁三号线盾构隧道工程施工技术研究》和《地铁盾构施工风险源及典型事故的研究》等多本盾构施工技术专著。今又对公司多年的监理业务进行了系统总结，提炼编著出"轨道交通工程监理指南系列丛书"。

丛书涉及了地铁工程建设中的主要专业与工法，包括盾构工程、地下明挖工程、矿山法工程、高架工程、顶管工程、轨道工程、机电工程等。丛书按专业类别编写，分期分批出版，力争成为国内外城市轨道交通建设监理工作中最有价值的工作指南。

轨道交通工程建设是一门涉及多专业、多工种的综合性建设工程，工程建设周边环境复杂、管线众多、地质多变、施工工艺多样化、接口量大，工程建设风险大。丛书的作者们是一群勤奋的有心人，他们二十年如一日地坚守在轨道交通建设工程中，不断学习，积累经验，总结与提升。大道至简，书中每个工法的总结都体现了他们对规范的理解、对风险的把控、对细节的钻研，值得大家精读。

如果说，抗击"新冠"肺炎疫情，白衣天使们是逆行者。那么，疫情期间还在一线从事监理工作的工程师们就是轨道交通行业的逆行者！作为他们的老同事，我感谢他们的辛勤劳动，并对他们取得的成绩深表祝贺！希望他们能坚持不懈地把这项工作做下去，期待着他们的新成果尽快与大家见面。

希望这套丛书能为从事城市轨道交通建设的工程技术和管理人员提供借鉴和指导。

让我们共同为中国轨道交通事业高质量的发展做出应有的贡献。

竺维彬[*]

2020 年 4 月

---

[*] 竺维彬，教授级高级工程师，国务院特殊津贴专家，广州市人民政府国有资产监督管理委员会专职外部董事，原广州地铁集团有限公司常务副总经理。

前言

随着社会经济的发展,国家对城市基础设施的要求越来越高,城市道路交通、市政管线建设投入规模也在扩大。盾构法隧道施工技术在道路交通工程、市政管线工程中得到广泛的运用,截止到2020年底的不完全统计,在我国建设隧道工程中累计使用盾构机超过了3500台次。由于盾构法是一项综合性地下工程施工技术,施工中存在风险大、质量要求高、不可预测因素多、施工组织协调难度大等问题,探讨如何在盾构隧道工程施工中全过程规范、有序、科学地开展监理工作尤为重要。

广州轨道交通建设监理有限公司成立于1996年(原广州地铁工程建设监理有限公司),我们长期专注于轨道交通和地下工程建设,对轨道交通工程各工法、各专业具有丰富的管理经验,专长于盾构法隧道工程的科研、监理和项目管理,1992年以来,我们不仅要完成广州地铁的盾构工程建设管理工作,而且还不同程度地参与了我国在建城市道路的盾构隧道施工监理、全过程咨询或重大方案审查等工作,是国内从事盾构隧道监理、咨询业务最早,市场最广、监理盾构机台数最多的企业之一。除市政道路隧道工程外,我们还参与了国内知名大型重点项目,包括广深港铁路客运专线狮子洋隧道、台山核电站引水隧道、广州地铁四号线南延大盾构、广深港铁路客运专线益田路隧道、武汉长江隧道、南京长江隧道、上海长江隧道、珠海马骝洲公路隧道、汕头苏埃通道、深圳春风隧道等。

公司近年来集中技术力量收集、整理了广州地铁建设二十多年以来积累的监理工作经验和教训,编写出版地铁工程监理工作指南系列丛书,本书为盾构工程篇,汇集了我司盾构隧道监理项目过程中的工作成果,本书的出版筹划正是源于2016年我司内部推行的《地铁工程监理工作指南 盾构工程篇》,根据我司参与全国17个城市、300多公里盾构法隧道、近60条轨道交通线路的施工管理实践和总结,结合现行的规范、规程以及政府和行业对地下工程建设的管理规定,编写了本书《轨道交通工程监理指

南　盾构工程篇》。

本书从施工监理的角度重点阐述总结了盾构工程前期策划、盾构工程监理要点、盾构掘进典型施工问题防控、各种复杂地质条件下施工监控等。提出在施工过程中，质量安全方面应把握的重点和关键节点，为盾构工程施工的精细化、规范化、标准化和信息化管理提供参考，可供盾构法隧道工程监理、项目管理、咨询等工程技术人员借鉴。

本书共分12章，第1章盾构工程前期工作监理要点；第2章盾构机选型监理要点；第3章盾构隧道管片生产和验收监理要点；第4章盾构始发/到达监理要点；第5章盾构掘进施工监理要点；第6章盾构掘进典型施工问题防控监理要点；第7章特殊地层地质条件下盾构施工监理要点；第8章特殊区段盾构掘进监理要点；第9章盾构开仓换刀监理要点；第10章盾构隧道附属结构施工监理要点；第11章盾构施工测量和监测监理要点；第12章盾构工程风险管控关键节点监理要点。

本书在编写过程中得到了监理公司领导和现场人员的大力支持与协助，监理公司前技术顾问鞠世健、监理公司前任领导米晋生、王晖、钟长平等专家多次指导给作者提出许多宝贵建议。本书也得到了各个相关的盾构施工承包商以及业主单位的大力支持，在此一并衷心地感谢为本书提供支持、指导和帮助的各单位领导和技术人员。

本书虽经多次讨论和修改，因盾构工程的特殊性及复杂性，其理论和技术都在实践中不断提高，我们始终坚持遵循竺维彬提出的"地质是基础，盾构机是关键，人（管理）是根本"的指导思想，不断完善盾构隧道工程监理管理技术工作，限于编者的水平及时间，书中难免存在不妥之处，敬请读者批评指正。

目 录

第1章　盾构工程前期工作监理要点　　001

　　1.1　工程前期监理工作内容　　001
　　1.2　监理规划及细则编制要点　　007
　　1.3　施工方案审查要点　　009

第2章　盾构机选型监理要点　　023

　　2.1　盾构机选型基本概念　　023
　　2.2　盾构机选型主要因素分析　　024
　　2.3　盾构机适应性选型监理要点　　028
　　2.4　盾构机可靠性监理要点　　032
　　2.5　特殊地层地质条件下盾构机的针对性选型　　038
　　2.6　盾构机的验收　　041

第3章　盾构隧道管片生产和验收监理要点　　045

　　3.1　盾构隧道管片工序流程监理要点　　045
　　3.2　盾构隧道管片生产监理要点　　046
　　3.3　隧道管片信息化管理系统应用　　055

第4章　盾构始发/到达监理要点　　056

　　4.1　盾构始发监理要点　　056
　　4.2　盾构到达监理要点　　063
　　4.3　特殊情况下始发/到达监理要点　　066
　　4.4　盾构机过站与调头监理要点　　078

第 5 章　盾构掘进施工监理要点　081

5.1　盾构掘进施工风险组段划分　081
5.2　盾构掘进过程监理要点　082
5.3　泥水盾构掘进监理要点　087
5.4　隧道管片拼装质量监理要点　094
5.5　盾构掘进信息化监理要点　099

第 6 章　盾构掘进典型施工问题防控监理要点　105

6.1　盾构掘进姿态超限监理要点　105
6.2　盾构掘进喷涌防控要点　110
6.3　盾构掘进结泥饼防控要点　112
6.4　盾构掘进滞排防控要点　114
6.5　管片上浮防控要点　117

第 7 章　特殊地层地质条件下盾构施工监理要点　121

7.1　盾构在砂层中掘进监理要点　121
7.2　软硬不均地层盾构掘进监理要点　125
7.3　孤石区盾构掘进监理要点　129
7.4　溶（土）洞区段盾构施工监理要点　132
7.5　水域区段盾构施工监理要点　137

第 8 章　特殊区段盾构掘进监理要点　143

8.1　盾构施工影响区内建（构）筑物及管线保护监理要点　143
8.2　地下障碍物处理监理要点　148
8.3　盾构过矿山法隧道施工监理要点　150
8.4　小半径曲线隧道盾构施工监理要点　156
8.5　浅覆土段盾构施工监理要点　160

第9章　盾构开仓换刀监理要点 ... 162

9.1　常压开仓监理要点 ... 162
9.2　带压开仓监理要点 ... 166
9.3　回填土仓开仓监理要点 ... 172
9.4　衡盾泥带压开仓监理要点 ... 173

第10章　盾构隧道附属结构施工监理要点 ... 179

10.1　端头加固监理要点 ... 179
10.2　盾构区间联络通道施工监理要点 ... 185
10.3　盾构隧道洞门施工监理要点 ... 191

第11章　盾构施工测量和监测监理要点 ... 194

11.1　盾构施工测量监理要点 ... 194
11.2　测量监理工作流程 ... 201
11.3　相关检查记录表格 ... 202
11.4　盾构施工监测监理要点 ... 202
11.5　监测监理工作流程 ... 211
11.6　相关检查记录表格 ... 213

第12章　盾构工程风险管控关键节点监理要点 ... 215

12.1　基本概念 ... 215
12.2　盾构工程风险管控关键节点清单编制要点 ... 215
12.3　盾构工程风险管控关键节点验收监理要点 ... 216

第1章
盾构工程前期工作监理要点

本章执笔：王　虹　陈丹莲　杨明先

盾构工程周边环境复杂、管线众多、地质探查不清，给盾构施工带来很大的风险。在盾构施工前期，项目监理机构督促承包商做好前期调查和场地协调工作、审查施工方案、编制监理规划和监理实施细则等相关工作至关重要。本章对工程前期监理工作内容、监理规划及细则编制要点、施工方案审查要点进行归纳阐述。

1.1　工程前期监理工作内容

1.1.1　前期监理工作概述

承包商进场后，项目监理机构应督促承包商完成但不限于以下准备工作：

1）项目监理机构应督促承包商编制并提交工程总进度计划，根据总进度计划要求，督促设计单位制定出图计划。

2）督促承包商提交人员、设备进场计划，对重要的进场设备和材料进行检查验收。

3）检查承包商主要管理人员是否到位，是否持证上岗，包括但不限于以下人员：项目经理、技术负责人、质量管理人员、安全管理人员、特殊工种上岗作业人员、测量人员、电气工程师等。

4）督促承包商进行工程全过程风险评估，对本工程的重点、难点和风险点作辨识。针对本工程的重点、难点和风险点，提出有针对性的勘察设计、施工、管理等措施，并组织审查。

5）督促承包商按照总进度计划要求，编制重大技术方案提交计划，编制并报送工程前期四个报告（周边环境调查、建（构）筑物调查、周边管线调查和补充地质勘察）、施工组织设计、盾构机选型与适应性评估方案、临建方案等。

6）督促承包商着手进行分包单位的选择和报审，特别注意对设计分包单位以及管片生产分包单位的资格审查。

7）督促承包商对分部、分项工程进行划分，以明确分部、分项工程和检验批项目的检查批次、检查用表。

8）督促承包商制定工程试验方案，检查工地试验室的设置是否满足要求。

1.1.2　项目监理机构内部工作

盾构工程前期，项目监理机构内部工作主要有以下内容：

1）监理中标后，应立即组建监理部分阶段搭建监理组织架构。

2）组织学习施工合同，熟悉承包商投标文件的主要内容。

3）组织学习相关规范、地方性法规、文件以及建设单位相关管理规定。

4）熟悉施工图纸，对于没有施工图纸的，了解和熟悉招标图纸。

5）总监理工程师负责编制监理规划，并组织人员分阶段编制监理实施细则。

6）策划监理部标准化建设方案，规范文件收发、处理和存档等工作。

7）对车站及隧道线路影响范围内的周边地面作现场踏勘。

8）参加测量控制点交接桩并做好交桩记录，旁站并复核承包商的桩位复测。

9）组织第一次工地会议。

1.1.3　工程前期调查

盾构工程前期调查工作主要包括：周边环境调查、建（构）筑物调查、周边管线调查和补充地质勘察，简称"工程前期四个报告"。

1. 周边环境调查

1）工程项目开工前或工程项目前期应要求承包商组织人员，开展周边环境调查工作，为了保障调查质量，须提前编制周边环境调查方案，报项目监理机构审查。

2）报告中应包括工程概况、调查范围、调查方法、调查内容、调查结果及车站、区间线路总平面图，并提出对周边环境状况的调查评估意见。

（1）调查范围：方案中必须明确调查范围，一般而言，工程施工影响范围不小于竖井或隧道边线埋深的二倍距离，对于一些地质环境特殊的情况，调查范围应适当扩大。

（2）施工场地周边的自然环境和人文环境调查内容：周边自然环境、人文环境与场地或隧道的位置关系及所处里程范围，道路、地表水、地下水及特殊地理环境等现状情况。

（3）环境调查报告应有重要环境因素与车站隧道的平面位置图（一般不小于1∶500）。根据调查情况，评估工程施工对周围环境的影响，提出防治措施。

3）调查的人员安排和计划：方案中应明确调查计划。调查工作应在相关施工前完成，调查人员应配备合理，具备较强的沟通能力。

2. 建（构）筑物调查

1）工程项目开工前或工程项目前期应要求承包商组织人员，开展建（构）筑物调查工作，为了保障调查质量，须提前编制建（构）筑物调查方案，报项目监理机构审查。

2）报告中应包括工程概况、调查范围、调查方法、调查内容、调查结果及建（构）筑物总平面图，并提出对建（构）筑物处理的初步建议。

（1）调查范围：方案中必须明确调查范围，一般而言，工程施工影响范围不小于竖井深度或隧道埋深的两倍距离，对于一些地质环境特殊的区域或地段，调查范围应适当扩大。

（2）建（构）筑物调查内容：建（构）筑物的权属、房屋与隧道的位置关系及所处里程范围、房屋建造时间、面积、用途、结构形式、基础形式、基础埋深、房屋所处地层、房屋层高及垂直度、房屋裂缝等现状描述及照片、房屋权属及联系方式和安全鉴定等级等内容。

（3）建（构）筑物调查报告应有建（构）筑物与竖井或隧道的平面位置图（一般不小于1∶500），地质剖面图以及重要房屋的基础和结构图，应有一份建（构）筑物调查汇总表，其中每栋建（构）筑物应设置编号，并且每一栋建（构）筑物有一张单独的调查表。根据建（构）筑物调查情况，提出保护建议。

（4）成果报告根据建（构）筑物调查的情况，结合施工经验，对每处建（构）筑物逐一辨析，确定建（构）筑物的监理等级，提出对建（构）筑物的施工措施，如提前加固、桩基托换、临时迁改、提前拆除、施工控制等。

3）调查的人员安排和计划：方案中应明确调查计划。调查工作应在相关施工前完成，调查人员应配备合理，具备较强的沟通能力。

3. 周边管线调查

1）工程项目开工前或工程项目前期应要求承包商组织人员，开展周边管线调查工作，为了保障调查质量，须提前编制管线调查方案，报项目监理机构审查。

2）报告中应包括工程概况、调查范围、调查方法、调查内容、调查结果及管线的平纵断面图，并提出对管线处理的初步建议。

（1）调查范围：方案中必须明确调查范围，一般而言，工程施工影响范围不小于竖井深度或隧道埋深的两倍距离，对于一些地质环境特殊的区域或地段，调查范围应适当扩大。

（2）管线调查内容：管线的权属单位和维护单位、管线的种类、位置、形状和尺寸、材料、与隧道的关系、接头形式、抢修方式等。

（3）管线调查报告应有管线平面图、管线断面图（一般不小于1∶500），管线图应能说明各管线与隧道的关系，根据管线调查的情况，提出管线的保护建议。

3）调查的人员安排和计划：方案中应明确调查计划。调查工作应在相关施工前完成，调查人员应配备合理，具备较强的沟通能力。

4. 补充地质勘察

1）工程项目开工前或工程项目前期应要求承包商确定补充地质勘察单位，编制补充地质勘察方案，报项目监理机构审查。

2）补充地质勘察单位除了应具备相应资质外，还应尽量选取非详勘的单位，以利于报告能够与详勘报告对照分析，提高地质报告的准确性。

3）补充地质勘察方案审查要点主要包括以下内容：

（1）勘察的主要原则合理。对提供的补勘孔位置平面图认真核查，补充地质勘察布点选择一般为：①易发生事故的地点，如盾构始发、到达端头和联络通道附近；②根据详勘报告分析，地质纵断面起伏相当大的地段，或左右线同里程位置地质横断面起伏相当大的地段；③详勘时钻孔间距过疏的地段；④过重要建（构）筑物地段；⑤拟定的换刀地段；⑥如果存在不良地质如溶洞区域或花岗岩球状风化体的地区，应根据不同的情况予以加密勘察，并辅以物探检测等措施。

（2）勘察的主要内容要与详勘基本一致，除了强度、标贯击数等指标外，还包括岩层的RQD指标，粉、黏粒含量、石英含量等指标。

（3）要对取芯率做出明确规定（岩层应达到90%以上，软土也应该达到80%以上），以便选择合适的勘察取芯设备，提出对补勘的设备、工艺流程和技术的要求。

（4）应提供勘察单位的工程勘察资质、营业执照和备案资料。

（5）补勘工作计划要满足工程进展需求。一般补充地质勘察应尽早进行，在工程全面开工之前完成，对于盾构施工，最好在盾构机选型和适应性评估之前完成。

（6）针对不良地层的补勘方案，应重点说明不良地层补勘方位、补勘点布置、补勘采用的方法、补勘实施单位、设备、人员、实施计划等。

4）不良地质的探查原则

（1）孤石的探查原则：对于花岗岩风化壳中的球状孤石，一般以钻探为基础，结合工程需要进行综合探查(辅助适当的工程物探)。对于已揭露到球状风化孤石的钻孔，一般要求采取孤石岩样进行室内岩石抗压强度试验，并保留孤石岩芯。

（2）溶洞的探查原则：溶洞的探测主要依靠地质钻孔，对于地下明挖基坑、隧道工程宜沿结构轮廓线布置，勘探点间距10~20m，一般取中间值。对于地下明挖车站的附属结构，沿轮廓线两排对称布置。对于车站端头井地下连续墙，宜沿地下连续墙每3m布置一个超前钻孔。岩溶发育区的基坑工程和隧道工程，施工单位根据详勘报告按照岩溶处理的原则对溶土洞完成处理后，施工单位评估施工风险，提出需要加密勘探的区域，设计单位提交加密勘探方案，监理和业主审查同意后，施工单位按照加密勘探方案在明挖基坑或隧道的平面投影外扩3m范围内实施加密勘探，查清溶洞的发育情况。

（3）断裂带的探查原则：对于断裂破碎带，宜采用综合勘察手段进行探查，即在钻探基础上，进行高密度电阻率法、浅层地震映像法和电磁波CT等多种方法进行综合勘察，查明断裂带的位置分布、走向、破碎情况、富水性、黏粒含量等特征，为工程设计和盾构掘进施工提供依据。

（4）软土的探查原则：软土发育区勘察时，要采用薄壁取土器采取不扰动土样进行室内三轴压缩试验、固结试验、有机质含量试验，查清该类土层的物理特征、力学性质和变形参数，为支护结构设计和地基处理提供详细、准确的岩土参数。

（5）花岗岩类残积土和风化岩的探查原则：对于具有遇水软化特性的花岗岩类残积土，应严控钻探质量，保证岩芯采取率，认真进行标贯试验、圆锥动力触探试验、旁压试验、螺旋板载荷等原位试验，准确划分其分层标高，同时室内做好相应的土工试验，包括固结试验、剪切试验、湿化试验、自由膨胀率试验等，全面客观地掌握花岗岩类残积土的物理力学性质。

1.1.4 盾构施工场地接口协调

1. 接口车站的设计协调

审查端头井或接口车站尺寸，满足始发、到达、过站的基本要求，主要包括但不限于以下内容：

1）始发井段处车站侧墙与线路中心线间的净距离。
2）始发井处中柱与线路中心线间的净距离。
3）盾构吊装孔孔口尺寸。
4）盾构始发端头墙后约80m处车站顶板及各层楼板是否预留出土口。
5）始发端预留洞口尺寸与盾构外形尺寸的匹配性。
6）盾构始发端墙内侧底板是否需要留置凹槽以满足焊接需求或反力架设置要求。
7）始发井段车站底板面应低于线路轨面线20~30cm。
8）始发井处车站结构底板板面应低于端墙预留始发孔最低点100mm以上。
9）特别注意底板和中板上、下腋角对始发的影响，梁对盾构机移动的影响。
10）车站净空对曲线始发和盾构过站的影响。
11）预留钢筋等对调头、过站的影响。

2. 始发与到达场地协调

1）端头加固的场地及水电协调

（1）移交时间：根据工程进度计划和加固的原则确定加固时间，宜早不宜迟。部分场地困难的，可以分批分期进行移交。

（2）移交内容：移交范围内的施工场地、道路、场地内的地下管线、场地内的监测点、临时设施、水电接入点等。

（3）移交要求：满足进行端头加固的场地和施工条件，拆除移交范围内的临时设施，清运因施工产生的建筑垃圾，遵照"谁产生谁负责"的原则，移交场地必须达到整洁有序。

（4）端头加固进场施工的原则：加固期间，做好场地内的安全文明施工，尤其是泥浆的处理，场内必须服从车站承包商的统一管理。盾构承包商加固工作所需的水、电可由车站承包商提供接入点，单独安装水、电表，按时将水电费交付给车站承包商。

2）地面施工场地移交

（1）移交内容：移交范围的场地、场地内的地下管线、场地内的监测点、水电接入点、场地内的临时建筑、临时道路、场地范围的地面主体结构及地表其他构造物等。

（2）移交要求：拆除场地范围的临时设施，清运因施工产生的建筑垃圾，遵照"谁产生谁负责"的原则，移交场地必须达到整洁有序，场地内的垃圾和材料全部清理完毕。

（3）注意事项：对于周边需要保护的建筑物，在盾构掘进期间可能受影响的，如果没有第三方监测，必须对监测数据进行移交，并与对方明确发生损失后的赔偿原则。

3）地下施工场地移交

（1）移交内容：场地范围内的主体结构、围护结构及支撑、场地范围内的预埋件（接地引出线、防杂散电流端子、测量导线点、水准点、站台板预埋插筋、风道预埋插筋等）、预留孔洞、预埋注浆管及其他预埋件。

（2）尽量减少在主体结构上打孔施工，若确实需要在主体结构上打孔，必须征得车站承包商和工点设计人的同意。

3. 盾构到达、过站、调头场地协调

1）熟悉、了解盾构到达、过站对车站的结构尺寸要求，并与相关方进行协调。

2）盾构承包商运输方案（包括运输路线）、吊入吊出、组装解体方案，尤其是盾构机的起吊、运输的荷载，必须符合车站的地面超载要求，方案必须征得车站设计人的同意。

3）盾构承包商需利用车站中板堆放材料和设备时，应有荷载验算资料，符合车站承载能力的要求，并征得车站工点设计人的同意。

4. 盾构预埋件安装协调

1）盾构预埋件主要包括：洞门环板，吊装所需的钢板或吊环，后配套设备底座，测量监测点，盾构始发、过站及到达所需的预埋件等。

2）预埋件施工的原则：盾构工点负责制作运输，车站工点负责安装埋设，安装过程盾构承包商指导施工，双方共同验收，双方要早沟通，多沟通。

3）洞门预埋钢环的验收节点，包括但不限于以下内容：洞门中心定位的测量工作，注意车站施工单位要尽可能早地放样，以免脚手架干扰；洞门环板业主、设计、监理和施工四方验收接收，提前10天以上完成；安装定位后四方验收确认，浇筑混凝土注意螺栓孔封堵；浇筑混凝土完毕，四方再次确认钢环安装精度；其他预埋件提前2~3天要到现场跟踪，避免遗漏。

5. 测量成果确认

1）车站和盾构共同影响范围内的建（构）筑物的监测基准值由双方承包商和项目

监理机构共同测量确定。

2）承包商和项目监理机构对建（构）筑物外观和墙体等实物进行现场移交。由于车站施工引起变形较大、双方有争执的建（构）筑物，由车站承包商请第三方鉴定所鉴定后移交。

3）对建（构）筑物的移交资料必须包括整个车站施工期间的监测资料和业主的协调处理资料。

1.2 监理规划及细则编制要点

1.2.1 基本概念

监理规划应针对建设工程实际情况，依据建设工程监理合同、工程设计文件、施工组织设计、施工图审查意见等文件资料进行编制。一个监理合同应编制至少一个监理规划。监理规划应在第一次工地会议召开之前完成工程监理单位内部审核后报送建设单位。

监理实施细则依据施工图、施工方案、监理规划的要求编制，并具有针对性及可操作性。采用新材料、新工艺、新技术、新设备的工程，以及技术复杂、专业性较强、危险性较大的分部分项工程，专业监理工程师应在相应工程施工前编制监理实施细则，并报总监理工程师审批。

1.2.2 监理规划编制要点

监理规划应结合项目工程实际情况，明确项目监理机构的工作目标，确定具体的监理工作制度、内容、程序、方法和措施等内容。

1. 监理规划编审程序

1）总监理工程师组织专业监理工程师编制。

2）总监理工程师签字后由工程监理单位技术负责人审批。

2. 监理规划主要内容

监理规划应包括下列主要内容：工程概况（工程特点），监理工作的范围、内容、目标，监理工作依据，项目监理机构组织形式、人员配备及进场计划，监理人员岗位职责，监理工作制度，工程重难点，工程质量控制，工程造价控制，工程进度控制，安全生产管理的监理工作（含重大风险源分析及监理对策、危险性较大的分部分项工程和风险管控关键节点监理实施细则清单），合同与信息管理，组织协调，监理工作设施，职业健康与环境保护。

3. 监理规划修改完善

在实施建设工程监理过程中，项目实际情况或条件发生较大变化时，总监理工程师应及时组织专业监理工程师修改监理规划，并按原程序报审。

1.2.3 监理实施细则编制要点

项目监理机构应结合工程特点、施工环境、施工工艺等编制监理实施细则，明确监理工作要点、监理工作流程和监理工作方法及措施，达到规范和指导监理工作的目的。

1. 监理实施细则编制依据

1）监理规划。

2）工程建设标准、工程勘察设计文件。

3）施工组织设计、（专项）施工方案。

2. 监理实施细则主要内容

监理实施细则应包括下列主要内容：专业工程/专项工作特点及重难点、监理工作流程、监理工作要点、监理工作方法及控制措施。

3. 监理实施细则修改完善

在实施建设工程监理过程中，监理实施细则可根据实际情况进行补充、修改，并经总监理工程师批准后实施。

4. 监理实施细则工作交底

专业工程实施前，编制监理实施细则的专业监理工程师应对相关监理人员进行交底，并形成书面交底记录。

5. 盾构危险性较大的分部分项工程监理实施细则清单

根据《危险性较大的分部分项工程安全管理规定》（住建部令第37号）规定，项目监理机构应编制危险性较大的分部分项工程监理实施细则，根据盾构隧道工程涉及的工法需要编制的危险性较大的分部分项工程监理实施细则清单如下：

1）明挖法盾构始发及吊出井的危险性较大的分部分项工程监理实施细则

（1）《地下连续墙钢筋笼吊装专项监理实施细则》

（2）《深基坑支护、降水及土方开挖专项监理实施细则》

（3）《高支模工程专项监理实施细则》

2）盾构法暗挖隧道涉及的危险性较大的分部分项工程监理实施细则

（1）《龙门吊安装、拆卸专项监理实施细则》

（2）《盾构机吊装专项监理实施细则》

（3）《盾构始发与接收专项监理实施细则》

（4）《盾构掘进专项监理实施细则》

（5）《盾构机穿越特殊地段专项监理实施细则》

（6）《盾构开仓专项监理实施细则》

（7）《联络通道施工专项监理实施细则》（包含冻结法加强施工）

（8）《爆破施工专项监理实施细则》（若有）

(9)《顶管施工专项监理实施细则》(若有)

6. 盾构工程监理实施细则清单

根据盾构工程特点,除了上文列出的危险性较大的分部分项工程专项实施细则以外需要编制的监理实施细则清单可参考如下:

1)明挖法盾构始发及吊出井涉及的监理细则

(1)《围护结构施工监理实施细则》(包括地下连续墙、支护桩、SMW、排桩等)

(2)《接地网工程监理实施细则》

(3)《防水工程施工监理实施细则》

(4)《主体结构及附属结构模板支架施工监理实施细则》

(5)《土方回填施工监理实施细则》

2)盾构隧道涉及的监理细则

(1)《盾构管片生产监理实施细则》

(2)《盾构隧道缺陷修补监理细则》

(3)《盾构机过站调头监理细则》

(4)《管线、建筑物保护施工监理实施细则》

3)其他监理实施细则

(1)《安全生产与文明施工监理实施细则》

(2)《测量监理实施细则》

(3)《监测监理实施细则》

(4)《试验检测与平行检验监理实施细则》

1.3 施工方案审查要点

1.3.1 施工组织设计审查

由于轨道交通工程规模大、历时长、工法多,过程影响因素多,因此,一进场即编制出非常完善的施工组织设计非常困难,一般应要求承包商先提交初步的施工组织设计进行审查,在后续施工过程中,逐步细化、完善各个分部、分项工程的施工方案。

1. 施工组织设计主要内容

工程概况,施工方案(含重大风险辨识和应对措施),施工进度计划、人员、设备、材料等进场计划,质量保证措施,安全文明施工措施,施工准备工作计划,施工现场平面布置图,主要技术经济指标,施工阶段全过程风险清单。

2. 施工组织设计审查要点

1)施工组织设计的编制、审核、批准资料均应签字齐全,有公司审查意见并经单位技术负责人审查、加盖公司公章。

2）满足合同的质量、安全和进度指标要求。

3）施工组织设计中不能有违反强制性条文或合同约定的内容。

4）准确分析工程的重点、难点、重大风险因素并提出了有效对策。

5）总平面布置合理、施工程序合理、工程进度计划编制满足施工要求，对总平面布置、总进度计划要专门审查。

6）施工方法和施工机械选择合理。

7）包含各主要分部、分项工程的施工控制要点，且编制合理。

8）质量保证措施完善，人员组织、材料进场、加工、运输、堆放、施工、验收等各个环节均采取有效措施，对于围护结构、基坑开挖、主体结构、防水、盾构掘进等重要分部工程的施工均制定有效的技术措施，以确保工程质量。

9）安全文明施工措施完善，对安全人员组织架构、安全防范措施（包括自然灾害、冬雨期安全施工、高空作业、高支模作业、安全用电与防护等）、应急救援预案等方面进行审查。

3. 盾构工程专项施工方案

1）盾构区间周边环境及地下管线调查方案

2）盾构区间补勘施工方案

3）盾构区间建（构）筑物及管线调查报告

4）盾构区间垂直及水平运输方案

5）盾构区间建筑物加固方案

6）盾构区间驻地临建施工方案

7）盾构施工临建场地方案

8）轨道梁施工方案

9）盾构区间施工测量方案

10）盾构区间施工监测方案

11）盾构机运输方案

12）搅拌站安装及调试施工方案

13）盾构机吊装（吊拆）施工方案

14）盾构机组装、调试施工方案

15）盾构区间始发及接收专项施工方案

16）盾构区间始发及接收专项应急预案

17）盾构区间盾构机掘进安全专项施工方案

18）盾构区间盾构机掘进安全专项应急预案

19）盾构区间专项安全文明施工方案

20）盾构区间应急演练计划

21）盾构区间分部分项划分

22）盾构施工临时用电施工组织设计

23）盾构区间试验检测方案

24）盾构区间隧道质量缺陷处理施工方案

25）盾构区间盾构机维修保养方案

26）盾构区间消防方案

27）盾构区间钢套筒及负环拆除施工方案

28）盾构区间联络通道开挖安全专项施工方案

29）盾构区间下穿及侧穿安全施工方案

30）盾构区间洞门施工方案

1.3.2 盾构机适应性和可靠性评估报告审查要点

盾构机适应性和可靠性评估报告主要是依据工程地质与水文地质条件，区间隧道与周边建（构）筑物关系，分析工程施工重难点及风险和应对措施；依据工程条件，类似工程情况，评估工期计划的合理性。

1. 盾构机适应性分析

1）盾构机各构造系统性能分析

盾构机构造系统包括：开挖系统、主驱动、推进系统（主动铰接）、螺旋输送机、管片拼装机、皮带输送机、油压控制系统、电气控制系统、注浆系统、渣土改良系统、人舱系统、导向测量系统、油脂润滑密封系统、通风装置、冷却系统、管路系统等。

2）盾构机满足区间掘进要求的分析

2. 盾构机可靠性分析

1）审查旧盾构机使用历史情况

2）审查旧盾构机维修保养方案

3）对新（旧）盾构机满足本工程区间掘进可靠性要求作综合评价

3. 对旧盾构机评估必要的相关附件

盾构机适应性和可靠性分析必要的附件（包括但不限于此）如下：

盾构机上一标段掘进统计表、盾构机上一标段使用统计表、旧盾构机主要部件勘验项目表、盾构机整机评估报告、主轴承气密性检测报告、刀盘及螺旋输送机探伤报告、盾构机全站仪检定报告、盾构机盾尾检测报告、盾构机适应性说明、盾构机整机图纸、区间平面布置图、区间纵断面图等。

1.3.3 工程总进度计划审查

承包商进场后，项目监理机构应要求承包商提交工程总进度计划。总进度计划编制质量体现了项目经理的管理水平和对工程进度控制重点的理解水平,因此承包商的主要管理人员均必须参与其编制工作。

工程总进度计划审查前首先要熟悉合同中关键节点的要求。总进度计划提交时,不只是提交一份横道图或者网络计划图,而应该附上总进度计划编制说明,其中,编制的原则、思路、关键节点均应详细阐述。

1. 端头井(工作井)工程进度计划审查要点

端头井(工作井)工程的进度计划首先要满足合同中关键节点的要求,具体审查中,一般重点关注以下方面内容:

1)围护结构开工时间、完成时间。审核时要注意其设备投入的数量、质量能否满足围护结构施工进度的需求。

2)基坑开挖时间。根据基坑不同阶段的土方开挖量和开挖方式、运输方式,判断其开挖时间计算是否合理。

3)与隧道施工相关联的第一段及最后一段底板完成时间、第一段及最后一段顶板完成时间、车站全部底板完成时间、顶板完成时间。根据经验分析,每段结构的垫层施工、防水施工、钢筋绑扎、混凝土浇筑及支模、拆模、换撑时间是否合理,是否满足规范要求。

4)关注出入口、风道施工时间,要与盾构施工场地总平面布置综合考虑。

2. 盾构工程进度计划审查要点

盾构工程的进度计划首先要满足合同中关键节点的要求,具体审查中,一般重点关注以下方面的内容:

1)盾构机设计制造时间。如果是新盾构机,一般制造周期至少为 8 个月;如果是旧盾构机,要了解其目前在工程上进展的情况,并考虑维修改造、运输等所花费的时间。

2)端头加固时间。要考虑每一个端头井的端头加固时间是否能满足盾构掘进需求和端头井施工需求。在端头井开挖和主体结构施工期间,一般不能进行端头加固施工,以防对基坑安全和主体结构侧墙质量造成不利影响,因此,其施工时间应考虑在端头井基坑开挖之前或者端头主体结构完成之后。

3)端头井提交时间。端头井关键节点完成时间是否满足需求。

4)盾构始发时间。一般在盾构机进场后一个月时间内,可以完成始发掘进的各项准备。

5)管片生产起始时间。根据盾构掘进的进度和管片模具的数量,计算管片生产的起始时间能否满足盾构掘进的管片供应需求。有特殊管片时,要特别注意特殊管片的生产时间是否满足掘进需求。

6)盾构始发、到达、掘进阶段的进度计划安排是否合理。应按照始发、到达和正常掘进三个阶段的不同工况来划分盾构掘进的各阶段掘进速度,根据各阶段的平均速度来计算其总体进度。

7）盾构过站、调头、转场等时间安排是否合理。一般盾构过站和调头在15～30天内均可完成，转场需要一个月左右时间。

8）附属结构施工。应预留足够的洞门施工和联络通道施工时间，特别是软土地层的联络通道采用冻结法施工时，一般要考虑三个月左右的工期。

3. 进度计划审查意见

审查工程进度计划时，应清晰地阐述如下意见：

1）总进度计划是否满足合同中约定的节点工期要求；年度计划是否满足总进度计划要求；季度或月度计划是否满足年度计划要求。

2）明确进度计划中的关键节点。

3）明确需要采取的措施（人员投入、设备投入、材料投入等）确保关键节点目标的实现。

4）涉及的其他标段施工部分的关键节点时间需求。

1.3.4 施工总平面布置方案审查

施工总平面图是拟建项目施工场地的总布置图。它按照施工方案和施工进度的要求，对施工现场的道路交通、材料仓库、附属结构、临时房屋、临时水电管线等做出合理的规划布置，从而正确处理全工地施工期间所需各项设施和永久建筑、拟建工程之间的空间关系。

由于轨道交通工程普遍工期较长，随着工程的进展，施工现场的面貌将不断改变。在这种情况下，应按不同阶段分别编制施工总平面图，或者根据工地的变化情况，及时对施工总平面图进行调整和修正，以便满足不同时期的需要。一般将轨道交通土建工程的场地总平面布置图分为车站施工阶段场地总平面布置图（可以分为不同的交通疏解阶段）和隧道施工阶段场地总平面布置图。

1. 施工场地总平面布置图内容

施工场地总平面布置图应附有相应的说明和计算书，并包含以下内容：

1）红线范围内的一切地上、地下已有和拟建的建（构）筑物以及其他设施的位置和尺寸。

2）为全工地施工服务的临时设施的布置位置，包括：①施工用地范围，施工用的各种道路；②塔吊或龙门吊布置形式、吨位；③钢筋加工场及有关机械的位置；④各种建筑材料、半成品、构件的仓库和生产工艺设备主要堆场；⑤取土弃土位置；⑥办公管理用房、宿舍、文化生活福利建筑等；⑦水源、电源、变压器位置，临时给水排水管线和供电、动力设施；⑧一切安全、消防设施位置；⑨永久性测量放线标桩位置。

2. 施工总平面图设计原则

1）尽量减少施工用地，使平面布置紧凑合理。

2）合理组织场内运输，最大限度地减少运输费用，特别是减少二次搬运，保证运输方便通畅。

3）施工区域的划分和场地的确定，应符合施工流程要求，尽量减少专业工种和各工程之间的干扰。

4）充分利用各种永久性建（构）筑物和原有设施为施工服务，降低临时设施的费用。

5）各种生产生活设施应便于工人的生产生活。

6）满足安全防火、劳动保护的要求。

7）按施工进度分阶段调整施工现场总平面布置。

3. 盾构施工场地平面布置审查要点

1）临建布置中项目部主要管理人员、监理部主要管理人员的办公生活场地、试验室、值班室、会议室、厕所、浴室等是否均设计合理，是否能满足合同需求和建设单位需求。

2）盾构施工的地面平面布置图应包含但不限于以下设施：办公生活建筑及设施、龙门吊布置形式及走行方向、渣土坑、管片堆场、砂浆拌合系统、排水系统、地面沉淀池、机修车间、充电间、试验室、洗车槽、地面材料堆场、地面临时仓库、变电站等。

3）盾构施工的地下平面布置图应包含但不限于以下设施：轨道布置形式（包含道岔）、人行走道布置形式、井下沉淀池、循环水池、冷却塔、地下临时材料仓库或堆场等。

4）盾构隧道施工横断面布置图应包含但不限于以下设施：人行通道、轨线、进水管线、排水管线、泥浆管路（泥水盾构）、高压电缆、低压照明用电等。

5）渣坑设计位置、大小是否合理，审查要点如下：

（1）渣坑容量最少应满足正常掘进状态下1天掘进的出土量，最好能达到3倍的正常掘进出土量。

（2）渣坑如果设置在顶板上，要考虑顶板负荷问题，做好顶板加固；如果设置在端头或侧面，注意渣坑深度对侧墙的影响。

（3）渣坑围挡的自身刚度应该足够防止在土压力作用下发生变形，对于深、长的渣坑，应该有简单的计算书。

（4）出土口与渣土池线路要近，禁止门吊出土运输跨常设人员作业区，如工具加工间、气瓶存放间等。

6）门吊设计审查要点如下：

（1）门吊能力是否与盾构施工相匹配，特别是垂直提升吨位和速度。

（2）门吊的数量、走行方向与渣坑、管片堆场位置应相适应，保证渣土运输和管片吊装不会互相干扰、施工便捷。

7）始发井预留洞口审查要点如下：

（1）井口大小是否满足盾构机吊装的空间需求。

（2）始发井长度足够时，应在后方预留临时出土口，且临时出土口应尽可能满足列车编组长度的需求。

（3）预留洞口的周边防护高度应满足防洪要求。

8）砂浆拌合系统审查要点如下：

（1）砂浆拌合系统设置应距离始发井口较近，且应具有足够的防倾覆措施。

（2）拌合站应紧邻砂、水泥等材料临时堆场，以便施工。

（3）一般会在中板或者底板上设置一个临时贮浆罐。

（4）平面布置应避开盾构隧道上方布设，且避开车站附属开挖用地。

9）管片堆场审查要点如下：

（1）管片堆场的管片存量应满足至少1天正常掘进的需求，有条件的情况下最好能达到满足3天正常掘进的需求。

（2）管片堆场与运输道路和门吊吊装应相互适应。

（3）管片运输车辆停卸区装卸作业时，不会对盾构掘进相关工序造成影响，如渣土外运、下井材料等。

10）场地内道路审查要点如下：

（1）应根据渣坑、管片堆场、材料堆场、仓库、机修车间等的相对位置，研究运输路线图，保证运输通畅。

（2）应根据运输情况和运输工具的不同类型，选择合理的路面结构。

11）排水系统审查要点如下：

（1）地面排水沟的分布应图示清晰，排水沟的位置合理，且能够涵盖盾构始发井的工作范围，特别是井口、临建等重要设施。

（2）沉淀池大小及分级应能满足排污需求，宜设置井下和地面的分级沉淀池，以提高污水处理能力，确保排入市政管网的污水不会发生淤积、堵塞。

12）对于泥水盾构机的泥水处理系统，应该进行专项设计，审查要点如下：

（1）泥水处理设备位置应远离城市住宅区，防止泥水处理设备运行过程中噪声振动污染扰民。

（2）泥水设备处理能力应能满足最大掘进效率的泥浆处理能力，分离设备型号规格、振动筛等应满足施工现场要求，处理能力应经计算确定。

（3）泥水处理系统制浆池、调浆池、沉淀池容积需满足最大掘进效率的要求，泥浆制备宜采用剪切泵设备进行膨润土的拌制。

（4）泥水处理系统场地布置应明确渣土运输、弃浆外运车辆运输路线，现场应配置足够数量的视频监理系统。

1.3.5 端头井（工作井）施工相关方案审查

1. 围护结构施工方案审查要点

1）围护结构施工设备形式选择是否与招标文件相一致，设备数量是否能够满足围护结构施工进度需求。

2）围护结构施工外放量是否满足要求，外放量是为了满足施工限界要求，考虑到围护结构施工产生的垂直度偏差和基坑开挖过程中产生的水平位移而将围护结构沿设计轴线的外放尺寸，如果设计图纸中没有明确，需要根据工程地质情况和基坑支护方法来确定。

3）围护结构施工顺序是否合理，不管是桩或者连续墙，均应该事先编号，按照编号来划分施工顺序，应首先完成关键地段的围护结构桩，并特别注意施工顺序与设备位置的相互干扰，注意端头加固是否与围护结构施工同步进行。

4）技术措施是否完善，例如孔深偏斜后的处理措施、塌孔后的处理措施、钢筋笼上浮处理措施、端桩处理措施等是否完善。

5）检测或监测设备如声波管、测斜管的安装要点是否清晰。

6）围护结构施工主要工序及其报验程序是否满足质量检验要求。

7）钢筋笼吊装是否有计算书，其吊具选择和吊机选择是否满足要求。

8）围护结构试验和检测方法是否完善。

9）如果采用连续墙施工，要注意特殊槽段施工方法的技术可行性。

2. 基坑开挖施工方案审查要点

1）基坑开挖方案首先需经施工单位组织内部评审，报公司技术负责人批准，并组织深基坑施工专家审查。

2）基坑开挖方案应根据围护结构、支护结构和地质条件、周边环境的不同而有针对性地编制。

3）基坑开挖方案应包含以下方面内容：①周边环境调查情况：邻近建筑物状况；地下管线；邻近构筑物、设施及道路状况；周围施工条件，如交通运输、噪声限制、场地等。②基坑降水和排水系统布置，包含降水井点设计、地面排水系统布置和坑内排水系统布置。③基坑开挖方法和程序。④基坑开挖土方机械选择。⑤支撑节点设置大样。⑥监理量测措施。⑦应急预案。

4）方案审查要点包括审查开挖程序的合理性和开挖机械设备选择。

（1）审查开挖程序的合理性

①严格遵循时空效应原理。根据地质条件采取相应开挖方式，根据监测数据指导支撑架设。

②遵循"分层开挖，先撑后挖"的原则。

③分层、分区、分块、分段、抽槽开挖、留土护壁、快挖快撑，先形成中间支撑，限时对称平衡形成端头支撑，减少无支撑暴露时间。

（2）开挖机械设备选择依据

①基坑土方开挖机械应根据基础形式、工程规模、进度指标、开挖深度、现场机械设备条件、工期要求及土方机械特点、技术性能选择。

②机械设备选择应注意必须具备适当的机械工作面，尽可能实现分层开挖。

5）富水软土地区的基坑降水方案需要单独编制，降水井设计需要有详细的计算书，方案通过专家审查。

6）支撑节点架设是否与设计图纸相吻合，特别注意围檩、钢支撑等材料形式，固定端与活动端细部构造，转角支撑加强设计，围檩之间的连接形式和围檩背后回填措施等。

7）监测点位是否按照设计要求进行布设，监测报警值设定是否合理，相应的应急措施是否有针对性。

8）需要爆破的地层需要单独编制爆破施工方案并经公安部门审批。

9）基坑发生漏水漏砂、沉降过大等问题时的应对措施是否完善。

3. 主体结构施工方案审查要点

项目监理机构在审核施工单位编制的主体结构施工方案时主要从方案内容全面性和针对性两个方面进行审核。

1）内容全面性审核

主体结构施工方案一般包括以下内容：

（1）编制依据。

（2）工程概况：包括设计要求，设计特点，各子分部工程量和部位分部情况等。

（3）施工安排：包括施工部位及工期安排，主要材料供应方式，劳动力组织情况，管理人员组织及职责分工等。

（4）施工准备：包括技术准备（各主要材料的参数确定），机具准备，材料准备。

（5）主要施工方法及措施（根据工程实际取舍）：混凝土结构子分部应包括模板、钢筋、混凝土、现浇结构、装配式结构等分项内容的施工方法及措施；钢筋混凝土结构子分部应包括劲钢筋焊接，螺栓连接，钢筋制作、安装，混凝土等分项内容的施工方法及措施。

（6）季节性施工：施工单位没有编制季节性专项施工方案时，本方案应单列此内容，冬季施工和雨期施工分别编写。

（7）注意事项：结合各子分部的工程特点分别提出，同时编写相应的安全措施和质量通病及防治措施。

2）针对性审核

（1）编制施工方案时选用依据是否有效并符合工程特点。

（2）各子分部的施工方法和措施是否合理有效。

（3）混凝土结构控制措施是否符合要求。

①模板的选用和安装方式及控制措施是否满足质量要求和进度需要，是否经过强度验算；钢筋的加工方式、试件制作，钢筋安装、保护块选用等是否符合规范和设计要求。

②混凝土各层数量及大致浇筑时间安排，混凝土运输方式、时间控制，混凝土浇筑用泵和数量的选择（结合现场条件和流水作业面确定）。

③混凝土浇筑时施工缝留置位置及继续浇筑前的处理方法是否符合设计要求。

④混凝土浇筑过程的控制能否保证混凝土质量；对垫层混凝土浇筑，底板混凝土浇筑，柱、墙混凝土浇筑，梁、板混凝土浇筑，楼梯混凝土浇筑，框架梁、柱节点混凝土浇筑等是否有结合工程特点的具体控制措施。

⑤混凝土养护的措施是否符合规范要求。

⑥试块（包括同条件养护试块）制作和养护是否满足规范要求。

1.3.6 施工临时用电方案审查

施工临时用电方案应按照围护结构施工阶段、主体结构施工各阶段和盾构施工各阶段分别编制平面布置图和系统图。施工临时用电方案应该由施工单位的电气工程师负责编制。

1. 施工临时用电方案审查要点

1）根据现场实际情况选择配电线路形式，放射式、树干式、链式或环形配线。

2）根据总计算负荷和峰值电流选择电源和备用电源。

3）根据总负荷、支路负荷计算出的总电流、支路电流和架设方式选择总电源线线径和支路线径。

4）布线总平面图和系统图是否合理。

5）配电箱与开关箱的设计、接地装置形式、防雷设计是否合理。

6）线路布设是否满足安全要求，对于区间隧道，应附有隧道横断面布置图示。

7）线路是否满足长距离功率因子损耗的要求。

8）电气设备的接地（重复接地）是否满足要求，是否采用 TN-S 系统，装设的漏电保护器是否满足安全要求。

9）是否按照一机、一闸、一漏、一箱进行设计，开关电气的装设、维护、检修和更换是否清楚。

2. 临时供电平面图主要内容

临时供电平面图的主要内容包括：

1）在建工程临建、在施、原有建筑物的位置。

2）电源进线位置、方向及各种供电线路的导线敷设方式、截面、根数及线路走向。

3）变压器、配电室、总配电箱、分配电箱及开关箱的位置，箱与箱之间的电气关系。

4）施工现场照明及临建内的照明，室内灯具开关控制位置。

5）工作接地、重复接地、保护接地、防雷接地的位置及接地装置的材料做法等。

3. 临时供电系统图主要内容

临时供电系统图是表示施工现场动力及照明供电的主要图纸，主要内容应包括：

1）标明变压器高压侧的电压级别、导线截面、进线方式、高低压侧的继电保护及电能计量仪表型号、容量等。

2）低压侧供电系统的形式是 TT 还是 TN-S。

3）各种箱体之间的电气联系。

4）配电线路的导线截面、型号，PE 线截面，导线敷设方式及线路走向。

5）各种电气开关型号、容量、熔体，自动开关熔断器的整定、熔断值。

6）标明各用电设备的名称、容量。

1.3.7 起重吊装方案审查

1. 需要专家审查的起重吊装方案

1）采用非常规起重设备、方法，且单件起吊重量在 100kN 及以上的起重吊装工程。

2）起重量 300kN 及以上的起重设备安装工程，主要包括：门吊、塔吊、大型钢筋笼、盾构机等起重吊装方案。

2. 起重吊装方案审查要点

1）吊装作业环境，作业现场内的各吊车作业点的地基承载力和管线等的保护措施合理性。

2）根据吊点、吊距、起吊物重心，计算吊装设备的规格、型号及选型。

3）吊装作业顺序是否合理，要有必要的图示。

4）起吊物就位、固定方法及措施，地锚的设置方法和要求。

5）吊装设备进退场路线及起吊位置布置图。

6）构件堆放是否满足要求。

7）重要焊点的焊接质量是否进行了探伤检查。

8）其他安全技术措施是否合理。

1.3.8 盾构施工相关方案审查

1. 管片生产施工方案审查要点

管片生产一般属于专业分包，由具备相应资质的预制混凝土构件生产厂家进行生产，应提前 3 个月以上即确定管片生产分包商，以便及早确定管片钢模、管片生产原材料、管片厂总体布置等。管片生产施工方案应在管片试生产前 3 个月即提交审查，审查要点如下：

1）管片数量是否按照设计图纸的线路要求进行了排版设计，并按照排版设计确定的管片数量。对于采用标准环和转弯环组合的管片，首先应分别确定标准环和转弯环数量，考虑适当的转弯环富余量（直线段一般至少考虑 5 个标准环搭配 1 个转弯环）。

2）管片生产计划是否满足盾构掘进进度计划的需求。

（1）应列出不同类型管片的需求进度计划，然后对应不同类型的管片制定生产计划。

（2）考虑到管片生产后一般要 28 天以后才能投入使用，因此，管片生产应该有足够的提前量，在需求计划中应明确管片最大存量。

（3）应明确特殊管片的生产时间。

（4）应考虑足够的管片试生产时间，一般要求管片外观质量合格，三环拼装试验、抗弯试验、抗拔试验和检漏试验完成且验收合格后，才能开始正式生产。

3）管片厂生产条件是否满足本标段施工需求。

（1）结合管片生产的需求情况计算管片钢模数量是否满足需求。

（2）管片养护场地是否满足养护 14 天的需求，其中养护池至少满足 7 天水养需求（北方冬季结冰的城市应满足水养 14 天的需求）。

（3）管片堆放场地是否分标段分别堆放，堆放场地能否满足最大管片存量需求。

（4）钢筋笼加工靠模数量是否满足要求。

（5）钢筋焊接是否采用先进的焊接技术如二氧化碳保护焊。

4）管片生产配合比是否满足要求：试生产前，需要进行配合比试验，至少对于拟用的不同品种水泥各准备一组配合比。

5）管片生产试验种类、试验方法是否明确，特别注意管片抗弯试验、抗拔试验、检漏试验、三环拼装试验等检验方法和频率应明确。

6）应明确管片编号的编制方式，在内弧面和管片侧面清晰地标注管片类型、管片生产日期、模具编号及生产序号。

7）管片生产质量保证措施健全，进出场检验程序健全。

（1）管片厂的生产管理组织架构是否健全，总包商和项目监理机构应有管理人员常驻管片厂。

（2）管片生产试验室场地、人员和设备应满足要求。

（3）应明确不合格管片的判定标准及处理方式。

2. 端头加固施工方案审查要点

1）根据补充地质勘察资料，判断加固方法是否合理。

2）端头加固的水平和竖向范围是否满足要求。

3）端头加固施工工艺流程是否满足要求。

4）对于围护结构与加固体之间、不同类型加固工法之间、岩面与搅拌（旋喷）桩之间的加固节点处理措施是否有效。

5）加固设备选择、加固工艺流程是否合理。

6）加固体检测手段是否满足要求。

7）加固时间安排是否合理，确保满足盾构始发、接收要求，且与车站或竖井施工不相冲突。

8）加固材料进场检查验收，加固浆液的配合比确定，加固浆液使用量的签认是否完善。

9）质量保证措施是否到位。

3. 盾构始发/到达施工方案审查要点

1）盾构始发方案审核要点

（1）始发架、反力架设置是否合理，其中反力架应有计算书。

（2）始发姿态控制是否合理，特别是曲线始发的定位方式。

（3）防滚动、防管片椭变、防管片松弛等措施是否到位。

（4）始发测量方法、监测方法是否完善。

（5）负环管片安装位置是否正确，并附有纵剖面图。

（6）始发掘进参数的控制是否合理。

（7）密封环板选择是否满足设计要求。

（8）洞门凿除方法是否合理：凿除计划、凿除方法、凿除顺序、凿除人员安排、安全措施等。

（9）始发风险辨识到位，应急措施到位。

（10）拆除负环管片时间是否合理。

2）盾构到达方案审核要点

（1）接收架设置是否合理。

（2）到达姿态控制是否合理。

（3）防滚动、防管片椭变、防管片松弛等措施是否到位。

（4）到达测量方法、监测方法是否完善。

（5）负环管片安装位置是否正确，并附有纵剖面图。

（6）到达掘进参数的控制是否合理。

（7）密封环板选择是否满足设计要求。

（8）洞门凿除方法是否合理：凿除计划、凿除方法、凿除顺序、凿除人员安排、安全措施等。

（9）到达风险辨识到位，应急措施到位。

4. 盾构掘进与管片拼装施工方案审查要点

1）进度计划

（1）能否满足总施工组织设计要求，是否给附属工程、站内结构留有足够施工时间。

（2）特别注意特殊地段（如盾构始发和到达）进度安排是否合理，换刀时间是否考虑充分，是否针对不同地层特点安排进度。

（3）隧道清理、堵漏时间的安排是否合理。

2）平面布置及设备投入

（1）场地布置能否满足工程需求。

（2）后配套设备选择能否满足工程需求，电瓶车编组方式是否合理，如电瓶车牵引力能否满足运输强度需求和隧道坡度要求，设备数量、备件是否足够等。

3）盾构掘进施工方法是否合理

（1）针对不同地层和地面环境条件下的掘进模式选择。

（2）掘进参数选择。

（3）结合不同地段添加剂的选择；注浆方式的选择。

（4）测量方法，纠偏方法。

（5）刀具选择、换刀地点选择。

（6）重大风险点的辨识和处理方法。

4）质量保证措施是否到位，特别注意管片如何排版，如何针对不同的线形和盾构掘进纠偏进行管片选型，管片拼装破损、开裂或渗漏的处理方法。

5. 管线、建筑物保护方案审查要点

对于区间需要保护的建（构）筑物和管线应有科学、合理的保护措施，在审查承包商编写的建（构）筑物和管线保护方案时，主要审查所采取的保护措施是否具有安全可靠性，能否在盾构掘进过程中保证建（构）筑物及管线的安全，审查要点如下：

1）审查承包商上报的建（构）筑物和管线保护对象是否齐全，有无缺省项目及对象。

2）审查建（构）筑物和管线保护措施是否满足要求。

3）审查沿线建（构）筑物需要鉴定的是否按要求完成鉴定工作。

4）审查拟采取的技术保护措施能否满足要求。

5）审查承包商是否按合同、施工图要求进行管线保护。

6. 地下障碍物处理施工方案

1）施工单位应根据地下障碍物处理设计方案及时编制施工方案，监理收到施工方案后应及时、认真地进行审查，提出审核意见。

2）特别注意：由于地下障碍物处理有较大的安全隐患，方案中除了有保障安全的措施以外，还应有应急措施或专项应急预案。

第 2 章
盾构机选型监理要点

本章执笔：王俊彬　李新明

盾构机选型合理与否，不仅关系盾构施工的成本和效益，还关系盾构施工安全与质量。盾构机在选型过程中需要考虑盾构机本身的设计、各部件的配置以及盾构对地层条件的适应性。本章节对盾构机选型主要因素分析、盾构机适应性选型控制要点、盾构机可靠性控制要点、特殊地层地质条件下盾构机的针对性选型、盾构机的验收等要点进行归纳阐述。

2.1　盾构机选型基本概念

常规的盾构机类型包括土压平衡盾构机和泥水平衡盾构机，随着工程建设的需要，目前已开始有土压/泥水双模式盾构机和多模式盾构机的制造和使用。盾构机选型包括对盾构机适应性、可靠性和针对性三方面的考量。

盾构机作为一种地下掘进设备，"型"是指与特定的盾构施工环境，特别是与特定的基础地质、工程地质和水文地质特征相匹配的盾构机的种类，如土压、泥水、多模式盾构机等。

"模式"定义为依据地层、地质、施工情况提出盾构机选型、设备配置的重点，包括盾构机类型、刀盘刀具和其他部件的选型与适应性配置技术。在已定"型"的基础上，根据特定的盾构施工环境盾构机采用的具有最有效"平衡开挖面"方式（安全性）下最优开挖和出土功能（狭义）的一种方式。因此，"模式"是盾构机的一种操作方式。粗略地讲，"模式"可以分为：开胸式、半开胸式、闭胸式和气压式。

根据程序判断，盾构机的"型"是在施工前决定的，而"模式"则是在施工过程中根据具体的施工环境由操作人员实时决策的。盾构工程依据地层分类及其工程地质特征，分析盾构机在该地层中掘进可能引起的设备、施工风险，依据风险情况提出盾构机选型、设备配置的重点，包括盾构机类型、刀盘刀具和其他部件的选型与适应性配置技术。

2.2 盾构机选型主要因素分析

盾构技术发展至今，在盾构设备技术、施工技术方面已积累了相当丰富的技术和经验，各种辅助工法、新型装备技术被不断发明和应用，通过不同盾构机技术的相互借鉴和功能集成，无论是土压平衡盾构还是泥水平衡盾构，其地质适应范围已较最初的单一模式机型有较大拓展。近年国内外多个盾构工程案例，在一些工程中同时应用了土压盾构和泥水盾构，通过设备优化配置和选用合适施工参数，均得到成功应用，而近年国内发展起来的双模式盾构机更是直接突破传统单一模式盾构适用范围的局限性，使得盾构选型更灵活。

地下工程施工，地质是基础，盾构施工过程中对周边环境的影响必须是可控的，项目投资控制也要综合平衡，因此，当前阶段盾构机选型主要是综合考虑地质因素、环境因素和经济因素。

2.2.1 地质因素

地质因素直接影响开挖面自稳性、出渣顺畅性、地表沉降可控性，不同类型盾构在上述三方面的调控原理不相同、实际应用效果有差别。

1. 根据地层渗透系数选型

地层渗透系数主要影响地下水渗入开挖仓和隧道的速率。不同类型盾构机对地下水渗入开挖仓的控制能力不同。泥水盾构机开挖仓内充满泥浆，泥浆在开挖面形成泥膜可有效隔离土层中地下水渗入，同时实时提供开挖面平衡压力、防止失稳；土压盾构机通过土仓内流塑性渣土稳定开挖面，为有效控制地下水渗入，需进行大量渣土改良并实施满仓掘进，造成盾构掘进扭矩大、推力大、出渣效率较低。

根据欧美和日本的盾构工程实践经验，考虑不同盾构技术原理差异性，提出主要选型建议：当地层渗透系数小于 10^{-7}m/s 时，可以选用土压平衡盾构机；当地层渗透系数在 $10^{-7} \sim 10^{-4}$m/s 之间时，既可以选择土压平衡盾构机，也可以选用泥水平衡盾构机；当地层渗透系数大于 10^{-4}m/s 时，宜选用泥水平衡盾构机。地层渗透系数与盾构机类型的关系如图 2-1 所示。

2. 根据地层的颗粒级配选型

地层颗粒级配主要影响地层渗透性和盾构出渣效率。一般来说，细颗粒含量多，渣土易形成不透水的流塑体，容易充满土仓的每个部位，在土仓中可以建立压力，来平衡开挖面的土体，较适合土压平衡盾构；而砾石粗砂区、细砂区粗颗粒含量大、地层渗透性强，较适合泥水平衡盾构机。一般来说，当岩土中的粉粒和黏粒的总量达到 40% 以上时，通常宜选用土压平衡盾构机，否则选择泥水平衡盾构机。其中，绝对粒径 ≤ 0.075mm 为粉粒，绝对粒径 ≤ 0.005mm 为黏粒。

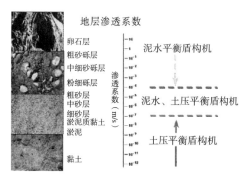

图 2-1 地层渗透系数与盾构机类型的关系

尽管地层颗粒级配影响开挖仓内的渣土渗透性和流动性，但通过适当的土质改良，也可使用土压平衡盾构机。当地层中粗颗粒或大颗粒固体含量较多时，如全断面砂卵石地层，尽管按照颗粒级配图较适合采用泥水盾构施工，但如不能很好地解决地层中大颗粒固体的破碎和即时排出问题，也将大大影响施工效率和设备安全性，这种情况下土压平衡盾构因其较大的固体颗粒输送能力，也可作为一种合适的机型选用。土层的颗粒分析与盾构机选型的关系如图 2-2 所示。

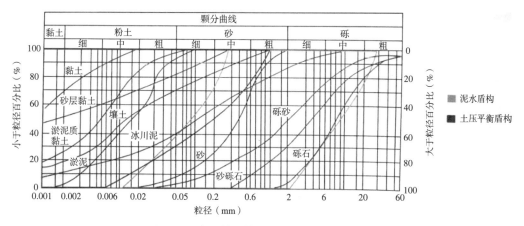

图 2-2 土层的颗粒分析与盾构机选型的关系

3. 根据地下水压进行选型

高水压条件下地层中的渗水速度和流量可能均较大，刀盘开挖后如未能在土仓里面及时建立起相适应的平衡压力，将导致掌子面水土压力失去平衡，进而引发坍塌、大量地下水进入土仓；地层中地下水短时间大量流失，可改变上覆土层颗粒间的空隙状态和有效应力；在含砂量高的地层中还可能出现涌砂现象。上述所有情况均可导致地面沉降超限、塌陷，甚至建筑物开裂、倾斜等严重事故。土仓内大量地下水涌入可导致螺旋机发生喷涌事故、击穿盾体关键部位密封引起泄漏。

根据土压平衡盾构机的使用经验，传统单级螺旋输送机在渣土流塑性状态良好条件下能够平衡的进出口渣土压差约为 0.3MPa。因此，以单级螺旋输送机土塞效应密封能力为基本标准，推荐以下选型建议：当地下水压大于 0.3MPa 时，宜采用泥水平衡盾构机，如因地质原因需采用土压平衡盾构机，则需增大螺旋输送机的长度，或采用二级螺旋输送机、保压泵等技术措施，增强螺旋机承压能力；当地下水压小于 0.3MPa 时，优先选用土压平衡盾构机。

2.2.2 环境因素

环境因素主要包括地面沉降控制风险、地质复杂程度、线路坡度及其他特殊条件。

1. 地面沉降风险

地面沉降风险主要综合考虑地面建（构）筑物的重要性、基础形式、与隧道的接近程度、地质条件等因素，得出其沉降风险控制重要程度，再结合应用泥水、土压两种盾构机型施工的沉降控制指标水平进行分析。

2. 地质复杂程度

在地质多变的隧道工程中，从保证施工安全、效率的角度，以线路所占主要地质类型选用合适盾构机型，同时从设备和施工两方面采取措施应对局部不良地质施工风险。

3. 线路坡度

线路坡度主要影响掘进出渣，土压平衡盾构机在隧道纵向坡度大于 4% 时，运输渣斗的电瓶车编组面临坡度大、运输困难的问题。若土压平衡盾构机采用连续皮带机出渣，在线路坡度较大（向下坡度超过 20°）情况下出渣困难甚至无法出渣，而泥浆管道出渣不受线路坡度限制、应用灵活，此时宜采用泥水盾构施工。

4. 其他特殊条件

其他特殊条件是指一些特殊地域、工程、施工要求对盾构机选型提出的特殊要求，如干旱少水地区就不宜采用泥水平衡盾构机，电力供应紧张国家或地区也不宜选用设备装机功率更大的泥水盾构。

2.2.3 经济因素

经济因素是指在同一盾构隧道工程中，通过采取一定的辅助施工措施，土压泥水盾构均能适用，两种设备类型在综合施工成本方面的比较。主要包括设备购置成本、施工消耗成本、辅助施工成本、地面施工占地成本等，分析如下：

1. 设备购置成本

同样设备规格下，土压平衡盾构机由于无需配置庞大的地面泥浆处理系统和沿隧道铺设的泥浆管道输送系统，整机价格约为泥水平衡盾构机的 2/3。

2. 施工消耗成本

土压平衡盾构机采用螺旋机+皮带机出渣,掘进速度和出渣效率要比泥水平衡盾构机高,设备稳定性好,水、电、油脂、油料、管材及配件消耗较少,在一些工程项目中(如成都轨道交通),土压平衡盾构机的材料消耗甚至仅为泥水平衡盾构机的1/3;泥水平衡盾构机的泥浆循环系统除了主机内配置大功率进、出浆泵外,还需配置接力泥浆泵,导致设备总功率大、电力消耗大。因此,一般情况下土压平衡盾构机的综合施工消耗成本要比泥水平衡盾构机低。

3. 辅助施工成本

泥水平衡盾构机的优点是地层扰动小、带压进仓换刀更方便,在一些地面沉降控制要求高的工程中可减少地层加固、进仓作业所需辅助施工;而土压平衡盾构机无法像泥水平衡盾构机一样,能较好地在掌子面实时形成泥膜,特别是土仓上部区域更是无法较好地形成平衡压力,其地表沉降控制较泥水平衡盾构机困难,在一些地质稳定性差的局部地层施工可能需要进行超前注浆加固地质,为增强渣土流动性和止水性能,可能需大量添加渣土改良剂,增加了额外成本。

4. 地面施工占地成本

泥水平衡盾构机因增加了泥浆处理系统,地面占地面积大,涉及的征地、拆迁等费用多。

2.2.4 常规盾构机选型方法参考

基于经济性因素的盾构选型,需在保障施工安全的前提下,结合施工队伍自身的技术和管理水平,比较整个隧道采用不同盾构机型施工的综合成本后决策。综合上述风险因素考虑,常规盾构机选型主要是综合考虑地质因素、环境因素和经济因素,选择一种同时具备较好的施工安全性、经济性和环境友好型盾构机型。常规盾构机选型参考表2-1。

常规盾构机选型方法参考　　　　　　　表2-1

优先级	选型因素		选型建议
1级	地质因素	地层渗透系数	综合考虑地层渗透率和地下水位; 渗透系数小于 10^{-7} m/s 时,选用土压平衡盾构机;渗透系数大于 10^{-4} m/s 时,选用泥水平衡盾构机; 在渗透系数大于 10^{-4} m/s 而地下水位不高时,也可用土压平衡盾构机; 渗透系数在 $10^{-7} \sim 10^{-4}$ m/s 之间时,两者均可应用,需参考下一优先级因素决策
		土层颗粒级配	主要考虑土层中细颗粒成分的占比,一般来说,粉粒和黏粒的总量达到40%以上时,宜选土压平衡盾构机,否则选择泥水平衡盾构机。其中,绝对粒径≤0.075mm 为粉粒,绝对粒径≤0.005mm 为黏粒
		地下水压力	一般情况下,地下水压大于0.3MPa 时,宜采用泥水平衡盾构机,否则考虑土压平衡盾构机

续表

优先级	选型因素	选型建议
2级	环境因素	比较沉降风险大小、不同盾构机沉降控制水平选择； 多变地质下以占主要部分地质条件选型； 大坡度线路宜选用泥水盾构机； 特殊条件和工程对盾构机选型有制约、优先级提高
3级	经济因素	同样规格泥水盾构约为土压盾构的1.5倍； 施工消耗成本，泥水平衡盾构机≥土压平衡盾构机； 沉降控制要求高的工程，土压平衡盾构机所需辅助施工较泥水平衡盾构机多； 施工占地成本方面，泥水平衡盾构机≥土压平衡盾构机； 选型原则：应在确保施工安全的前提下，结合施工队伍自身的技术和管理水平，对不同盾构机型施工的综合成本进行比较

注：本表所述常规盾构机是指传统土压平衡盾构机和泥水平衡盾构机，双模式盾构机和多模式盾构机应专题研究。

2.3 盾构机适应性选型监理要点

针对盾构设备可能遇到的风险问题，从盾构机类型、刀盘刀具、盾构其他关键部件等方面提出选型的重点，并进行相应的针对设计，以保证盾构施工在均一地层或者复合地层中的适应性和安全性。盾构机应能在工作环境温度5~50℃、相对湿度小于90%的条件下正常使用。

2.3.1 盾构刀盘

盾构刀盘位于盾构机最前沿，起到隧道开挖和支护的作用。盾构在复合地层中掘进，刀盘在软硬交替界面受冲击荷载，易导致刀盘刀具异常损坏，增加换刀次数与施工风险，降低了刀盘破岩效率，当掘进速度过慢时，对上部地层扰动时间较长，特别是土仓压力不足时，将引发地表沉降。刀盘刀具的选型与合理布置直接影响到盾构施工的安全性、经济性。因此，需针对复合地层条件，从刀盘刀具损坏机理出发，对刀盘刀具进行优化设计，强化刀盘的耐磨措施，优化刀盘和中心区域的开口率，提高刀盘整体的刚度和强度，以达到提高刀盘开挖能力和效率的目的。

2.3.2 盾构刀具

盾构刀具是刀盘的"牙齿"，盾构刀具的合理配置，可提高盾构刀盘的切削能力和效率。复合地层中采用的盾构刀具配置重点关注内容为刀具配置的层级数量、刀具的选型。通常，刀具配置的层级数量为2~3层，滚刀负责最前面对开挖面的切削，刮刀和边缘刮刀一般布置在同一高度，负责把滚刀切削下来的渣土进行收集和运输。个别刀盘还会配置更为前出的先行刀，用于红层中硬度较低地层对黏性开挖面的撕裂。个别刀盘由于中心滚刀和正面滚刀的选型不一致，如刀圈直径的不一致，滚刀的刀盘会有区别，但总体原则还是滚刀的刀高必须满足滚刀刀圈在正常最大允许磨损范围内，仍可获得足够的掘进贯入度。刀盘设计时可考虑对刀具使用状态进行实时监测，采用机械化换刀技术，提高换刀效率与安全性。

2.3.3　密封系统

盾构机的主要密封系统包括刀盘主轴承密封、盾壳铰接密封、盾尾尾刷密封等。

1. 盾构主机密封

盾构主机密封是保证盾构内部空间与外界隔离的屏障，若地层存在的高水压以及区间存在长距离掘进，容易引起密封系统失效，导致地下水渗入盾构机内部，并且洞内更换密封难度大、风险高。为确保施工安全性，采用高耐磨长寿命盾体密封材料，配置备用密封装置，进而提高主机密封可靠性。密封系统应满足盾构机设计最大压力的使用要求。

2. 盾构铰接密封

为了提高盾构机的操作性能，通常将其分成前后两个部分，中间用千斤顶链接起来形成一个铰接装置，盾构机密封圈设备的前后弯曲，以适应曲线段的掘进。在盾构机前后结合处装有密封圈，防止地下泥水侵入。两道盾构机密封圈之间可注入油脂，一能提高密封效果，二能延长盾构机密封圈的使用寿命。有些盾构机还装有紧急充气密封圈，当正常盾构机密封圈失效时，可对紧急充气密封圈进行充气，靠气压挡住外部的泥水，避免影响盾构机工作。铰接千斤顶的两端分别和盾构机的前后部用铰接连接，由于铰接千斤顶沿盾构圆周布置，其两端的铰销处装有球铰，以保证铰接千斤顶轴线与盾构机轴线之间有一定的摆动角度。

3. 盾尾密封

盾尾密封是盾构掘进为防止水、土及压注材料从盾尾进入盾构内的装置，由多道盾尾刷、注脂枪和止浆板组成。盾尾密封要求弹性好、耐磨、防撕裂，能充分适应盾尾与管片间的空隙，盾尾刷一般采用效果较好的钢丝刷加钢片压板结构。钢丝刷中充满油脂，既有弹性又有塑性。盾尾密封的道数要根据隧道埋深、水位高低来定，一般为 3 道以上。

2.3.4　主驱动

主轴承设计寿命不应小于 10000h，扭矩系数不宜小于 18，脱困扭矩不应小于最大工作扭矩的 1.2 倍。

主驱动应具有扭矩限制功能，能够具备双向旋转，具有无极调速功能。为方便开仓换刀作业，刀盘主驱动系统应具有与推进系统、出渣系统联锁控制功能以及本地控制功能，可实现本地慢速点动控制，点动速度不应大于 0.2rpm。

主驱动润滑所需的齿轮油润滑系统应设置有磁性过滤器及冷却装置。主驱动密封的油脂润滑系统应具备压力和流量检测报警功能。

2.3.5 出渣系统

复合地层盾构施工过程中受地层中裂隙水影响大,对于土压平衡盾构机,若螺旋输送机(简称"螺旋机")内渣土无法形成"土塞效应"则可能发生螺旋机喷涌现象,造成开挖面失稳、地面塌陷。土压平衡盾构机螺旋输送机宜配置双层后闸门,预留渣土泵接口。开挖直径大于4.5m时,宜配置前闸门。

而对于泥水平衡盾构机,泥浆循环出渣系统应具有能实现掘进、旁通、隔离、逆洗和补浆工作模式的功能。配置有气垫仓的泥水平衡盾构机,气垫仓压力控制波动范围不应大于设计压力的3%。配置有破碎装置的,破碎后渣土粒径应小于泥浆泵允许通过的最大粒径。泥浆循环出渣系统应配置进排浆密度、压力和流量检测装置。

2.3.6 渣土改良系统

土压平衡盾构机的渣土改良系统,设计特点必须具有以下几方面的特性:产生适当的黏性;使渣土均匀及具有良好的流塑性;有一定的含水率;减小渣土的内摩擦角;使改良后的渣土具有一定的不透水性。渣土改良系统是可以满足注入矿物类、高分子类和表面活性剂类的改良材料,包括泡沫注入系统、膨润土注入系统和聚合物注入系统。

刀盘的渣土改良剂注入喷口应采用单管单泵设计,尽量避免刀盘中心区域泡沫注入口与膨润土注入口共用,减少刀盘中心区域喷口堵塞的风险。

2.3.7 注浆系统

城市地区对地表的沉降非常敏感,地表沉降控制要求严格,地表沉降控制范围一般为 –30 ~ +10mm,以最大限度地减小盾构掘进对周围环境的影响。根据对盾构施工主要技术环节和监测数据的分析,地表沉降控制主要是通过分析不同地层条件下土体产生移动的原因和与之对应的主要影响因素,进而采取相应的技术控制措施。盾构施工时影响地表沉降的因素很多,如地质条件、隧道埋深、掘进模式、盾构推力、渣土仓压力、注浆量及注浆压力、地下水位变化、施工多次扰动等。

管片壁后注浆按盾构推进的时间和注浆的目的不同,可分为同步注浆、二次补强注浆和堵水注浆。同步注浆系统是在盾构向前推进且在盾尾空隙形成的同时进行,浆液在盾尾空隙形成的瞬间及时起到填充的作用,使周围土体获得及时的支撑,可有效防止岩体的坍塌,控制地表沉降。二次补强注浆系统是盾构机上必备的系统。该系统通过管片的吊装孔对管片背后进行补强注浆,以提高同步注浆的效果,补充部分不充填的空腔，提高管片背后土体的密实度。

当水土压力不大于0.4MPa时，盾尾刷不应少于3道；当水土压力大于0.4MPa时，盾尾刷不宜少于4道。盾尾同一油脂腔两个相邻的油脂孔的弧线长度不宜大于3.5m。

2.3.8 推进系统

推进系统包括推进油缸和推进液压系统。根据盾构机直径的大小，推进油缸一般分为4组或以上进行分区控制。推进油缸的行程由管片的宽度和封顶块搭接长度决定。推进系统的最大伸出速度反映推进液压系统的能力，也是作为盾构机性能的一个重要指标。推进系统应满足盾构机设计压力下，克服各种阻力、摩擦力、牵引力后，仍可为盾构机提供足够且具有相当安全系数的推力储备。

单位开挖面积的最大推力不应小于1000kN。推进油缸中心轴宜与管片厚度中心重合，推进油缸的行程偏差不应大于±2mm。

2.3.9 管片输送和拼装系统

管片拼装系统多采用悬臂梁方式设计，固定在中盾后部。管片拼装机具备6个自由度的运动能力，可满足管片前后纵向移动、左右环向旋转、径向伸缩、左右倾斜、前后倾斜和径向旋转，使管片快速、精确安装。部分日系拼装机没有最后两种运动功能，在拼装速度和精度上要差一些。管片拼装机构件包括：悬臂梁、移动机架、回转机构和安装头。为了方便在盾尾密封刷磨损后可以对其进行更换，一般均要求拼装机具备拆卸前两道密封刷的能力。采用机械锁固的抓取装置安全系数不应小于1.5。真空吸盘式拼装机应保证吸持管片时间不小于20min，且真空度不低于80%。

管片输送系统一般采用双导轨电动葫芦实现。目前较先进的设计是双轨梁直接布设至盾尾管片拼装区域，实现从列车编组至管片拼装区域的一次性吊运，省略了管片小车的配置，对于易喷涌地层有更佳的友好性。

2.3.10 超前探测和注浆加固系统

为降低岩溶发育区隧道施工风险，在盾构内配置超前地质探测与注浆系统，实现开挖面前方短距离超前地质预报，将地面勘察资料与超前探测结果相结合，得到更高精度、更准确的地质资料，以便及时处理前方存在的溶洞；同时可在地面布置监测点，对施工过程进行连续监测。在勘测确定前方溶洞后，采用超前注浆加固装置进行超前注浆，可有效稳定开挖面。超前地质探测与注浆系统可对地面未处理到的岩溶进行洞内探测、洞内注浆加固，确保岩溶隧道掘进安全，增强盾构施工的应急能力。

2.3.11 远程监控系统

盾构机上需配备完善的数据采集分析系统,可以对盾构机的施工数据进行实时分析,有效的协助工程人员做出正确的判断和决策。在盾构机土仓中设置多个土压传感器,将土仓中的土压力和支撑压力及时传给控制室,对土压平衡精确控制。刀盘、螺旋机均设置转速传感器,推进油缸设置有速度传感器,所测的数据用于盾构掘进控制,及时调整螺旋机转速、推进速度。配置泡沫及加泥设备的传感器,可以调整参数,实现各系统联动,进而控制地面沉降。管片背后注浆系统,包括同步注浆系统和二次补强注浆系统所配置的传感器,可精确反映每个腔室的注入量和注入压力,以及二次注浆过程的注入体积和压力,便于对背后填充的施工工艺进行控制,进而控制管片上浮、地表沉降等风险。

2.4 盾构机可靠性监理要点

2.4.1 基本概念

新盾构机:由盾构机制造商采用全新部件制造,首次出厂的盾构机。

旧盾构机:从盾构机制造商首次出厂后,已经施工一个或一个以上隧道工程的盾构机。

再制造盾构机:基于旧盾构机资源循环利用的制造模式,运用现代先进的新材料、新工艺、新技术对旧盾构机进行一系列技术措施或工程活动,使其功能、性能、环保、经济及安全特性满足拟用项目工程施工需要的盾构机。

2.4.2 新盾构机可靠性控制要点

盾构机的可靠性主要来自设备结构和系统的可靠性设计,其控制要点主要有以下几方面:

1)设备结构和系统的安全系数。控制要点主要是主轴承设计寿命,刀盘刚度强度的有限元计算分析,拼装机提升设计能力,推进系统最大设计推力等方面。

2)设备结构和系统的冗余设计。控制要点主要是螺旋输送机后闸门采用双闸门设计,后闸门之间的渣土保压泵预留接口为双备份设计;气压调节单元双回路设计;盾尾同步注浆和油脂管路备用设计;泥水盾构机破碎机采用压力或流量两种方式进行开关控制等方面。

3)设备结构和系统的耐环境设计。充分考虑盾构机施工环境的复杂性,控制的要点主要包括管片运输系统是否采用直接调运到位,取消管片小车,减少喷涌清理工作量的设计;推进系统单油缸撑靴采用防偏转,避免撑靴偏转卡顿的设计等方面。

4)设置齐全的安全互锁装置。控制系统配置有足够灵敏且可靠的传感器采集系统、各系统机构的运行和作业情况,出现超载、超温、超压、误操作、误接触、停电而引发的状况可及时联动停止对应的系统,防止事故的发生,并有效限制事故的扩大。

2.4.3 旧盾构机可靠性控制要点

1)旧盾构机的可靠性是指盾构机经使用后,系统和构件出现磨损、疲劳,甚至损坏后,通过维护、维修、更换和改造后,提高设备使用寿命周期内的完好率,降低失效率。考察盾构机的可靠性主要关注在设备施工中难以维修恢复,或者维修恢复难度大、耗时长的系统和构件。

2)旧盾构机可靠性审查主要指审查整机和部件是否齐备、完好和可靠,维修方案是否可行。可靠性要经过第三方的专项检测和评估,以及对整机的勘验和评估,并由专家对施工单位及盾构产权方单位提供的资料进行审查,专家组经对盾构机的适应性和可靠性的分析,提出旧盾构机使用的评估意见。

3)当施工单位按照合同的约定使用旧盾构机,在施工前,为了全面地了解该盾构机的性能情况,有针对性地对旧盾构机进行维修改造,施工单位应向监理单位提交该旧盾构机的维修改造方案。

维修改造方案包括以下内容:

(1)旧盾构机的来源。

(2)盾构机的性能指标等概况。

(3)盾构机主要负荷部件的驱动功率和驱动方式。主要是指刀盘驱动、螺旋输送机驱动等与掘进负荷直接相关的部件,评估驱动功率是否足够。

(4)盾构机关键部件的使用情况和有关的故障情况。盾构机使用单位有提供定期油液检查,主要部件维护保养、维修检查的相关资料。

(5)盾构机的设计特点。盾构机是通用的掘进机械,但又是针对性很强的专用设备,原来设计的盾构机一定是专门针对某一种工况条件特点的机械。需要了解盾构机原来的设计特点和将要掘进的施工环境特点,在维修改造时对机械性能做适当的加强和补充。如:刀盘的设计特点,包括刀盘的形式、对开挖面的支撑方式、刀盘的开口率、应对本地层可能出现的大推力和高扭矩情况下的强度是否足够,了解原刀盘刀具的种类和布置形式、刀刃的破岩间距和刃尖沿隧道掘进方向的高低差等,对盾构机刀盘的破岩适应性进行评估。

(6)盾构机出厂后使用的历史情况。需要了解盾构机在原机出厂后的掘进经历,如:掘进时间、掘进里程、岩层性质、地质条件、所发生过的故障和修复方法、装拆转场的次数等。

(7)新的施工项目对盾构机的需求分析。包括地质情况的特征分析,线路情况比较,盾构施工的重点和难点控制等内容。

（8）盾构机当前的技术状况评估。

（9）投入本标段施工之前的检修方案和维修改造方案。

（10）维修改造的场地条件是否满足相应的维修项目要求。精密的液压系统设备拆解，对场地和机械加工机具有相应的要求。露天场地只能够进行一般机械构件的维修。

（11）维修改造的工期要满足工程需要。项目监理机构接到施工单位报送的盾构机维修改造方案后，要根据工程的地质特点、掘进线路的施工难点、工期情况和盾构机的适用性对盾构机作出全面的评估。若有需要对盾构机进行改造以适应新的工程条件的，需提出明确的意见反馈给施工单位。

2.4.4 旧盾构机必要的检测和评估

1. 盾构刀盘

刀盘是盾构机掘进的切削工具，直接接触开挖面且施工过程中难以维修恢复，因而需要在旧盾构机投入使用前，对刀盘进行检测，确定其维修和改造的内容。

1）观察刀具及其安装基座的磨损情况，判断现有刀具能否在下一掘进区间内有效地使用。超挖刀是否伸缩自如，刀架等是否变形。

2）对刀盘面板主焊缝、牛腿焊缝进行超声波 100% 无损探伤检测，以确认刀盘结构的良好；检查刀盘周边和面板耐磨层的磨损情况，应视情况进行补焊恢复；刀盘连接底座处的密封件是否能够保证密封良好，连接螺栓是否需要更换等。

3）检查刀盘的中心回转接头连接可靠，对中心回转体做气密性检测，确保密封无损坏，内部通道无串通。

2. 盾构主驱动

刀盘的主轴承和驱动齿轮是盾构机的关键部件，在整个掘进过程中均处于长时间重负荷的施工状态，若在施工中出问题可能将无法维修或更换，对工程来讲是灾难性的，所以应重视对其检查。在不是专业工厂的环境下，不宜对其进行分解检查，可以通过检测润滑油中金属颗粒的办法间接地对刀盘主轴承和传动齿轮的磨损程度进行判断。同时，了解前一段掘进时的工作情况非常重要。

1）油样检测中出现水含量偏高的情况，主轴承应考虑密封磨损泄漏或油脂注入系统在过往工程注入量不足的问题，在维修方案中需有对应检查项目；减速箱应考虑冷却系统泄漏的可能性。

2）油样检测中出现硅、铁、铜含量偏高的情况，应考虑密封磨损泄漏的可能性，如检测报告中反映有颗粒较大的铁、铜含量，宜进一步结合盾构机过往工程的地层及施工情况，考虑对主轴承进行内窥镜检查或者整体拆检。

3. 密封系统

1）主驱动密封系统分为单唇型 NBR 密封和多指型聚氨酯密封两种主驱动密封方式。

（1）对于单唇型 NBR 密封，按照过往经验，盾构机若满足掘进里程累计达到 3km，或主轴承工作时间达到 3000 小时中任一条的，须拆检盾构机主驱动系统的内外密封并测试检查合格；盾构机满足掘进里程累计达到 5km，或主轴承工作时间达到 5000 小时中任一条的，须拆检盾构机主驱动系统并更换内外密封并测试检查合格。使用后单唇型 NBR 密封宽度应大于其压缩后宽度 0.8mm 方可继续使用。密封跑道磨损槽的深度和宽度应不大于 3mm。主驱动内外密封腔和齿轮腔气密性检测应按原厂家设计图纸要求进行，如原厂家未明确进行说明，则可按标准为 4bar，保压 30min，压力下降值不超过 10% 的原则进行。

（2）对于多指型聚氨酯密封，盾构机掘进 4km 以内，需每个区间检查密封使用情况；掘进里程累计 4km 以上且小于 7km，需更换密封；掘进里程累计 7km 以上，更换密封与密封环。多指型聚氨酯密封的气密性检测方式多采用压缩空气检测，日本系列盾构机（包括国内采用日本引进技术设计的盾构机）也采用油脂检测，其检测标准为在密封后侧加压 1bar，保压 30min，压力下降值不超过 10%。

2）螺旋输送机驱动减速箱密封，应在热机状态下检查其油脂注入量是否满足工厂设定要求。若在热机状态下未进行检查，需考虑进行气密性检测或拆开检查。

3）盾壳铰接密封和盾尾尾刷密封也是检查的重点。检查时要确保油路贯通，无泄漏，润滑点有油到达，油脂压力显示正常。破损和老化的密封件必须进行更换。

4. 盾体

1）应关注盾壳的磨损情况，特别是前盾的磨损情况，是否已经产生变形。

2）前盾与中盾连接处若有密封件的话，需检查是否需要更换；盾体上的密封件还包括铰接密封，有的盾构机采用高分子材料制成的唇形密封，有的采用石墨盘根密封，均要进行检查；需确定紧急安全气囊是否需要更换。

3）盾体上的注浆孔以及备用孔洞需要进行疏通清理。

4）盾体在经过不合适的吊装之后，有可能会发生外形椭变，需要对盾体、刀盘这些结构件的形位尺寸进行测量，及时矫正。

5. 人舱

1）人舱内部各种仪器仪表、加热冷却设备、压力阀、作业可视化装置等按照相关盾构机的标准配置齐全。

2）人舱在维修结束完成后或者盾构机始发前，人舱应进行气密性检测。其检测标准为：以盾构机最大工作压力进行气密性试验，保压 30min，压力下降值不应大于工作压力的 6%。

6. 出渣系统

1）测量螺旋输送机的磨损程度，检查螺带和外壳的配合间隙。视所掘进的地层不同，螺旋输送机的壳体、螺带可能会严重磨损，易造成降低出土效率，降低封水效果、螺带容易卡死等故障，检查螺旋机的出土口闸门功能是否正常。螺旋机后闸门紧急关闭功能激活后，应能至少关闭一个后闸门，且蓄能器在闸门关闭后可保持足够的压力防止闸门意外打开。

2）皮带输送机的输送皮带、除泥刮板、皮带支架等均容易发生故障，要检查皮带输送机的磨损情况，包括皮带的磨损、撕裂和导向轮的运转情况，能够更换的都要尽量更换或维修，避免在掘进时因发生故障进行维修而误工。

7. 渣土改良系统

1）刀盘渣土改良注入口是否堵塞，从刀盘后部更换注入口喷头的功能是否完备。

2）渣土改良的流量计和压力传感器是否完好，输出值是否经过校准。

3）渣土改良系统的单向阀是土压平衡盾构机采用气压辅助平衡掘进模式有效性的关键因素之一，单向阀动作灵敏，止回效果良好。

4）检查渣土改良系统管路泄漏和老化情况。

8. 注浆、注液和注油系统

1）各种浆液管路是否畅通，包括添加剂注入管、盾尾注浆管等；检查注浆系统的活塞泵活塞密封是否出现磨损，管路是否有堵塞现象。新工程掘进之前，需更换活塞密封，并清理管路。

2）检查注浆软管是否老化，给予更换。

3）检查注浆泵的密封是否老化或损坏。中继砂浆罐搅拌轴的端轴承和密封是易损件，需注意更换。

4）刀盘和盾体上的注浆管路是否疏通，计量或指示仪表是否正常。

5）刀盘泡沫系统要求无堵塞，特别是刀盘面板上的泡沫孔，因为路径弯曲较多，进土压实后疏通困难，但是对掘进的影响又较大，需认真对待。

6）盾尾油脂注入系统对盾壳的尾部密封影响较大，应保证疏通，不留死角。

9. 管片运输和拼装系统

1）管片拼装机要求在荷载情况下各个自由度方向动作灵活，无蠕动、跳动，控制准确可靠。由于隧道内的工作环境恶劣，遥控器的故障率较高，无线遥控和有线线控控制器均要进行维修保养。

2）要检查拼装夹头的有无变形损坏，尼龙板有无破损。

3）隧道内盾构机的管片吊机处于重负荷工作状态，发生损坏的概率较高，对吊机、行走链条和遥控器等均需要进行检查维修。

4）管片喂片器的尼龙块和行走木板是易损件，一般都要进行更换。

5）由于管片设计和拼装技术的进步，近几年来整圆器的使用越来越少。但是整圆器对减少管片的椭变和管片拼装错台量是有一定的作用的，若配有整圆器的话，也需要进行检查。

10. 液压系统

1）检查液压系统各动力、驱动和控制阀门是否工作正常，尽管盾构机主要部件可能远未达到正常的工作寿命，但是液压系统的工作压力较高，动作频繁，控制阀门和减速器经过一个工程的使用后，出问题的可能性仍会很大。液压泵、液压驱动马达的出力良好，温升和噪声无异常。

2）检查推进系统的油缸和管路系统是否良好，油泵正常。

3）检查铰接系统的油缸和管路系统是否良好，油泵正常。

4）检查刀盘驱动系统的液压油路是否正常。

5）检查管片拼装机的液压管路无泄漏，阀件工作正常。

6）检查螺旋输送机驱动和出土阀门的液压回路，油路无泄漏，阀板行走无死点，动作灵活。蓄能器在断电状态下工作正常。

7）液压油箱应进行清洗，在清洗前应先进行取样检测，分析其中金属颗粒的成分和含量，间接地判断油泵和马达的磨损情况；若其中水分含量偏高，有可能是热交换器发生泄漏，冷却水窜入液压油中。液压油过滤器的滤芯应更换；液压油冷却器应工作正常，油程和水程的流通阻力以及进出口温度梯度符合设计要求，而且油程和水程不会发生串通。

11. 润滑系统

盾构机的润滑形式大多采用油脂润滑，也有部分采用油浴润滑的；在采用油脂润滑形式时，往往同时兼有对运动副密封的功能，因此使润滑和密封合为一个系统。刀盘主轴承、铰接和盾尾是检查的重点。检查时要确保油路贯通，无泄漏，润滑点有油到达，油脂压力显示正常。要注意油脂泵是否工作正常。

12. 强、弱电系统

1）检查驱动马达的温升和噪声，检查电气和液压元件的工作情况，要求质量可靠、响应迅速、防水性好，适应隧道内的高温、高湿工作环境。

2）高压系统要经过打压试验，高、低压系统绝缘电阻达到要求。

3）控制系统需灵敏可靠，各传感器示值灵敏，整定值正确。

2.4.5 旧盾构机的维修和改造

针对旧盾构机的检测情况和评估意见，展开对各零部件的维修和改造，以适应新标段工程的施工工况。重点关注以下工作：

1）维修的方式包括零部件维修和更换、管路疏通和除垢、密封面修整、除锈、润滑等。

2）监理要审查批复施工单位报送的维修改造方案。

3）注意维修的专业分包厂商是否具备相应的资质条件。

4）场地和设备是否满足维修的要求，机加工能力能否满足要求等。

5）涉及热加工的维修工序，要避免温度应力的影响。

6）要跟踪和监督盾构机维修改造的全过程，按照维修或改造方案进行施工，从材料选用、工艺、机加工设备等方面进行监理，避免维修深度不足，造成日后盾构机运转的缺陷。

7）维修后要对成品进行通电联调联试，并根据设备工厂验收标准进行验收，原则上必须使盾构机的性能恢复到原机出厂时的水平。

2.5 特殊地层地质条件下盾构机的针对性选型

2.5.1 砂层中盾构机针对性选型控制要点

隧道区间内存在砂层时，盾构机进行适应性的设计或改造，为盾构机安全顺利穿越砂层提供保障，该项工作需在盾构始发前完成，其控制要点如下：

1. 刀盘和刀具的配置

1）盾构机在砂层掘进时应优先选用平面圆角刀盘，增加刀盘周边砂土的流动性。

2）刀盘渣槽设置和大开口尽量接近刀盘中心，既可防止刀盘中心部位"泥饼"的形成，也可提高刀盘的开挖效率。适当增加中心开口率，减少周边的开口率，可以降低拱顶砂土流向土仓内从而导致拱顶失稳的风险。

3）盾构机长距离在砂层中掘进易对刀盘造成较大的磨损，因此刀盘外周耐磨层应能满足区间掘进需要，必要时可加焊耐磨网格、加焊耐磨钢板保护刀盘外缘。

4）砂层软土地层中刀盘设计考虑切刀（齿刀）为主，刮刀辅助。隧道下部存在岩层时，可以考虑刀盘周边配置部分滚刀，但滚刀的启动扭矩不宜太大。隧道下断面存在残积层时，要充分考虑不同刀具的高差，否则很容易结泥饼。

5）刀盘面板上设置适量的泡沫、膨润土浆注入口。

2. 螺旋输送机

在富水砂层中掘进，螺旋输送机可作以下改进：

1）采用有中心轴的螺旋带，虽然会对最大排出渣土块的尺寸有所影响，但相对来说，控制地下水的影响更为重要。为了更好地在螺旋输送机内形成土塞，减少地下水丰富地段螺旋输送机出土口的喷涌现象，部分盾构机的螺旋输送机内，有一段没有安装螺旋带，使渣土在此段得到适当的压缩，提高螺旋输送机的封堵效果。

2）螺旋输送机的设计应采用侧向出渣而不采用尾端出渣，同时采用双螺旋接力出渣。双螺旋机的设计相当于延长了砂土的输送距离，可以增大压力减少喷出的压力，但使用效果不是特别理想。

3）螺旋输送机闸门的设计应设置两道闸门，即除螺旋输送机后方的出土闸门外，另设置前闸门。前闸门应设置在土仓内,在必要时可以彻底隔离开挖面与后方的联系。前闸门通过螺旋轴伸缩来实现关闭,后闸门随时能关闭。如果施工人员带压进行土仓作业,前闸门进一步提高土仓的密封性。

4)在排渣口设置渣土与泥水分离装置或容积式排放装置,尽量使泥水不落下污染隧道,减少隧道清理时间。

5)穿越砂层的距离较长时,应加强螺旋带和螺旋机外筒内壁的耐磨网格,提高螺旋输送机的耐磨性能。

3. 保压泵渣装置

土压盾构保压泵渣系统,是补充增加的泥水加压出渣系统。该系统能在喷涌等难以保持土仓平衡的情况下,继续保持土仓压力,并且保证砂土能顺利出至矿车,防止隧道污染,更有利于连续施工。

4. 外加剂注入设备

1)施工前对刀盘注入孔和注入设备可进行针对性的改造,实现注水、泡沫、膨润土和注入高分子材料的灵活转换。

2)注入设备方面,在较好地层掘进时,可通过注入水和泡沫来改良渣土进行掘进,在砂层等软弱地层掘进时,通过设备管路阀门转换,注入高分子材料和水来进行掘进。

3)刀盘注入孔也可灵活转换,尽量能实现所有注入孔可通过管路和阀门转换注入不同的添加材料。

2.5.2 软硬不均地层中盾构机选型控制要点

1. 刀盘

土压平衡盾构机增加刀盘渣土改良喷口,充分配备土压传感器,为气压辅助平衡模式施工创造条件。刀盘中心区域泡沫改良和膨润土注入口单独设置,减少喷口堵塞概率。加强刀盘中心冲刷,减少刀盘中心结泥饼风险。考虑增加土仓渣温检测装置,及时了解土仓渣温变化。

2. 同步注浆

盾尾上部增加同步注浆管路,以便及时对管片上部进行加强注浆,防止管片上浮。

2.5.3 孤石区段中盾构机选型控制要点

1. 刀盘和刀具

采用重型刀座及刀具,增加滚刀轨迹数量,减小刀间距增强了破岩能力。刀盘应充分考虑开口处限径板的设置,可适当减少限径板数量。加强刀盘强度和刚度设计,增加耐磨措施,加强滚刀刀箱、刮刀刀座和刮刀非迎土面的保护措施。

2. 出渣系统

土压平衡盾构机应加强螺旋输送机的耐磨设计，设计过程充分考虑螺旋机轴的受力情况，可通过加强螺旋轴设计或者降低螺旋输送机额定输出扭矩方式，降低螺轴卡断风险。

泥水平衡盾构机应加强排浆口前部隔栅设计强度，破碎机运动副强制润滑的设计，宜配置采石箱。

3. 渣土改良系统

膨润土注入系统的搅拌设备可考虑采用剪切泵，并配置在盾构后配套台车上，以便快速制备膨润土浆液。注入设备应采用螺杆泵。考虑配置聚合物注入系统。

2.5.4 溶（土）洞区段中盾构机选型控制要点

针对岩溶地区"富水、开挖面软硬不均、岩面起伏大"等会导致"喷涌、地面塌陷、刀具不正常损坏、滞排"等问题，有关盾构选型控制要点如下：

1）在上部为富水砂层、下部为灰岩地区首选泥水平衡盾构机。

2）若采用土压平衡盾构机，则需配置双螺旋出土器。

3）针对岩溶地区施工，为了预防土压盾构易发生喷涌、沉降大和泥水盾构易发生堵管等风险，优先选择土压/泥水双模式盾构机。

4）在灰岩强度超过60MPa的复合地层中掘进，盾构机刀具配置宜采用带合金齿的单刃滚刀，不宜用单轴双刃滚刀。

5）此外，可增大刀盘驱动功率，提高扭矩，防止滞排、刀盘被卡。

6）在盾构机正面区设置钻探注浆孔，配置30m自动钻探地质钻机，可对隧道断面内实施超前地质预报和注浆加固。

2.5.5 水域段和江底深槽段中盾构机选型控制要点

在水域段和江底深槽段施工的盾构机，主要控制要点是刀盘和刀具的选型要结合江河段的环境特点进行有针对性设计。

1. 刀盘设计

1）刀盘设计应接近平面直角形，以尽可能减小边缘的磨损。

2）刀盘面板需要进行特殊的耐磨设计，面板需焊接格栅状的特殊耐磨材料，充分保证刀盘在掘进时的耐磨性能，特别是面板的边缘部分，应着重加强。

3）应配备有效的刀盘磨损检测装置。

4）边缘刀宜增加同一轨迹的滚刀和刮刀数量，以减少刀具磨损。如穿越地层存在硬岩，可考虑增加刀盘面板的面积，减少刀间距，提高破岩效率。

5）刀盘回转接头主轴承（带齿圈）和土砂密封圈的负载运行寿命必须大于

10000h。

6）刀盘选型时，在刀盘中心要加设冲洗管，用于冲刷刀盘中心，刀盘的辐条内侧应设计成斜向的溜槽以降低中心结块的可能性。

2. 刀具设计

1）刀具的超硬合金镶嵌方向需要认真优化，确保同轨迹多组合金刃进行切削。

2）可考虑在刀具上安装负载在线检测装置，能够及时掌握刀具的受力情况，保证刀具的正常工作。

3）滚刀的刀座整体化设计，加大安装在刀头前端超硬重型刀头的重量，以增大刀头的耐磨性。

4）刮刀的非迎土面进行充分的硬化堆焊，防止基材的磨损。

5）刀具安装应便于拆装，以利紧急条件快速换刀的需求。

3. 盾尾刷和同步注浆

1）充分考虑盾构机直径和隧道最小转弯半径，可配置4道或以上的盾尾密封刷，同时，在盾尾密封刷中设置紧急密封装置。

2）盾尾配置同步注浆管路可考虑增加备用管路数量，加强同步注浆量。

2.6 盾构机的验收

对于盾构机的整个结构来讲，牵涉到多个系统和结构，不可能将所有功能项目的验收都归拢到一个时间节点之内完成，主要还是靠在整个使用过程的跟踪了解，一般来讲，盾构机的验收可分三个阶段进行：工厂验收、工地现场验收、试掘进性能测试验收。

验收根据盾构机采购招投标文件、采购合同、设计联络会议纪要、调试大纲、维修和改造方案、再制造方案等技术文件，对新盾构机、旧盾构机和再制造盾构机开展通电后联调联试，测试各系统、各构件的功能动作满足上述技术文件的要求。

2.6.1 验收关注要点

验收包括文件验收、目视验收和功能验收。验收过程应根据验收大纲逐项测试，针对盾构机拟投入工程，验收要有针对性进行，重点应关注以下要点：

1）若线路有小曲率半径线路掘进，需确认车架能够顺利跟随通过，不与隧道结构发生干扰。

2）对地下水丰富的地层，需要关注螺旋输送器的螺杆形式、出土闸门形式、蓄能器是否有紧急关闭闸门等结构形式。

3）若有可能在软弱地层中进行中途换刀作业，人闸仓的气密性必须保证，配套的空气压缩机工作良好，安全阀、压力表等配置齐全。

4）要高度关注刀盘和刀具的形式，包括刀盘的结构形式，开口率大小，刀具形式和数量，甚至刀刃凸出刀盘面板的高度等，对盾构机刀盘的破岩能力能否适应岩层、顺利完成掘进至关重要。

5）设备的驱动功率是否足够的衡量指标是刀盘扭矩、螺旋输送机的扭矩等，可参照类似工程和类似盾构机的设备参数进行比较。

6）掘进遭遇砾岩地层时，对刀盘、刀具、螺旋输送机等部件的磨损可能会很大，应该有相应的防磨损措施。

7）对泥岩等不良地层，容易在刀盘、螺旋输送机等位置结成泥饼，对掘进造成较大的影响，对此盾构机的刀盘、泡沫系统等应有相关的渣土改良手段。

8）对于旧盾构机和再制造盾构机的验收，监理应重点关注未更换、未修复以及修复件的情况，确保其可靠性满足盾构机后续使用要求。经过维修、改造甚至再制造的盾构机各方面的性能或者部分性能有所提高。

2.6.2 工厂验收

此阶段的验收是证明盾构机已经完成工厂内的组装调试，如为旧盾构机维修改造和再制造盾构机的项目，经专业厂商的修复工作基本完成，盾构机各部件基本修整如新，空载运转良好，已经达到出厂标准，可进行工厂验收。

验收依据盾构机调试验收大纲进行。所编制的验收大纲应以盾构机原制造商的工厂验收大纲为蓝本，依据采购合同、设计联络、专家意见、组装监造过程情况等，完善大纲验收的项目和内容。

工厂验收由承包商组织，盾构机生产或维修厂家配合，邀请工程建设单位和监理单位参加。验收时，由厂家介绍新盾构制造和组装，或旧盾构维修改造和再制造盾构的再制造过程及完成情况，报告厂家内部初步对盾构机检查验收的状况和结果；承包商和监理部位分别介绍驻厂监造机电专业操作人员的跟踪了解和学习情况，并对盾构机在出厂之前的状况给予评价，检查是否全部完成了相关合同、纪要、专家意见等相关要求。若有未完事项，尽量在厂内完善解决。

盾构机在厂内应进行整机空载运转试验，以尽量发现存在的问题。盾构机经过厂内检查后，应该排除所有的结构性问题，构件动作灵活，机器运转的振动和噪声在正常范围之内；各种管路畅通，无任何泄漏；各种仪表示值准确；整机清理干净，无可见锈迹；可以检查到的性能参数符合设计要求。

2.6.3 工地现场验收

验收依据和标准为盾构机调试验收大纲。此阶段的验收是证明盾构机通过工厂验收后，经过拆卸、运输和工地现场组装，已经做好始发掘进的准备。通过现场验收后，即可开始进行隧道掘进开挖。

工地现场验收是盾构机在进入隧道掘进前的最后一次空载验收检查，在掘进后大型部件、刀盘、土仓内部件的拆卸和更换将会增加许多困难，所以必须尽可能彻底地对盾构机的性能进行检查，充分保证盾构机的掘进性能。由于盾构机结构部件多，系统复杂，牵涉机械、液压、低压动力和弱电控制等专业，所以，监理从盾构机吊装起，就应该跟踪其组装和调试的过程，仅仅依靠始发前的综合验收是远远不够的。重点应关注以下要点：

1）各系统管线连接正确。包括配电、传感器（压力、温度、液位、行程速度、转速转向等）、执行器和指示仪表、液压回路、润滑回路、冷却回路等，安装的质量由施工单位和专业厂商通过自检和互检来保证。监理通过检查各种功能动作试验来判断是否达到设计的功能要求。要求传感器灵敏可靠，整定值正确，执行零件动作干脆，重复性好；润滑回路工作可靠，各个摩擦部位均有润滑；液压阀件、液压泵、液压马达的动作和回转方向正确，液压管路无泄漏，温升、振动和噪声在正常范围之内，液压系统运转平稳。

2）铰接系统动作正常，密封良好。调节液压回路，应能观察到盾尾在始发托架上有移动。

3）螺旋输送机螺带和筒体之间的间隙正常，防磨损措施足够，液压回路工作正常，蓄能器关闭出土闸门工作可靠。因为螺旋轴为单端悬臂结构，而且筒体前端钎焊了耐磨合金粒，注意要尽量减少螺旋输送机的空载运转时间，螺旋输送机有动作即可。

4）盾体和盾尾尺寸偏差在正常范围以内，盾壳无椭变。

5）刀盘主要焊缝经检测合格，转动时的端面跳动和径向跳动符合要求。

6）刀盘轴承密封可靠，润滑到位。若采用油脂润滑，在刀盘密封前端应能看到油脂被压出；若采用油浴润滑，应确认润滑泵工作正常，润滑油液位在正确的标线之间。

7）刀盘旋转接头应检查其连接是否可靠，刀盘的转动和土仓内的工况复杂，机械结构上应有一定的抗过载性。此外，要求接头内的液、电联通良好，无液压油泄漏。

8）管片安装器的检查应该按照盾构机的操作规程启动有关系统，加载管片模拟作业情况，管片安装头的各个自由度都应动作灵活，动作无窜动、无蠕动，控制功能正常。

9）盾尾注脂泵行程可调，注脂压力正常。

10）推进油缸分区动作正常，仪表的行程和速度示值正确。

11）管片输送器动作正常，液压油管的位置合理，有防磨保护措施。

12）管片吊车运转顺畅，两侧吊车速度基本相同。

13）对其他系统功能的检查也要关注，如注浆系统的砂浆罐和注浆泵，皮带输送机的托辊和皮带，膨润土和泡沫加注设备，冷却系统，监控系统等。

2.6.4 试掘进性能测试验收

1）盾构机试掘进验收是在盾构隧道掘进 100～200m 后进行的，是对盾构机性能质量的检验。其验收内容主要是对盾构机采购或者维修改造、再制造的设计参数进行验证，盾构机经过带负荷运转的实际考验，操作人员对盾构机的性能已经逐步熟悉，盾构机的各种缺陷已经基本上暴露，可根据掌握到的情况进行有针对性的完善和调整。

2）承包商将盾构机试掘进验收作为与盾构机制造商或者维修厂家的合同付款节点。

3）监理应通过此前的掘进了解盾构机的有关性能和缺陷，为下一步的工作进行技术积累，有需要的话要配合施工单位确认盾构机的性能。

4）性能测试验收在试掘进验收之后实施，在某些盾构机采购合同中也称为最终验收。

第 3 章
盾构隧道管片生产和验收监理要点

本章执笔：王 虹 张海彬 陈丹莲

盾构隧道是百年工程，盾构管片是隧道的安全屏障，承担着抵抗土层压力、地下水以及一些特殊荷载的作用。盾构管片质量直接关系到隧道的整体质量与安全，影响隧道的防水性能及耐久性能，对控制地铁隧道的质量，保持地铁隧道的线性和保证隧道使用寿命起着关键作用。混凝土管片生产的关键因素是管片钢模（具）和混凝土质量控制。本章节对盾构隧道管片生产工序流程监理控制、盾构隧道管片生产监理控制、隧道管片信息化管理系统应用进行归纳阐述。

3.1 盾构隧道管片工序流程监理要点

3.1.1 管片生产质量的监理流程

管片生产质量的监理流程，如图 3-1 所示。

3.1.2 管片生产工序控制要点

管片生产过程中，严格管片生产工序的检查、验收。对原材料检验→钢模组装精度→钢筋制安→管片混凝土浇筑→管片养护、堆放、运输各个工序设置质量控制点，如表 3-1 所示。

管片生产工序控制点　　　　　表 3-1

序号	控制点名称	控制事项及检查方法
1	原材料检验	钢筋、水泥、砂石合格证；抽样试验报告；抽检
2	钢模组装	测量组模精度，清理模具的污垢，保证接缝密封可靠，并用三环拼装检验模具精度
3	钢筋制安	巡检，钢筋开料加工精度和钢筋骨架安装精度
4	管片混凝土浇筑	巡检，试生产调整混凝土配合比并报批，坍落度和和易性，控制混凝土振捣质量，试生产中进行管片结构试验，检验合格后方批准正式生产
5	管片养护	巡检，控制养护的方法和时间，控制蒸养的温差变化
6	管片堆放施工及运输	巡检，控制成品的质量，做好堆放和标识

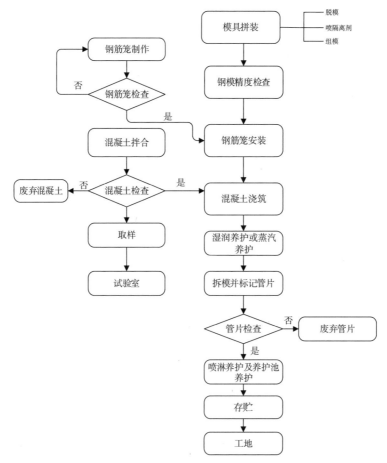

图 3-1 管片生产质量的监理流程

3.2 盾构隧道管片生产监理要点

3.2.1 事前质量控制

1. 管片厂的资格审查

管片厂资质等级要达到混凝土预制构件专业承包二级,同时管片厂要配置满足管片混凝土及管片结构试验自检的相应设备。

1)管片预制生产应由经监理工程师和业主批准的厂家进行,具备足够的管理力量,满足生产需要的生产设备和场地,尤其要检查其合同保有量对应的管片生产车间和成品堆放场地的面积,并取得省市建设主管批准的预制构件生产资格,不得挂靠或分包。

2)承担此工程管片生产的厂家应向监理工程师提交证明其资格的文件、质量保证体系、人员培训计划和厂房改造计划供批准。

3)审查管片生产厂的组织架构,技术管理人员数量及质检、安全、起重工、焊工、电工等持证人员的资质情况。

2. 质量保证计划审查

1）承包单位应在管片试生产前两个月，递交管片生产施工组织设计和管片生产的质量保证计划报监理工程师审查、批准。

2）监理工程师审查管片生产施工组织设计及管片生产质量保证计划应包括以下内容：

（1）材料的来源和质量控制，考查主材钢筋、砂、碎石、水泥及粉煤灰的产地及厂家资质。

（2）钢模质量控制措施，新管模要采用高精度的钢模制作，钢模组装后应进行初验，符合设计要求后可试生产，并应在试生产的管片中随机抽取3环进行水平拼装检验，合格后方可通过验收；旧管模要提供寿命及精度自评报告，项目监理机构组织相关方进行评估和验收。

（3）钢筋加工、焊接的质量控制标准，常见钢筋加工的质量问题及对策。

（4）组模和钢筋笼入模的质量控制。

（5）管片的脱模、养护及堆放质量控制，要求最小满足水养7天的水池容量。

（6）混凝土配合比及拌合物质量控制，混凝土浇筑、振捣质量控制。

（7）成品通病的修补处理方法，不合格成品的处理程序。

（8）管片厂要配置检测设备满足材料和半成品检验需要；并选好有检验和试验的CMA检测单位进行外检控制。

（9）设备和人力安排，要通盘考查管片厂任务，排出可行的管片厂年度计划和项目管片生产计划。

3. 技术准备要点

1）核对施工图审查记录，确定已经通过了有关部门的审查。

2）项目监理机构需要对施工图设计文件进行审查。

3）检查承包商是否进行了技术交底，交底是否全面、具体。

4. 管片生产样板工序验收

管片试生产阶段，项目监理部要组织管片样板工序验收，对管片制作工序、第一次三环拼装、管片抗弯抗拔及管片检漏一起验收，按规范和图纸检查及检测合格后方可进入管片正式生产阶段。

3.2.2 事中质量控制

1. 钢模质量控制

管片模具应由钢模制造商制造，并提供相应的技术保证。模具的制造材料必须具有良好的抗氧化性，模板四角宜有合模尺寸快速校验刻痕。

管片必须采用高精度的钢模制作，钢模的制造精度应符合管片模板允许偏差表的精度要求。钢模拼装合拢后拼缝应严密，间歇不大于0.1mm，不得有造成漏浆的缺陷。钢模应有足够的强度和时效处理，模具不得存在变形、破损等缺陷。

当出现下列情况之一时，应对模具进行检验，检验结果应满足钢筋混凝土管片的质量控制要求：

1）模具每周转100次。

2）模具受到重击或严重碰撞。

3）钢筋混凝土管片几何尺寸不合格。

4）模具停用超过3个月，投入生产前。

管片模板尺寸允许偏差如表3-2所示（《预制混凝土衬砌管片生产工艺技术规程》JC/T 2030—2010之6.1.4）。

管片模板尺寸允许偏差　　　　　　　　　　　　　　表3-2

序号	项目	允许偏差（mm）	检查数量
1	宽度	±0.4	6点/片
2	弧弦长	±0.4	4点/片
3	靠模夹角间隙	≤0.2	4点/片
4	对角线	±0.8	2条/片
5	内腔高度	±1.0	6点/片

注：靠模夹角间隙是指采用由管片模具厂提供的靠模测得的模具的端模与底模、端模与侧模的间隙。

在管片厂中，除了采用测量设备测量模具精度偏差外，其弧长、弦长靠样板配合塞尺测量仍难以准确判断尺寸精度偏差。因此，对每套钢模应进行管片试生产，在试生产的管片中，随机抽取两环或三环进行水平拼装检验，拼装合格后方可正式生产。每套钢模生产200环时必须再次进行水平拼装检验，其测量规定要求如表3-3所示。

管片水平拼装检验允许偏差和检验方法　　　　　　　表3-3

项目	检测	检测方法	施工允许偏差（mm）
环向缝间隙	每环测6点	塞片	2
纵向缝间隙	每条测2点	塞片	2
成环后内径	测4条（不放衬垫）	钢卷尺	±2
成环后外径	测4条（不放衬垫）	钢卷尺	−2～+6

第一次三环拼装，由项目监理机构组织参建各方共同检验，检验合格，方可开始进行管片的批量生产。正常管片生产，生产厂家每生产200环管片后进行水平拼装检验1次，根据检测结果判断模具的精度。

水平拼装检验控制要点：

1）管片水平应在坚实的平地上进行，拼装时可采用二环拼装或三环拼装，拼装时不应加衬垫。通用衬砌管片宜按二环水平拼装进行检验；内径6m以下，环宽小于2m的管片宜按三环水平拼装进行检验，内径6m以上，环宽大于或等于2m的管片宜按二环水平拼装进行检验。

2）盾构隧道管片成环后内径和成环后外径检验，应采用钢卷尺在同一水平测量断面上选择间隔约45°的四个方向进行测量，计算平均值，精确至1mm。

3）盾构隧道管片的环向缝间隙和纵向缝间隙应全数检验，应先目测管片拼接处，选择较不贴合的接缝，然后用塞尺进行测量，两环之间的环向缝间隙应测量不少于6点，纵向缝间隙应每条缝测量不少于2点，精确至0.1mm。

4）采用《盾构隧道管片质量检测技术标准》CJJ/T 164—2011中三环拼装检验控制点及《预制混凝土衬砌管片》GB/T 22082—2017中水平拼装内容。

2. 钢筋质量控制

1）钢筋的验收和机械性能试验

（1）钢筋应分批验收，以同一炉（批）号、同一截面尺寸的钢筋为一批，每批重量不应大于60t。项目监理机构要建立试验台账，跟踪试验结果。（组批规则：①钢筋应按批进行检查和验收，每批由同一牌号、同一炉罐号、同一规格的钢筋组成。每批重量通常不大于60t。超过60t的部分，每增加40t（或不足40t的余数），增加一个拉伸试验试样和一个弯曲试验试样；②允许由同一牌号、同一冶炼方法、同一浇筑方法的不同炉罐号组成混合批，但各炉罐号含碳量之差不大于0.02%，含锰量之差不大于0.15%。混合批的重量不大于60t。）采用规范《钢筋混凝土用钢 第2部分：热轧带肋钢筋》GB 1499.2—2018和《钢筋混凝土用钢 第1部分：热轧光圆钢筋》GB 1499.1—2017。

（2）根据出厂质量证明书或验收报告单检查每批钢筋的外观质量（如裂缝、结疤、折叠、麻坑、气泡、砸碰伤痕及锈蚀程度等），并测量本批钢筋的代表性的直径。

（3）在每批钢筋中，选取经表面检查和尺寸测量合格的三组钢筋，监理见证取样进行常规性试验，合格后同意投入工程使用。

2）管片钢筋骨架的加工制作

（1）对照设计图进行钢筋下料，核对钢筋级别、规格、长度、根数及胎具型号。

（2）钢筋经过调直、切断及弯曲加工，其精度应满足规范要求，如表3-4所示。

加工钢筋允许偏差及检验方法　　　　表3-4

项目	允许误差（mm）	检验工具	检验数量
主筋和构造筋长度	±10	钢卷尺	每班同设备生产15环同类型钢骨架，应抽检不少于5根
主筋弯折点位置	±10		
箍筋外廓尺寸	±5		

（3）在固定的模具里焊接钢筋骨架，要严格控制间距、位置及骨架精度偏差。钢筋焊接经过试焊确定参数后方可批量施焊。

（4）钢筋骨架加工好后，要分类标识堆放，避免堆放过高造成骨架变形。钢筋骨架制作、安装允许偏差和检验方法如表 3-5 所示。

钢筋骨架允许偏差和检验方法表　　　　表 3-5

项目		允许误差（mm）	检验工具	检验数量
钢筋骨架	长	+5，-10	钢卷尺	按日生产量的 3% 进行抽检，每日抽检不少于 3 件，且每件的每个检验项目检查 4 点
	宽	+5，-10		
	高	+5，-10		
主筋	间距	±5		
	层距	±5		
箍筋间距		±10		
分布筋间距		±5		

（5）钢筋骨架和钢模表面不允许有污垢、锈迹及焊渣。

3）管片钢筋骨架的安装

（1）钢筋骨架应放于钢模平面中间，其四个周边及底面须卡绑垫块，垫块厚度应符合设计混凝土保护层厚度要求。

（2）钢筋骨架不得与螺栓手孔模芯相接触。安装螺栓棒必须到位，不得有松动现象。

（3）安装灌浆孔（吊装孔）预埋件时，其底面必须紧密贴于安装面，不能产生倾斜和位置错动现象。

（4）所有预埋件必须按照设计要求准确就位，并应固定牢靠，防止混凝土振捣时产生移位现象。如是钢质预埋件，应与钢筋骨架连接焊牢，暴露在混凝土外的面应进行防腐处理。

（5）钢筋和预埋件不得沾有油污和脱模剂。

（6）检查钢筋骨架安装质量，确认合格后，由施工操作人员和质量检查员签字后才允许浇筑混凝土。

3. 混凝土质量控制

1）混凝土原材料及混凝土拌合物的质量控制

（1）对管片混凝土用料（水泥、骨料、水、添加剂）等材料按批进行见证取样并经常规检验合格后方允许投入工程使用。监理部要建立试验台账，跟踪试验结果。

（2）采用工程使用的原材料，请有资质的试验单位进行配合比试配，按夏、冬两种工况进行配合比试验，每种工况选定两组配合比，符合要求后监理工程师批准配合比。

（3）监理工程师要督促管片厂定期校验电子称量系统，并进行标定。

（4）每次混凝土搅拌前，监理工程师要督促施工技术人员测定砂石含水率，并根据含水量的变化进行调整，严禁随意更改配合比。并经常抽检其搅拌站配合比自动打印系统，随机要求打印其混凝土搅拌施工记录。

（5）混凝土拌合物应在浇筑工序中随机取样，混凝土拌合物性能的试验方法应符合《混凝土拌合物性能试验方法标准》GB/T 50080—2016 的规定；立方体试件的制作应符合《混凝土物理力学性能试验方法标准》GB/T 50081—2019 的规定；混凝土抗压强度试验方法应符合《混凝土物理力学性能试验方法标准》GB/T 50081—2019 的规定；混凝土 28 天抗压强度的评定应符合《混凝土强度检验评定标准》GB/T 50107—2010 的规定。

（6）每天拌制的同配合比的混凝土取样不得少于一次，每次至少成型三组。两组试件与管片同条件养护，另一组试件与管片同条件养护脱模后再进行标准养护。一组与管片同条件养护的试件用于检验脱模强度，另一组与管片同条件养护的试件用于检验出厂强度；经同条件养护脱模后再标准养护的试件用于检验评定混凝土 28 天抗压强度。

（7）投入生产或混凝土设计配合比有调整时应进行混凝土抗渗试验，抗渗试验按《普通混凝土长期性能和耐久性能试验方法标准》GB/T 50082—2009 进行。

（8）混凝土设计配合比有调整时应进行混凝土总碱量验算，混凝土碱含量的试验按相应组分的碱含量试验方法进行检验，总碱含量为各组分带入的碱含量的总和。

（9）混凝土设计配合比有调整时应进行混凝土氯离子含量的验算，混凝土氯离子含量的试验按相应组分的氯离子含量试验方法进行检验，总氯离子含量为各组分带入的氯离子含量的总和。

（10）纤维混凝土的试验按《纤维混凝土应用技术规程》JGJ/T 221—2010 的规定进行。

2）混凝土浇筑现场质量控制

每次混凝土浇筑前，监理工程师都要现场实际测量混凝土的坍落度，坍落度不宜大于 70mm（混凝土配合比设计符合下列规定：混凝土坍落度不宜大于 120mm，参考《盾构法隧道施工及验收规范》GB 50446—2017，混凝土有较好的和易性，并逐盘检查混凝土的黏聚性和保水性）。结合《混凝土结构工程施工质量验收规范》GB 50204—2015 和《地下铁道工程施工质量验收标准》GB/T 50299—2018 的要求，每班每批混凝土浇筑时，监理工程师要随机抽检混凝土，督促施工人员做好标养的抗压试块，同一配合比每 30 环留置抗渗试件一组。

钢筋混凝土管片抗压和抗渗试件制作应符合下列要求：

（1）直径 8m 以下隧道，同一配合比按每生产 10 环制作抗压试块一组，每生产 30 环制作抗渗试块一组。

（2）直径 8m 以上隧道，同一配合比按每工作台班制作抗压试块一组，每生产 10

环制作抗渗试块一组（《地下防水工程质量验收规范》GB 50208—2011）。同条件养护混凝土试验频率结合《混凝土结构工程施工质量验收规范》GB50204—2015中"同一强度的同条件养护试件，其留置的数量应根据混凝土工程量和重要性确定，不宜少于10组，且不应少于3组"的规定，在试验方案中确定具体工程的同条件养护混凝土试验频率。

3）混凝土养护质量控制

（1）混凝土浇筑成型后至开模前，应覆盖保湿，可采用蒸汽养护或自然养护，通过压试块达到设计图设计强度，方可起吊脱模，要避免脱模过早造成缺棱掉角和降低混凝土强度。

（2）混凝土采用蒸汽养护时，应经试验确定养护制度，并监理温度变化做好记录。升降温每小时在15~20℃，静停时间不小于1h。升温速度不宜超过15℃/h，降温速度不宜超过20℃/h，恒温最高温度不宜超过60℃，避免温差变化过大产生裂纹。

（3）管片的蒸汽养护可采用养护罩、养护坑或隧道养护窑养护。蒸汽养护的设施必须完整无损，以保证蒸汽养护的质量。管片在恒温阶段相对湿度应不小于90%。

（4）蒸养过程要勤观察，及时调节供汽量、控制温度、升降温速度。蒸汽养护结束，混凝土应能达到规定的脱模强度。

（5）管片在未脱模前混凝土表面上的塑料薄膜不可揭开，以保证混凝土表面的温湿度，防止温湿度下降太快而产生裂纹。

（6）管片脱模后，要及时标识后进入水池养护，入池养护的温差控制在15℃，一般不宜少于7天（北方冬季14天），要保证水全面覆盖管片，达到设计强度后方停止养护。如果采用喷淋养护，要保证管片表面一直处于湿润状态。

水中养护：采用水中养护方式时，要求管片混凝土内外温差、管片温度与水温度相差不超过20℃，管片可以进入养护池进行水中养护。水中养护管片时必须全部浸没，养护时间一般为7~14天。喷淋养护：采用喷淋养护方式时，应用纤维织物遮盖后进行喷淋。喷淋要保证表面混凝土湿透、混凝土处于湿润状态。依据气温不同，每天喷淋的次数有所不同，喷淋时间一般为7~14天。

4. 脱模质量控制

1）管片成型后以同条件养护的试块的抗压强度达到脱模强度后方可脱模、吊运。出模后当管片表面温度与环境温差大于20℃时，管片应在室内车间进行降温，防止风吹，直至管片表面温度与环境温差不大于20℃，此时方可进入下一道工序。

2）管片脱模时的混凝土强度，当采用吸盘脱模时应不低于15MPa；当采用其他方式脱模时，应不低于20MPa。

3）管片脱模前应根据模具使用的规定，先拆卸侧板，再拆端头板。脱模时严禁硬撬硬敲，以免损坏管片的模具。

4）管片脱模起吊采用真空吸盘或专用吊具，应平衡起吊，不允许单侧或强行起吊。

起吊时吊具和钢丝绳保持垂直；管片脱模后到翻身架翻身过程中应避免受到冲击。

5）起吊的管片可在专门设计制造的翻身架上翻身。翻身架与管片接触部位须垫有柔性材料保护。

5. 修补质量控制

1）管片损坏、质量有缺陷时，应及时进行修补。

2）对深度大于2mm、直径大于3mm的气泡、水泡孔和宽度不大于0.2mm的表面干缩裂纹修补后，应打磨平整。

3）破损深度不大于20mm、宽度不大于10mm，用环氧树脂砂浆修补研磨处理。

4）管片修补时，修补材料的抗拉强度和抗压强度均不应低于管片设计强度。

6. 后期养护质量控制

1）脱模后的管片经标识后进入后期养护。后期养护可以采用水中养护、喷淋养护或喷养护剂进行养护，以减少混凝土失水导致管片干缩开裂。

2）水中养护。采用水中养护方式时，要求管片混凝土内外温差、管片温度与水温度相差不超过20℃，管片可以进入养护池进行水中养护。水中养护时管片必须全部浸没，养护时间一般为7~14天。

3）喷淋养护。采用喷淋养护方式时，应用纤维织物遮盖后进行喷淋。喷淋要保证表面混凝土湿透、混凝土处于湿润状态。依据气温不同，每天喷淋的次数有所不同，喷淋时间一般为7~14天。

4）喷养护剂养护。采用喷养护剂养护方式时，要求管片脱模后，应尽快进行养护剂喷涂。养护剂的用量依说明书或现场试验确定。

3.2.3 事后质量控制

1）管片吊装和倒运过程中要采取措施保护成品的质量。

2）管片贮存场地必须硬化，管片可采用叠放或侧立的方式码放，每层管片之间应正确设置垫木，码放高度应经计算确定。

3）管片不应存在露筋、孔洞、疏松、夹渣、有害裂缝、缺棱掉角、飞边等缺陷，麻面面积不得大于管片面积的5%。管片修补必须报方案，修补的管片必须经监理工程师确认，并严格按审批的方案进行管片缺陷修补。管片外弧角混凝土破损已影响止水条安装或管片混凝土出现贯通的裂纹并大于0.2mm，该管片不允许修补，降级使用或报废。凡是不合格的管片，要分区堆放，并且在管片内弧面标识为"降级品"或"废品"，以防混淆。

4）每日生产的管片都抽取1块管片进行检验，每天应抽不同模号生产的管片，允许偏差和检验方法应符合表3-6的规定（《盾构法隧道施工及验收规范》GB 50446—2017表6.6.2-2）。

管片允许偏差和检验方法 表3-6

序号	项目	施工允许偏差（mm）	检验工具	检查数量
1	宽度	±1	钢卷尺	3点
2	弧长、弦长	±1	钢卷尺	3点
3	厚度	+3 ~ –1	钢卷尺	3点
4	主筋保护层厚度	设计要求或 –3 ~ +5		

5）当有下列情况之一时，应进行型式检验：

（1）新产品或老产品转厂生产的试制定型鉴定。

（2）正式生产后如产品结构原材料、生产工艺和管理有较大改变，可能影响产品性能时。

（3）产品长期停产后，恢复生产时。

（4）出厂检验结果与上次型式检验有较大差异时。

（5）当相同产品生产周期达半年或生产达到一定批量时。

（6）国家质量监督检验机构提出进行检验时。

型式检验的项目混凝土抗压强度、外观质量、尺寸偏差、水平拼装、检漏试验、抗弯性能（如有设计要求）、抗拔性能（如有设计要求）。型式检验批量组成与抽样数量如表3-7所示。

型式检验批量组成与抽样数量 表3-7

序号	项目	批量	抽样数量
1	混凝土抗压强度	查受检批产品相应试验记录	
2	外观质量1000环	1000环，不足1000环时也可作为一批	1环
3	尺寸偏差	1000环，不足1000环时也可作为一批	1环
4	水平拼装	1000环，不足1000环时也可作为一批	二环或三环拼装
5	检漏试验	1000环，不足1000环时也可作为一批	1块，复检2块
6	检漏试验	根据设计方案确定批量、抽样及复验数量	
7	抗拔性能	根据设计方案确定批量、抽样及复验数量	

6）钢筋混凝土管片，每生产50环应抽查1块管片做检漏测试，连续3次达到检测标准，则改为每生产100环抽检1块管片，若连续3次达到检测标准，最终检测频率为每生产200环抽查1块管片做检漏试验。如果出现1次检测不达标，则恢复为每50环抽查1块管片做检漏测试的最初检测频率，再按上述要求进行抽检。钢筋混凝土管片的单块抗渗检漏应符合下列规定：每生产100环应抽查1块管片做检漏测试，连续3次达到检测标准，则改为每生产200环抽检1块管片，若连续3次达到检测标准，最终检测频率为每生产400环抽查1块管片做检漏试验。如果出现1次检测不达标，

则恢复为每100环抽查1块管片做检漏测试的最初检测频率，再按上述要求进行抽检。当检漏频率为每100环抽查1块时，如出现不达标，则双倍复检；如再出现不达标，必须逐块检漏（《地下防水工程质量验收规范》GB50208—2011）。

7）经管片厂自检，管片表观质量、强度已达到要求，方可出厂，并提供管片合格证书。

8）管片生产控制文件包括以下资料：

（1）管理文件包括管片施工组织设计、开工报告、会议纪要、监理通知、图纸会审、管片生产停工和复工令等。

（2）试验资料包括各种原材、构件和成品的试验报告、材料质保书、见证记录、混凝土配合比和强度评定报告。

（3）过程控制资料包括管片生产记录、管片钢模、管片钢筋和管片混凝土检验批资料。

（4）设计图纸包括管片结构图和管片配筋图。

（5）声像资料包括管片数据照片电子文档和带底片的图片资料。

3.3 隧道管片信息化管理系统应用

该系统是基于盾构监理系统延伸开发的盾构管片管理系统，使用该系统加快了验收流程，提高管片计量的时效性及准确性，对管片生产、验收及使用进行数据化管理，便于统计管片的生产脱模、出厂验收、到货验收、拼装成型的数量，以及为管片生产、验收及使用等基础信息的录入及存储提供服务。其依托的是为每块管片生成独立的二维码，并在二维码中录入管片对应的基础信息，通过手机端的盾构远程监理系统，实现二维码的扫描及信息录功能，达到对管片生产、验收及使用等环节的管控。

管片生产各地区如有指定表格，按辖区工程的管理表执行，例如广东省施工可执行《广东省市政基础设施工程竣工验收技术资料统一用表（城市轨道交通分册）》的表格。

第4章
盾构始发/到达监理要点

本章执笔：魏康林　郭建军　何颖豪

盾构机的始发与到达在盾构施工中占有重要的位置，是盾构施工中风险较大的环节之一，且极易发生安全质量事故。本文对盾构始发监理控制要点、盾构到达节点验收要点、特殊情况下始发与到达控制要点、盾构机过站与调头监理要点进行归纳阐述。

4.1 盾构始发监理要点

盾构始发是盾构隧道施工重大风险之一，施工过程中可能引发洞门涌水、涌砂、涌泥，造成地面沉陷，严重时可危及周边管线和建（构）筑物的安全。为保证盾构顺利安全始发，项目监理机构必须对施工过程中每道工序进行仔细的检查与核实。

盾构始发的施工顺序：端头加固→洞门密封系统安装→始发架安装→反力架安装→盾构机吊装→盾构机组装调试→负环拼装→洞门破除→盾构机前移→始发推进→注浆加固等。

4.1.1 盾构始发节点验收

1. 始发井验收

始发井已按设计要求完成并通过验收，其标高、轴线、结构强度等各项技术参数符合设计和规范要求并能满足盾构施工各阶段受力要求，需提交的资料包括但不限于以下方面：

1）洞门中心位置复测资料。
2）洞门钢环安装精度检查资料。

2. 始发方案和监理细则

盾构推进、始发方案已审批，监理细则已编制审批。

3. 测量和监测方案

测量、监测方案已审批，测量和监测控制点已按监测方案布置好，且已测取初始值，要求提交的资料包括但不限于以下方面：

1）始发架、反力架定位测量资料。
2）盾构机初始定位姿态（前、后端水平和垂直偏差，铰接行程差）。
3）业主测量队的控制点复测资料。
4）始发监测点初始值资料。

4. 始发控制技术措施

始发控制技术措施已到位，包括但不限于以下方面：

1）防止始发栽头的导轨安装。
2）防止始发扭转的构件安装。
3）洞门密封系统已初步安装。

5. 盾构机组装调试

盾构机组装调试已完成阶段性验收并提交报告，经项目监理机构组织盾构机验收。

6. 端头措施

要求的各项端头措施（端头加固、降水、冷冻等）已经完成，各项指标已经达到设计要求并有检测报告，对于搅拌、旋喷加固的，要求提交的资料包括但不限于以下方面：

1）垂直抽芯检测报告及芯样照片，在每个洞门加固区桩的咬合位置取芯不少于2个，芯样连续性大于90%，强度满足设计要求。
2）水平探孔沿洞门四周不少于9个，其中始发探孔深度进入加固体不少于2m，到达探孔深度进入加固体不少于2.5m，无流砂流泥、无明显线流。
3）对于深度大、风险性高的洞门，每个洞门应增加一个斜孔抽芯资料。

7. 始发设计验算

始发已经设计验算，结构强度满足要求，且现场固定牢靠。

8. 施工现场技术交底

施工现场技术交底（含各施工工艺和步骤）已按要求完成，要求提交的技术交底包括但不限于以下方面：

1）洞门凿除技术交底。
2）测量、监测方案技术交底。
3）始发掘进参数技术交底。
4）注浆技术交底。
5）安全交底。

9. 人员、材料、机械到位

人员、材料、机械按要求到位。盾构以及大型起重设备拼装到位，并通过政府监督部门验收，电瓶车、拌合站等通过监理组织的验收。

10. 应急预案

对工程中潜在的风险进行辨识和分析，有针对性、可操作性的应急预案编制完成并落实抢险设备、材料、人员、方案等的可行性。

11. 其他要求

已落实设计及规范规定的其他要求。

4.1.2 盾构始发测量及监测

1. 盾构始发测量及监测工作内容

1）交桩测量控制点和加密测量控制点需定期复测，一般半年需复测一次。

2）盾构机下井前完成盾构始发联系测量在内的基线及地下水准工作。

3）盾构始发洞门中心复测。

4）盾构始发托架及反力架定位复测。

5）盾构区间隧道中心点三维坐标（DTA）数据的计算和复核。

6）盾构机姿态人工复测成果满足要求。

7）对线形设计输入、测量导向系统、导向轨安装定位进行检查及复测。

8）要求承包商做好监测点埋设及初始值采集工作。

2. 盾构始发测量及监测控制要点

1）定期复核交桩测量控制点和加密测量控制点，发现数据差值异常，需立即报告建设单位，并会同第三方测量队重新复测。

2）盾构在车站始发的，始发基线边及时与车站底板测量控制点复测。

3）根据始发洞门中心复测的成果实时调整盾构始发姿态，如实测洞门中心与设计中数据差别大，应提请参建单位协同处理，曲线始发时，需明确中心坐标数据为隧道中心线计算得出。

4）始发托架的定位应考虑始发段设计是否是曲线段，曲线段始发应根据始发曲线半径大小，采用割线始发模式，如始发段有中隔墙，应考虑盾构拖车的尺寸是否能通过，必要时经设计单位确认，牺牲姿态确保盾构拖车能顺利通过。

5）监理工程师需独立计算或者复核隧道中心点三维坐标数据，确认输入测量导向数据的准确性。

6）盾构机导向系统姿态，在盾构机运输、安装和调试过程中，可能会出现不正常显示情况，盾构机始发前，需人工复测盾构机姿态，确认显示的姿态正确，如显示的姿态与人工复测的姿态数据差值太大，应根据人工复测姿态的数据调整盾构机显示姿态。

4.1.3 始发托架／反力架安装控制要点

1）始发托架应安设在预定的位置上，并由测量组复核是否符合设计要求。

2）盾构上始发托架前应涂满润滑油脂。

3）检查车站施工时预埋件埋设情况、数量及位置是否符合设计要求。

4）检查反力架刚度、斜撑安装焊接质量，所有构件焊接连接的部位，要求通缝双面满焊。

5）检查基准环安装位置是否满足要求。

4.1.4　盾构机组装及试运转

1. 盾构机组装前监理要点

1）对始发端头的地面硬化及地面承载力进行检查，其地面范围及场地能否满足吊装要求。

2）审查专业安装分包商的技术资质，审查内容包括：技术能力、管理水平、施工业绩、机械设备、关键岗位的人员资质证书及上岗证等。

3）检查现场安全防护措施是否满足要求（包括地面吊装范围内、井口、中板、底板的安全防护措施及警示标志、标牌、温馨标语等）。

2. 盾构机组装监理要点

1）审查盾构机组装和调试报告，参照原盾构制造商组装的施工工艺方案及质量控制技术指标监督实施。

2）盾壳及各部钢结构的焊接工艺方案及技术指标，参照盾构制造商的焊接工艺、技术规范及施工详图实施。

3）盾构机各接合部的螺栓材料、尺寸、规格及上紧扭矩，均按盾构制造商螺栓表中的要求执行。

4）电气安装应满足相关电气安装验收规范的要求。

3. 盾构机组装后运行验收

1）刀盘：主要检查刀盘正反旋转情况、冷却系统、润滑油脂注入系统、刀盘注入孔单向阀等内容。

2）千斤顶：主要检查主推千斤顶、铰接千斤顶、牵引千斤顶、行程计等。

3）螺旋机：主要检查正反转、运转压力、扭矩等。

4）拼装机：检查拼装机电机运行情况、旋转角度能否满足拼装要求。

5）盾尾刷：检查油脂注入孔数量及畅通情况、盾尾刷焊接及更换情况。

6）单双轨梁：检查水平行走及垂直吊运是否正常。

7）皮带机系统：进行正反转运行，并对刮泥板进行测试。

8）土压传感器：检查压力值显示是否正常。

9）注入系统：主要检查注浆系统、泡沫系统、注水系统、加泥系统能否正常工作。

10）后配套：检查后配台车配套设施安装情况，检查各类给水、排水、排污管道以及照明线路、大电线路配置能否满足始发要求。

4.1.5 负环安装

1）在拼装第一环负环管片前，在盾尾管片拼装区下部180°范围内应安设数根支撑（如木条或角钢、圆钢，长度一般较管片长度略长，在盾尾刷和推进千斤顶之间，厚度较盾尾间隙稍小即可）。负环管片排版示意如图4-1所示。

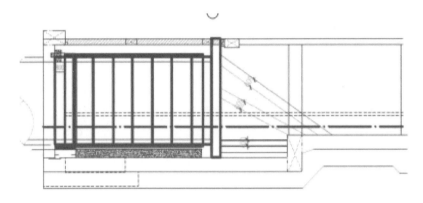

图4-1 负环管片排版示意图

2）在盾构机内拼装好整环后，利用盾构机推进千斤顶将管片缓慢推出盾尾。

3）由于始发支座轨道与管片外侧有一定的空隙，为了避免负环管片全部推出盾尾后下沉，应在始发台导轨上使用钢楔子等塞紧、加固，避免负环管片脱出盾尾时由于自重大会直接造成管片大错台和破损。

4.1.6 洞门破除

1）检查洞门A环、帘幕板、B环、扇形折板的安装位置是否准确，螺栓是否拧紧，帘幕板是否连续。

2）洞门破除前必须对洞门进行水平探孔检测，数量9个。

3）洞门破除前检查施工操作平台是否搭设牢固，有无安全防护措施。

4）洞门破除必须分层分块从上到下进行凿除。

5）破除完成后检查洞门是否破除干净，特别注意车站围护结构的钢筋必须割除干净。

6）认真检查洞门导向轨的安装位置及紧固程度。

4.1.7 盾构始发推进

1）刀盘到达橡胶止水环前需调整方向，防止刀具碰到导向轨。当刀盘越过导轨后，必须确认盾体防扭转块已安装完成,方可旋转刀盘。

2)当盾构机刀盘进入洞门后,应将扇形压板置于外侧并用螺栓固定;当盾构机主机全部通过洞门后将扇形压板置于内侧靠在负环管片的外表面,以防止泥水、浆液流失,盾构机在抵达止水环前需确定所有扇形压板朝向隧道中心。

3)在始发阶段应使刀盘慢速旋转,且要左右转向相结合,使盾构扭转角较小,盾构机轴线偏离设计轴线不得大于50mm。进洞后,盾构在保持总推力符合方案要求的情况下宜尽快切割完混凝土桩(墙),以尽快建立土压。在切割完素混凝土桩(墙)后,需采用土压平衡模式掘进,保持土仓内泥土压与作业面的土压和水压平衡。在掘进过程中,严格控制出土量,若出土量超出正常范围,则应立即向上级领导汇报;掘进过程中,对土仓压力、刀盘转速、油缸推力、掘进速度、注浆压力以及注浆量等诸项分别做好记录,通过隧道管片姿态、地表沉降反馈的数据,对上述参数进行改进。

4)负环管片在脱出盾尾后,采用垫木及钢丝绳逐环进行加固,防止管片下沉及受压后变形错位。

5)盾尾油脂在盾尾进入洞门前应注满充填密实。

4.1.8 盾尾注浆

1)注浆压力应根据地质条件、注浆方法、管片强度、设备性能、浆液特性、盾尾密封强度和隧道埋深等综合因素确定,一般的注浆压力略大于地层位置的静止水土压力。

2)在实际掘进过程中最初的注浆压力应根据理论的静止水土压力确定,通过观察地表沉降、管片变形及土仓窜浆等情况不断调整,一般注浆压力取1.1~1.2倍的静止水土压力,下部注入孔压力大于上部注入孔压力(施工现场视实际情况适时调整)。

3)同步注浆的注浆量的充填系数应根据地层条件、施工状态、环境情况,进行组段划分确定,填充系数宜控制在理论注浆量的1.3~1.8倍。实际施工注浆量应通过地表监测变形情况确定。

注浆量的计算公式为

$$Q_Z = \lambda \cdot V_Z$$
$$V_Z = \pi \cdot (D_1^2 - D_2^2) \cdot L/4$$

式中,Q_Z——注浆量,kg/m³;

V_Z——盾构施工引起的空隙,m³;

D_1——盾构施工开挖直径,m;

D_2——预制管片外径,m;

L——回填注浆段长度,m;

λ——注浆率的选择范围(130%~180%)。

4）壁后注浆应按地质条件、隧道条件和工程环境合理选用注浆材料。

同步注浆材料应符合设计及规范要求，一般由水泥（粉煤灰）、膨润土、砂子、外加剂和水等组成，特殊情况下注入双液浆由水泥、膨润土、水玻璃和水组成。

二次注浆材料应满足规范要求，一般由水泥、膨润土、水玻璃和水等组成。

5）壁后注浆材料应满足强度、流动性、可填充性、凝结时间、收缩率、环保等要求，并经试验合理选定，且符合下列规定：

（1）注浆作业全过程浆液不得产生离析。

（2）具有较好的流动性，易于注浆施工。

（3）压注后浆液固化收缩率小。

（4）有较好的不透水性能。

（5）使用前必须进行材料试验，符合设计及规范要求后方可正式用于工程。

6）浆液配合比设计应符合下列规定：

（1）在实际施工过程中注浆配合比应根据地层条件、地下水情况及周边环境条件等，通过试验优化确定。配合比设计内容应包含浆液的相对密度、稠度、和易性、杂物最大粒径、凝结时间、凝结后强度、浆体固化收缩率均应满足工程要求。

（2）对于强透水地层或需要通过注浆提供早期强度的地段，可通过现场试验加入早强剂缩短胶凝时间。

（3）对于需要防止管片位移上浮的硬岩地段或需要防止管片错台或防止管片渗漏水的情况下，应采用注入水泥浆液和水玻璃溶液双液浆。

7）应按注浆施工要求准备拌浆、贮浆、注浆设备，并应进行试运转。注浆施工设备应符合下列规定：

（1）拌浆设备应采用强制式搅拌机，其容量要与施工用浆量相适应。

（2）搅拌站必须配有浆液质量测定的稠度仪，随时测定浆液流动性能。

（3）同步注浆设备应包括注浆泵、同步注浆管路、阀门、储浆罐、专门的管路清洗系统、运输系统，除满足浆液需求外，必须设置自动计量系统，确保记录的注浆量及注浆压力准确。

（4）二次注浆应使用专用的注浆泵，注浆前凿穿管片吊装孔外侧保护层，安装专用注浆及混合接头。

（5）注浆压力表需标定及检测，符合要求后，方能使用；使用过程中应定期检测。

8）注浆用浆液应符合下列规定：

（1）浆液应按设计配合比拌制。

（2）浆液凝结时间：一般为 3~10h。

（3）浆液固结体强度：1 天不小于 0.2MPa，28 天不小于 2.5MPa。

（4）浆液结石率：>95%，即固结收缩率 <5%。

(5)浆液稠度：8~12cm。

(6)浆液拌制后应易于压注，在运输过程中不得离析和沉淀。

(7)浆液储量多余时要加强搅拌，时间过长（超过初凝时间）应作为废浆进行处理。

9）同步注浆的注浆量和速度应根据地质组段划分情况、试验段注浆量和掘进速度确定，要做到"掘进、注浆同步，不注浆，不掘进"，通过控制同步注浆压力和注浆量双控标准确定注浆时间。同步注浆速度与掘进速度匹配，掘进完成当期注浆完成。

10）注浆结束标准及效果检查要点如下：

(1)采用注浆量和注浆压力双指标控制标准，当注浆压力达到设定值，注浆量达到设计值的85%以上时，即可认为达到了质量要求。

(2)效果检查主要采用分析法，即根据压力—注浆量—时间曲线，结合管片、地表及周围建（构）筑物监理量测结果进行综合评价。

4.2 盾构到达监理要点

盾构到达是地铁工程施工重大的风险之一，施工过程可能引发洞门涌水、涌砂、涌泥，造成地面沉陷，严重时可危及周边管线及建（构）筑物安全。为保证盾构能顺利安全到达，监理必须对施工过程中每道工序进行仔细的检查和核实。

盾构到达的施工顺序：端头加固→洞门密封系统安装→接收架安装→洞门破除→推进出洞→注浆加固→上架接收等。

4.2.1 盾构到达节点验收

1. 接收井验收

接收井已按设计要求完成并通过验收，其标高、轴线、结构强度等各项技术参数符合设计和规范要求并能满足盾构施工各阶段受力要求，需提交的资料包括但不限于以下方面：

1）洞门中心位置复测资料。

2）洞门钢环安装精度检查资料。

2. 到达方案和监理细则

盾构到达方案已审批，监理细则已编制审批。

3. 测量和监测方案

测量、监测方案已审批，测量和监测控制点已按监测方案布置好，且已测取初始值，要求提交的资料包括但不限于以下方面：

1）业主测量队的控制点复测资料。

2）到达监测点初始值资料。

4. 到达控制技术措施

到达控制技术措施已到位：

1）盾构到达前的管片纵向连接装置已安装。

2）洞门密封系统已初步安装。

5. 端头措施

要求的各项端头措施（端头加固、降水、冻结等）已经完成，各项指标已经达到设计要求并有检测报告，对于搅拌、旋喷加固的，要求提交的资料包括但不限于以下方面：

1）垂直抽芯检测报告及芯样照片，在每个洞门加固区桩的咬合位置取芯不少于2个，芯样连续性大于90%，强度满足设计要求。

2）水平探孔沿洞门四周不少于9个，其中始发探孔深度进入加固体不少于3m，到达探孔深度进入加固体不少于3m，无流砂流泥、无明显线性水流。

3）对于深度大、风险性高的洞门，每个洞门应增加一个斜孔抽芯资料。

6. 始发、接收架

始发、接收架已经设计验算，结构强度满足要求，且现场固定牢靠。

7. 施工现场技术交底

施工现场技术交底（含各施工工艺和步骤）已按要求完成，要求提交的技术交底包括但不限于以下方面：

1）测量、监测方案技术交底。

2）到达掘进参数技术交底。

3）注浆技术交底。

4）安全交底。

8. 人员、材料、机械到位

人员、材料、机械按要求到位，盾构以及大型起重设备拼装到位，并通过政府监督部门验收，电瓶车、拌合站等通过监理组织的验收。

9. 应急预案

对工程中潜在的风险进行辨识和分析，有针对性、可操作性的应急预案编制完成并落实抢险设备、材料、人员、方案等。

10. 其他要求

已落实设计及规范规定的其他要求。

4.2.2 盾构到达测量及监测

1. 盾构到达的测量工作内容

1）在盾构隧道到达前150~200m处时包括联系测量在内的地下导线及水准。

2）盾构到达洞门中心复测。

3）盾构到达接受托架定位测量。

4）盾构到达前需人工复测盾构机姿态。

2. 盾构到达的测量控制要点

1）曲线段盾构洞门中心坐标应为隧道中心线坐标，盾构到达洞门中心复测与设计值差值在误差允许范围内，如果差值较大，需按照实际洞门中心位置出洞，或者按照设计的隧道中心线坐标重新施作洞门钢环。

2）盾构到达前的人工测量盾构机姿态与显示姿态差值较大，按人工复测盾构机姿态数据进行调整。

3）盾构区间长度超过 1600m、小于 1800m 时，到达前 150~120m 的联系测量需加测陀螺仪校核坐标方位。

3. 盾构到达测量与监测

1）要求承包商做盾构到达前的联系测量。

2）要求承包商对洞门中心进行复核，并通知业主测量队进行洞门复测。

3）组织测量工程师对接收架定位进行复核，确定位置是否满足到达要求。

4.2.3　接收架安装检查

1）检查接收架反力装置是否满足到达要求。

2）检查接收架刚度、焊接质量、安装位置能否满足要求。

4.2.4　洞门检查

1）检查洞门 A 环、帘幕板、B 环、扇形折板的安装位置是否准确，螺栓是否拧紧，帘幕板是否连续，收紧钢丝绳受力点能否满足要求。

2）洞门破除前必须对洞门进行水平探孔检测，数量 9 个。

3）洞门破除前检查施工操作平台是否搭设牢固，有无安全防护措施。

4）洞门破除必须分层分块从上到下进行凿除。

5）破除完成后检查洞门是否破除干净，特别注意车站围护结构的钢筋必须割除干净。

6）认真检查洞门导向轨的安装位置及紧固程度。

4.2.5　盾构到达掘进控制监理要点

1）接近端头段时提醒承包商尽量让盾构姿态靠近设计轴线（出洞盾构姿态控制目标：水平姿态 ±50mm，垂直姿态 ±50mm），为了确保盾构有足够的铰接余量来控制刀盘出洞，需要注意回缩铰接。

2）掘进参数控制以刀盘扭矩为主，采用小推力、低扭矩、慢速度，严禁速度过快造成注浆不饱满及后方来水封堵不严。

3）盾构刀盘顶上端头连续墙，主动降低土仓压力，土仓压力降到 0.3bar 以下，土仓压力不回升，则可以试开仓，项目管理人员观察仓内来水情况，如无明显大的线性水流，则清空土仓渣土，盾构机慢速推磨出洞门。

4）当盾构刀盘将要出洞门前，应加快拼装前一环管片，以保证盾体能顶出帘幕板且能收紧钢丝绳。

4.3 特殊情况下始发/到达监理要点

4.3.1 钢套筒始发/到达

1. 基本概念

钢套筒盾构始发/接收是为了在富水砂层或者周边环境复杂时，确保盾构始发时或接收时洞门密封不漏水，土仓内建立起土压力。因此，只依靠洞门橡胶帘布板和洞门压板对洞门进行密封是不够的，为确保下穿周边环境的稳定和安全，以减少盾构在始发过程中对周边环境的影响，需采用密闭钢套筒始发/到达。

盾构钢套筒密闭始发/到达施工技术是一种利用钢套筒接收包裹盾构机的密闭装置，使得盾构在进出洞时刀盘对洞门范围内的围护结构直接进行切削，盾构机能保持原来土仓压力平衡的盾构到达施工技术。在盾构始发/到达前，提前安装好钢套筒接收装置，然后在钢套筒内填充回填物并密封钢套筒，保持钢套筒内部的水土压力与隧道埋深位置的水土压力平衡，使盾构机在破除洞门前建立水土平衡环境，从而避免了盾构机始发、接收过程中因压力差而出现地面塌方的情况。

2. 钢套筒安装及验收

为保证顺利盾构始发，钢套筒经过测量反复定位，确认好位置之后进行安装。整个钢套筒结构由过渡环、筒体、反力架、钢环和左右支撑等部分组成。钢套筒吊装主要为完成套筒现场拼装和下井，采用汽车吊、履带吊、龙门吊等吊装设备。钢套筒安装一般顺序如下：

1）底板满铺钢板。

2）安装钢套筒下半圆、钢环下半部分以及反力架下半部分。

3）台车吊装。

4）钢套筒底部回填砂。

5）钢套筒内安装盾构机。

6）安装钢套筒上半圆。

7）钢套筒的过渡连接板与洞门环板的连接。

8)反力架安装。

9)安装负环、盾构机刀盘推进至洞门掌子面。

10)钢套筒内回填砂。

11)钢套筒检查。

12)钢套筒压力测试。

3. 钢套筒始发

1)钢套筒始发施工

盾构钢套筒始发施工流程如图4-2所示。

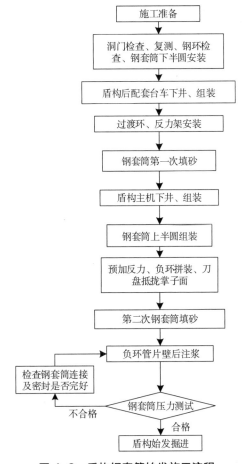

图4-2 盾构钢套筒始发施工流程

2)钢套筒组装

(1)套筒头设计

钢套筒设计耐压不小于盾构机始发时切口水压。钢板选择：Q235B，整个钢套筒结构由过渡环、筒体、反力架、橡胶帘板和左右支撑等部分组成。

①筒体

筒体每段又分为上下两半圆。每段筒体的外周焊接纵、环向筋板以保证筒体刚度，托架与下部筒体焊接连成一体，焊接时托架板先与筒体焊接，再焊接横向筋板，焊接底板和工字钢。为确保盾构始发过程中钢套筒的整体稳定性，钢套筒组装平移完成后底部钢套筒采用250型钢与车站侧墙连接，顶部钢套筒采用200型钢和设备层底板连接，确保钢套筒在加压和后期始发过程中不会出现"上浮"等现象，钢套筒底部和顶部支撑左右各设4道，盾构始发过程需时刻关注支撑的变化，如出现异常立即停止掘进，进行钢套筒加固处理，处理完成后方可恢复掘进。

②筒体与洞门的连接

钢套筒与洞门环板之间设一过渡连接环，洞门环板与过渡连接环采用钢板或钢筋搭接焊接，根据现场实测洞门上的预埋钢环板实际平整度，量身定做过渡环，过渡环与钢环板焊接，焊缝沿过渡环一圈内外侧满焊，焊缝必须饱满。如出现过渡环与连接板有些地方无法与洞门环板密贴的情况，需在这些空隙处填充钢板并连接牢固，确保钢环和过度环连接牢固。过渡连接板示意如图4-3所示。

图4-3 过渡连接板示意图

③进料口和注排浆管

每段筒体中部右上角设置600mm×600mm进料口，在每段钢套筒底部预留三个两寸带球阀注排浆管，共6个等间距布置，一旦盾构机有栽头趋势，即可在下部注双液浆回顶，钢套筒顶部进料口示意如图4-4所示。

（2）洞门检查

①结合车站围护结构图纸，检查洞门周围钢筋设计、施工时主体结构钢筋与洞门距离，并沿着洞门周围凿除宽约0.5m、深度为保护层外侧混凝土圆环，检查钢筋是否侵入始发洞门，对入侵钢筋割除保证始发安全。

图 4-4 钢套筒顶部进料口示意图

②检查预埋钢环周围混凝土质量。因洞门预埋环钢周围混凝土施工时可能存在振捣不到位等情况,造成混凝土中存在气泡或贯通裂缝的现象,在加压时土仓易发生泄压及漏浆情况,如发现需采取注浆或补焊等措施保证密闭性。

③检查洞门区域内是否有渗漏水、预埋钢环与车站结构是否存在缝隙,必要时采用植筋加固处理。

(3)钢套筒下半圆

①在开始安装钢套筒之前,首先在盾构吊出井内确定出盾体中心线,确保从地面上吊下来的钢套筒力求一次性放到位,避免再左右移动。

②吊下第一节钢套筒的下半段,使钢套筒的中心与事先确定好的井口盾体中心线重合,在下半段的钢套筒左右两边的法兰处放好 3mm 厚的橡胶密封垫,在与第二节的下半部连接过程中要注意水平位置与纵向位置的一致,确保螺栓孔对位准确,并用 8.8 级、M24 的高强螺栓连接紧固。

③底部三节钢套筒连接完成后,开始进行过渡环安装,过渡环与洞门预埋钢环焊接,如过渡环与连接板无法与洞门环板密贴时,需采用钢板或钢筋搭接后焊接牢固。

(4)钢套筒内安装钢轨

在钢套筒下方 90°圆弧内平均分布安装 2 根钢轨,钢轨从钢套筒后端铺设至洞门 1m 位置,钢轨两侧通长焊接;并在钢轨间铺砂并压实,压实后填砂高度需高出钢轨 15mm,待盾构机放上去后,进一步压实,以确保底部填砂可提供充足的防盾构机扭转反力。钢套筒内第一次填砂如图 4-5 所示。

为保持盾构机始发时处于抬头趋势,靠近洞门端钢轨垫高 20mm;为避免盾构主机出现"栽头"现象,采用低强度等级的水泥砂浆,其强度不高于 C15,在洞门底部施工混凝土导台,作为盾构主机进洞的引轨,弧形导台表面标高低于刀盘外径 10~20mm,避免刀盘旋转破坏弧形导台。

 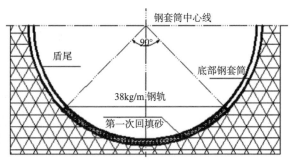

图 4-5 钢套筒内第一次填砂

（5）盾构机下井及安装

待钢套筒内填砂完成后，安装盾构拖车行走轨道，并与站内轨道连接，然后先下拖车，后下主机，详细的组装、调试方案见《盾构机吊装、组装调试安全专项施工方案》。

（6）钢套筒上半圆、反力架安装及加固

①钢套筒上半圆安装及加固

盾构主机组装完成后，安装钢套筒上半圆和钢环，并进行压紧螺栓的调整。检查各部连接处，对每一处连接安装的地方进行检验，确保其连接的完好性，尤其是对于钢套筒的上下半圆和节与节部分之间连接的检查，还要检查过渡连接板与洞门环板之间的焊接，检查是否存在着点焊或浮焊，发现有隐患，要及时处理。

②反力架的安装

盾构机和钢套筒平移到指定位置后，开始进行反力架安装。由于此时连接桥架的存在，在安装反力架时，需将反力架下部横梁侧面塞入后再继续安装反力架剩余部分。安装时反力架端面与钢套筒水平轴垂直，以便盾构轴线与隧道设计轴线保持平行。反力架的结构形式如图 4-6 所示。

（7）负环拼装

钢套筒、反力架安装完毕，盾构机调试完成后，安装负环、盾构机向前推进至刀盘面板贴近洞门掌子面但不切削掌子面。第一环负环在盾尾内拼装成型后，通过千斤顶整体向后顶推至紧贴反力架，使支撑环与负环端面垂直。根据隧道平纵断面及洞门设计图的要求，洞门环梁为外凸式洞门，根据始发井口及钢套筒尺寸，1 环外露 0m，拆除负环后满足设计要求。

（8）管片壁后填充

管片壁后填充主要分为二次填砂、壁后同步注入惰性砂浆两种。

①二次填砂

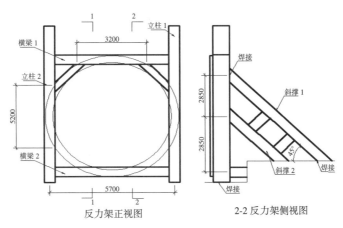

图 4-6　反力架装配示意图

盾构机向前推进至刀盘面板贴近洞门掌子面后，向钢套筒内进行第二次填砂，本次填砂将整个钢套筒填充满。在填充的过程中适当加水，保证砂的密实，主要是低强度等级水泥砂浆；测试压力不小于 0.3MPa。从三个填料孔分别进行填料，直至填满。

②负环管片壁后注浆

为保证负环管片与钢套筒之间的密封效果，在盾构机刀盘贴近洞门掌子面后，通过盾构机同步注浆管路进行壁后注浆施工，注浆材料采用惰性浆液，在管片后面形成一道密封防渗环。

（9）钢套筒检测

①钢套筒位移检测

在盾构机组装过程中在钢套筒前方、反力架后方、侧方共布置 6 个百分表，量程在 3~5mm，可控制变形量或位移量精度在 0.5mm 左右主要是测试钢套筒及有无变形，以及钢套筒环向和纵向连接位置的位移等。

在钢套筒保压试验及盾构机始发施工期间，安排技术人员 24h 值班观察百分表的位移情况，一旦发现应变超标或位移过大，必须立即进行卸压、分析原因并采取解决措施。钢套筒位移检测如图 4-7 所示。

图 4-7　钢套筒位移检测示意图

②钢套筒保压实验

通过钢套筒顶部预留的加水孔向钢套筒内加水或加气，如果压力能够达到始发地层压力的 1.5 倍，并维持压力稳定 12h，对各个连接部分进行检查，包括洞门连接板、钢套筒环向与纵向连接位置、钢套筒与反力架的连接处有无渗漏情况。

加压检测过程中一旦发现有漏水或焊缝脱焊情况，须立即卸压，并通过复紧螺栓、重新焊接或采用快干水泥进行封堵，完成后再进行加压试验，直至压力稳定在 1.8bar，并无漏点时，方可确认钢套筒的密封性。

（10）盾构始发掘进

始发段盾构掘进参数按照"小推力、中转速、小贯入度"原则，土仓顶部压力以"从小到大缓慢增加，确保掌子面稳定，洞门密封系统不出现喷涌"为原则设置，掘进过程中根据洞门密封的渗漏情况、仓压的波动情况、地面沉降等参数进行调整，确保掌子面的稳定。

4. 钢套筒到达监理要点

1）钢套筒设计

筒体每段又分为上下两半圆，每段筒体的外周焊接纵、环向筋板以保证筒体刚度，每段筒体的端头和上下两半圆接合面均焊接圆法兰，在筒体底部制作托架，托架分三块制作，之间用螺栓连接。

（1）筒体与洞门的连接

钢套筒与洞门环板之间设一过渡连接环，洞门环板与过渡连接环焊接，钢套筒的法兰端与过渡连接板采用螺栓连接，过渡连接板示意如图 4-3 所示。

（2）进料口和注排浆管

筒体顶部设置 600mm×600mm 进料口 3 个，进料口示意如图 4-8 所示，在每段钢套筒底部预留三个两寸带球阀注排浆管，共 6 个等间距布置。

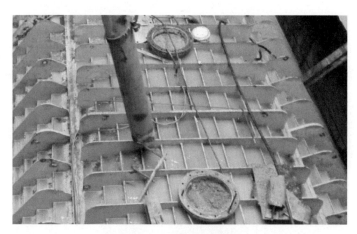

图 4-8 进料口示意图

（3）后端盖

后盖边缘法兰与钢套筒端头法兰采用 M24、8.8 级螺栓连接。

后端盖用 30mm 钢板整体冲压焊接成形。制作完工要在球盖内侧加焊型钢，防止变形（图 4-9）。

图 4-9　后端盖

2）钢套筒接收工艺流程

盾构钢套筒接收施工工艺流程如图 4-10 所示。

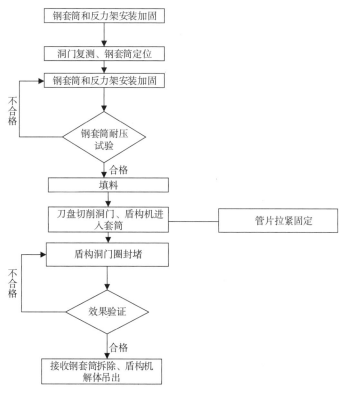

图 4-10　盾构钢套筒接收施工工艺流程

3）施工办法及操作要求

（1）接收姿态的确定（左右线）

（2）钢套筒定位

为保证顺利出洞，钢套筒安装完成之前首先对到达洞门中心里程、坐标进行复测，然后对钢套筒进行定位安装。

（3）主要里程的确定

4）钢套筒安装

（1）安装过渡环

根据现场实测洞门上的预埋钢环实际平整度，量身定做过渡环，过渡环与钢环板焊接，焊缝沿过渡环一圈内外侧满焊，焊缝必须饱满。如出现过渡环与连接板有些地方无法与洞门环板密贴的情况，需在这些空隙处填充钢板并连接牢固，确保钢环和过度环连接牢固。

（2）钢套筒下半圆

在开始安装钢套筒之前，首先在盾构吊出井内确定出盾体中心线，确保从地面上吊下来的钢套筒力求一次性放到位，不用再左右移动。

吊下第一节钢套筒的下半段，使钢套筒的中心与事先确定好的井口盾体中心线重合，在下半段的钢套筒左右两边的法兰处放好 6mm 厚的橡胶密封垫，在与第二节的下半部连接过程中要注意水平位置与纵向位置的一致，确保螺栓孔对位准确，并用 M24 的高强螺栓连接紧固。

钢套筒下半圆安装完成后在下部 60°范围内制作 100mm 厚的弧形导台。

（3）钢套筒上半圆安装

钢套筒下半圆完成后，安装钢套筒上半圆，进行压紧螺栓的调整。检查各部连接处，对每一处连接安装的地方进行检验，确保其连接的完好性，尤其是对钢套筒的上下半圆和节与节部分之间连接的检查，还要检查过渡连接板与洞门环板之间的焊接，看是否存在着点焊或浮焊，发现有隐患，要及时处理。

（4）后端盖的连接

后端盖吊下与钢套筒筒体法兰连接，后端盖板与法兰连接过程中底部的连接螺栓已经将螺母点焊在法兰盘的后面，只需直接将连接螺栓紧固即可。

（5）反力架的安装

在安装反力架时，反力架端面与钢套筒水平轴，反力架基准环断面垂直距离钢套筒加强环约 200mm，以便盾构轴线与隧道设计轴线保持平行及钢套筒后端盖和加强环安全拆除。

（6）钢套筒加固

钢套筒加固采用型钢支撑在车站中板上。

（7）位移监测百分表的安装

盾构接收施工前在密闭钢套筒和洞门钢环间设置百分表，在盾构掘进施工中安排技术人员24h值班观察百分表的位移情况，如果发现异常，立即和主机室联系，停止掘进，对洞门钢环进行加固处理，必要时采用洞门植筋方式进行加固处理；盾构掘进是加强对掘进参数的管控，如果掘进参数出现异常波动且波动比较频繁，停止掘进查明原因，处理完成后方可恢复掘进。

5）耐压试验

钢套筒安装完成后，在筒体内加清水检查其密封性，确定盾体中心位置水压力，若在12h内，压力保持不小于盾体中心位置水压力，则可满足钢套筒接收要求；如果小于盾体中心位置水压力，找出泄漏部位，检查并修复其密封质量，然后再次进行试压，直至满足试压要求。

6）填料

当检查完毕后，向钢套筒内填料，主要是低强度等级水泥砂浆，测试压力不小于盾体中心位置水压力。从三个填料孔分别进行填料，直至填满。

（1）填料过程

从地面引一条输送管道至钢套筒上，采用一条8寸的管路连接，地面设置一个漏斗，将水泥砂浆直接从漏斗输送至钢套筒内。

（2）填料密实

为了将钢套筒内的填料密实均匀，填料过程中要在三个填料孔分别填充，保证分配均匀，填充过程分阶段进行，派人在填料孔观察，填至一定高度时需要进行平整密实，平整后再继续填料直至完全充满整个钢套筒。

7）盾构到达接收参数

（1）盾构机到达前，通过实际测量计算出盾构刀盘距离端头连续墙的里程。根据设计图纸盾构机在进入到达掘进状态，要安排专人值班，以每天四次的频率监测地面的沉降情况，并根据监测数据，采取补浆等措施。在到达前30环对盾构机姿态进行复核，并确保盾构机沿设计轴线推进出洞。

（2）到达段推进：盾构机在到达段（到达前50m），要注意盾构机掘进参数的选择，防止纠偏过急，通过正确的管片选型，保证盾构机接收时良好的盾构姿态。在刀盘接触地下连续墙之前，密切关注刀盘扭矩变化。

（3）盾构机切削地下连续墙，确定掘进参数，为了防止出洞时盾构机栽头，要求盾构机机头高于轴线1~2cm，呈略抬头向上姿势。

（4）进钢套筒掘进参数设置。

（5）管片拉紧装置

为保证到达环管片的稳定，在到达15环管片四处位置的纵向吊装孔处采用拉紧装置进行拉紧。

8）封堵洞门

盾构机进入钢套筒停机后，对洞门处 10 环管片利用管片上预留的注浆孔，向管片外侧注入"水泥+水玻璃"双液浆封堵洞门。

效果检查：注浆完成后通过注浆孔向管片背后打入 800mm 长钢钎，观察带出的水泥浆液的凝固状态，若水泥凝固状态较好，说明洞门注浆封堵效果良好，可以拆除钢套筒，若水泥凝固状态较不好，或一直有浆液或清水流出，说明洞门封堵效果不佳，重新进行注浆封堵，直至检查孔无漏水现象。

洞门注浆封堵效果验证合格后，开始钢套筒连接环板的拆除。拆除时从上部开始分块割除连接环，分块大小沿圆周方向为 300mm，每块连接环割除后及时将预先加工好的弧形钢板焊接在管片和洞口之间。

9）钢套筒拆除及盾构机解体吊装

盾构机完全进入钢套筒，二次注浆完成后保压一段时间确保二次注浆凝固后，采取逐级降压措施，每次等待观测钢套筒上的压力表后，才进行下一次降压。与此同时打开钢套筒连接板设置的观测孔，观看是否有漏水迹象出现。确保压力降低为 0 后，方可进行分别拆解接收钢套筒和盾构机，并清理渣土，随后吊出转场。

钢套筒拆除顺序为：分块割除连接环→分块割除弧形钢板→钢套筒加强环与筒体上半部螺丝拆掉→钢套筒上部卸力→反力架上部横梁拆除→上部基准环拆除→钢套筒加强环与筒体下半部螺丝拆掉→钢套筒剩余油缸卸力→后端盖与加强环整体吊出→钢套筒 C 块拆除及吊装→钢套筒 B 块拆除及吊装（左右侧分别进行）→剩余反力架拆除吊装→盾构机拆机吊出→第三节钢套筒（下半幅）解除约束及吊装→第二节钢套筒（下半幅）解除约束及吊装→第一节钢套筒（下半幅）解除约束与吊装。

4.3.2　盾构水下到达

盾构水下到达控制要点如下：

1）盾构水下到达时监理应组织各参建单位进行水下到达前的条件验收，节点验收条件除满足"常规始发到达节点"外，还应对接收井进行回填及满水试验。

2）接收井洞门处理完成后，应对到达井进行回填后满水试验，检查接收井隔墙强度及渗漏水情况。

3）盾构水下到达时应分阶段在接收井内进行砂土回填，第一次回填与洞门破除同步进行，首先回填砂至封堵墙底部，然后回灌水至设计标高。第二次回填在盾构机盾尾到达地下连续墙迎土侧时，再次回填砂至盾构机顶上 2m，然后回灌水至设计标高。

4）监督施工单位在水下到达应分阶段进行盾构掘进参数精确控制：

（1）当盾构加固体前 90m 范围内的掘进（刀盘进入加固体前）时，根据地表覆土变化，监测盾构泥水仓顶部压力情况，根据地表监测数据及时调整推进参数及同步注浆。

（2）当刀盘进入加固体内的掘进时，检查每环同步注浆控制及二次注浆施作止水环，堵塞后方来水通道。

（3）当刀盘进入连续墙掘进时，重点检查掘进参数控制，以及同步注浆及二次注浆施作止水环质量控制、盾构掘进水平及垂直姿态。

（4）当盾尾到达连续墙掘进时，要求施工单位将管片最后10环进行纵向连接，加固体内管片使用多孔特殊环管片和一环外弧面预埋钢板及接驳器特殊管片，加强二次注浆止水环封堵，后续每掘进完成一环停机对多孔管片背部进行二次补偿注浆，预埋钢板特殊环为主线隧道最后一环管片，用于施作洞门接口结构。

（5）当盾构推进至盾尾中心进入地下连续墙时，停机进行二次注浆对地下连续墙与加固体接缝位置止水，并在二次注浆完成后开孔检查止水效果。注浆效果检查利用电钻钻透注浆孔进行观察方式，钻孔深度至管片外弧面20cm，检查位置主要为管片腰部以上，检查合格标准是孔内不出现明显线流，允许有清水滴流，无泥砂流出。

（6）当盾尾顶部离开洞门端墙时，最后一环特殊管片（预埋钢板）已完全脱出盾尾，缓慢转动刀盘出渣，降水井持续抽排水，当水位降到洞门后进行分层降水观察洞门渗漏水情况，若无渗漏水情况即可降水、清砂、施作临时封堵洞门。

5）在施工洞门井临时接头时，应分层进行降水后对洞门进行分层封堵，直至全部完成洞门与连续墙接头的封堵。降水、清砂作业前准备好弧形钢板、棉絮等应急堵水物资，必要时井内紧急回灌升压。

4.3.3 冻结法始发/到达

冻结法始发/到达，在富水砂土地层中，由于施工场地受限、端头存在管线等因素影响，无法采用常规的搅拌桩或旋喷桩施工对盾构端头进行地层加固，需要采用洞门水平冻结加固端头后再进行盾构始发/到达。

冻结法施工要点如下：

施工准备→冻结孔施工（同时安装冻结制冷系统，盐水系统和监测系统）→积极冻结→探孔试挖→盾构始发/到达→自然解冻融沉注浆充填→撤场。

冻结孔施工为本工程的关键工序，施工中要重点关注施工监测（冻结温度，土体变形，压力监测），信息化施工。

1）冻结帷幕

冻结帷幕设计参数及制冷系统的选择。

2）冻结孔施工

（1）施工准备包含相关加工件准备，如：钻头组合、冻结管（及钻杆）、孔口管、上堵头用接长杆、堵头、盐水干管、集配液管、冻结管头部、水箱、盐水箱等。

（2）冻结孔施工，冻结孔施工工序为：定位、开孔→孔口管安装→孔口装置安装→钻孔→测量→封闭孔底部→打压试验。

（3）冻结孔施工，重点做好孔口管施作，要设有防开孔喷涌装置。

3）冻结施工

（1）设备安装及调试。

（2）积极冻结，冻结管路，做好进水、出水管的温度记录，如有变化，及时查找原因。

（3）维护冻结，冻结管路，做好进水、出水管的温度记录，如有变化，及时查找原因。

4）冻结帷幕交圈

（1）通过测温孔温度变化判断冻结帷幕交圈。

（2）通过观测孔观察土体来水情况。

（3）沿冻结帷幕圈打设探孔，进一步观察土体来水情况，无来水为好。

5）冻胀融沉

（1）针对不同地层制定专门控制措施。

（2）融沉补偿注浆，安排专人进行融沉注浆的管理，定时收集地面沉降、通道融沉等监测数据，记录注浆孔位、注浆量及其他参数，根据现场实际情况及监测数据动态调整注浆，分次注浆，尽量消除融沉的影响。

4.4 盾构机过站与调头监理要点

4.4.1 盾构机过站、调头的技术条件审查要点

1）盾构机过站、调头必须做好充足的准备工作，包括人员、设备准备，预防措施。

2）盾构机过站技术条件审查要点：

（1）接收平台要定位准确并固定牢固，以免盾构机推向平台时发生错位。

（2）卷扬机必须保证稳固，功率足够大。

（3）始发反力架必须保证有足够的强度，与地面、墙面的支撑点稳固，支撑焊接的质量符合要求，必须进行设计验算及焊缝探伤检测。

（4）做好跟踪测量准备工作。

（5）结构设计时，应考虑车站底板至中板的净空不得低于盾构过站需要的最小净空要求，并留有相应的空间余量。

（6）过站时车站底板混凝土强度达到设计要求。

（7）在车站另一端应设有固定卷扬机的预埋件。

（8）盾构机升降时顶升支座一定要牢固可靠，避免盾构机在升降过程中发生倾翻。

3）盾构机调头的技术条件审查要点

（1）由于盾构工作井底板一般不是同一水平面，盾构调头的基座安装要用黄砂将底板找平，黄砂的厚度也要根据工作井底板的净高而定。

（2）在安装盾构调头基座前，一定要将基座加固，以免在盾构调头过程中基座受损。

（3）盾构调头基座下方垫块高度的选择要根据举升千斤顶的行程而定，避免在放低盾构机时垫块取不出。

（4）由机电、土建及安全专业监理工程师对站内转运方案进行分专业审查，确保方案可行。

（5）监理旁站施工单位对作业人员安全、技术交底过程，对施工前各机械设备、物资安全可靠性进行检查。

（6）由测量专业监理工程师对调头系统安装定位、盾构移动线路的测量情况进行复测核实。

4.4.2 盾构机过站与调头对车站结构的具体要求

1）盾构机过站对车站的具体要求

（1）过站的车站盾构进站端沿纵向长度满足盾构过站要求。

（2）盾构过站车站站台层净空尺寸盾构机过站尺寸。

（3）车站两端墙上预留盾构始发、到达孔尺寸复核，需满足盾构机通过。

（4）车站两端墙内侧底板应预留足够尺寸的凹槽。

（5）车站底板面应低于线路轨面。

（6）到达、始发处车站结构底板板面应低于端墙预留孔最低点140mm。

2）盾构机调头对车站结构的具体要求

（1）车站的端头井站台层的空间满足左右线调头，平移的空间。

（2）车站站台层，在盾构机完成工作之前，端头井范围内不得设置立柱、墙体或上翻梁等有可能影响盾构作业的阻挡结构。

4.4.3 盾构机过站与调头施工过程监理控制要点

1）盾构机过站过程监理控制要点

（1）采用顶升平移方式，顶升盾构机时，所有千斤顶油缸必须保持同步。

（2）在过站前一定要对过站小车加固牢固，避免在过站过程中小车变形损坏。

（3）在举升前要检查所用液压千斤顶工作是否可靠，举升时一定要同步，避免造成盾构机侧翻。

（4）在牵引拖动过站小车前移的过程中，牵引一定要缓慢平稳，避免因速度过快过站小车受到冲击而快速向前冲导致事故发生。

（5）在牵引拖动钢板时，一定要检查钢丝绳是否失效，避免在拖拉过程中钢丝绳被拉断伤人。

（6）轨道安装工字钢、槽钢及水泥墩作为竖向支撑，必须保证工字钢、槽钢竖向支撑系统与地面连接牢固，并设置足够的横向、纵向及斜向支撑，保证连系体的焊接质量，保证水泥墩有足够的抗压强度，保证钢轨均匀压在水泥墩上，地面平整，水泥墩的间距不宜过大。

（7）盾构机升降时顶升支座一定要牢固可靠，避免盾构机在升降过程中发生倾翻。

（8）盾构机过站完成后的就位工作必须经过测量准确定位，使盾构机中心线达到设计的垂直高度和水平位置。

（9）如盾构机过站采用卷扬机作业，应要求有专职安全人员全过程检查钢丝绳和卷扬机的使用情况。

2）盾构机调头过程监理控制要点

（1）盾构机调头前一定要将井底钢板上的砂石杂物清理干净，在调头基座行进的前方抹上润滑油以减少摩擦阻力。

（2）盾构机调头过程中，千斤顶顶出的速度要尽量平稳。

（3）盾构机调头后，中心应与待掘进的隧道轴线重合，顶升后盾构中心的高度应达到设计轴线标高。

（4）盾构机站内调头应分阶段进行，施工前，施工单位应CAD制图模拟出转向各阶段盾构机的平面位置，确定合理的反力加持点和反力基座。

（5）盾构机移动过程中应要求有专人观察托架和移动系统的变形情况，专人查看千斤顶反力支座变形和固定情况。同时，盾构机过站的每个循环均应检查过站基座的润滑情况或辊杠的平整情况，防止反力不足或盾构机侧翻。

（6）对于小车过站、辊杠过站、钢板过站方式，现场监理应检查盾构机与过站托架以及过站托架与过站移动基座的焊接质量，检查过站路线上底板的平整情况。

（7）由于车站扩大段和标准段的净空差异，盾构机过站可能需要平移。过站移动基座的设计应具备平、纵两个方向移动的能力。

（8）盾构机调头掘进过程中，如工作井空间受限，可能会出现后配套无法跟上的情况，应提醒施工单位注意管路的延长和保护工作，确保各带压管路的安全。

第 5 章
盾构掘进施工监理要点

本章执笔：李新明　马素芳　李世佳

盾构掘进是盾构法隧道施工的主要工序，要保证隧道的实际轴线和设计轴线相吻合，并确保盾构拼装质量，使隧道不漏水，地面不产生大的变形。本章节针对盾构掘进施工风险组段划分、盾构掘进过程监理要点、泥水盾构掘进监理要点、隧道管片拼装质量监理要点、盾构掘进信息化监理要点进行归纳阐述。

5.1 盾构掘进施工风险组段划分

5.1.1 基本概念

盾构法隧道工程中，监理机构要督促承包商对盾构始发、到达、过重要建（构）筑物和管线、过江河堤坝、砂土层、硬岩地层及软硬不均等不良地层制定专项施工方案。针对不同地层、周边环境条件划分风险组段，对每个风险组段制定相应的掘进控制参数和风险控制措施，经监理机构审核后，形成该项目盾构掘进施工交底手册，用于施工技术交底和指导盾构掘进施工过程。

盾构掘进施工风险组段划分，就是以一定长度的隧道地质纵断面为单位，把地层地质条件相近地段作为一个划分单元，并结合周边环境条件对该单元作盾构掘进风险分析，拟定风险应对措施，风险组段划分之前要做好地层地质及环境调查工作。

5.1.2 风险组段划分控制要点

1）收集掌握区间地质勘察资料，对地质资料作风险组段分析，必要时作区间补充勘察。重点查清地质构造、地层的连续性、溶洞、孤石、砂层、地层黏粒含量、岩性的非均一性等不良地质问题。

2）收集掌握区间周边环境资料，对区间周边环境作调查，包括周边建（构）筑物、地上地下管线、交通道路、地铁线路、江河水体等。

3）组织专业技术人员对区间纵断面作风险组段划分，对各风险组段作风险分析，制定针对性的风险应对措施。对不良地质地层，如可液化的粉细砂层、中粗砂、流塑的淤泥层、溶洞、软硬不均等地层。

4）施工过程中，监理工程师每天在平面图、纵面图相应位置上标注盾构机机头和机尾的位置，核对盾构机所处的风险组段点位，依据风险组段划分确定的风险应对措施，包括掘进参数控制等，指导盾构掘进施工。

5）在上述工作的基础上，组织项目技术人员对区间断面作风险组段划分，形成项目《盾构掘进施工交底手册》，监理工程师每天在螺旋输送机口进行渣土取样，一部分渣样用袋装好，并标注环位，另一部分渣土用作对比分析，对照地质勘察资料，判断渣土岩样与地质勘察的吻合性，当发现不吻合的情况时，要判断地质地层的变化情况，及其对盾构施工的影响。依据施工动态情况，对风险组段划分作修正。

5.2 盾构掘进过程监理要点

5.2.1 盾构掘进施工工艺流程

盾构掘进施工包括盾构掘进、管片拼装、壁后注浆三道主要工序，其操作控制流程如图 5-1～图 5-3 所示。

1. 盾构机掘进工序操作控制程序

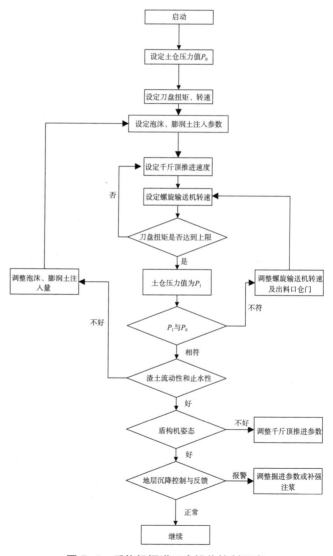

图 5-1 盾构机掘进工序操作控制程序

2. 盾构隧道管片拼装控制流程

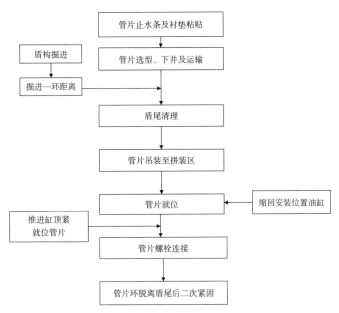

图 5-2　盾构隧道管片拼装控制流程

3. 盾构同步注浆控制流程

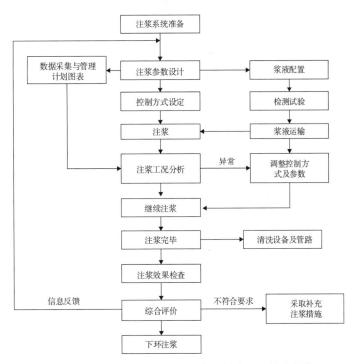

图 5-3　管片衬砌背后同步注浆工艺流程及管理程序

5.2.2 盾构掘进主要参数控制要点

盾构始发、到达,盾构掘进过程中,过重要建(构)筑物、江河堤坝、砂层、硬岩地层及软硬不均等不良地质地层,盾构掘进要结合不同地层风险组段划分制定有针对性的掘进参数,并严格施工过程控制。盾构掘进主要参数包括推力、扭矩、刀盘转速、掘进速度、千斤顶的推力和行程、盾尾间隙、土仓压力等,其控制要点如下:

1)监理检查时,每天密切注意盾构推力(主动铰接压力要叠加计算)、扭矩、刀盘转速及盾构掘进速度的参数变化,结合地层组段、土压及掘进速度的变化,判断掘进参数是否正常。同类地层组段、掘进速度一定、土压变化小的前提下,盾构掘进参数变化相应较小,否则视为异常。

2)始发阶段的推力控制原则,应该是以保障反力架不发生变形和位移为控制指标,例如:直径6280mm的盾构机,盾构始发推力控制在1000kN以内,特殊情况要超过1000kN的,需重新核算工况,并采取相应措施。

3)掘进过程中,如果盾构推力持续变大,速度下降,扭矩持续增大或变小则视为异常,要分析原因,并采取相应对策。

4)在不同的地层组段设定不同的刀盘转速,如:刀盘转速在纯软土地层常设定为0.5~1r/min;而全断面岩层中,经常控制在1.2~1.5r/min,复合地层1.5r/min较为常用。在硬岩、孤石及更换新刀具后,应放慢刀盘转速,刀盘转速过快容易发生刀具撞击损坏。

5)贯入度对刀具磨损有影响,当贯入度大时,一方面,单位距离内滚刀接触磨蚀矿物石英等的时间缩短,另一方面仓内的渣土中磨蚀矿物接触滚刀的时间缩短了,因此,掘进速度越快,排土越快,滚刀磨损量也会相应降低。

6)施工过程中要关注盾构掘进"有效推力"参数的变化情况。有效推力就是盾构总推力去除土体摩擦阻力、盾构设备自重分力和仓压反作用力后,刀具作用在掌子面的压力。

7)要关注分区推力,避免偏压或压力集中损坏成型隧道管片。同时盾构推力有滞后性,不宜快速提高某区的推力,要分阶段进行增加。

8)盾构掘进和纠偏过程中,要对千斤顶行程参数进行检查,对上、下、左、右四组千斤顶行程进行记录并分析。当发现千斤顶行程差过大时,要根据姿态情况和盾尾间隙、线路情况来综合分析进行纠偏。

5.2.3 土压平衡盾构掘进出土量控制要点

1)计算每环理论出渣量,$Q_{虚}=K \cdot Q_{实}=K \cdot \pi R_2^2 \cdot L$,开挖半径选用刀盘半径,开挖出来的渣土松散,并且加入泡沫和水,体积变大,黏土层、全风化、强风化地层的体积是增大的,但是砂层、淤泥软土地层土方体积变化不大。

2）应针对每种地层统计出理论出渣量，出渣量应控制在计算地层松土方量及外加剂体积之和范围内，一般软土地层控制在理论体系 100% 以内，黏土及硬岩控制在 130%～150%。

3）测量实际出渣量，在工程施工过程中，一般渣土的体积采用直观的测量方法，用每斗渣的出土量反算出掘进进尺。通过收集出渣的基础数量，每环每斗渣的进尺进行记录，以发现出渣异常现象，及时采取措施控制地表沉降。

5.2.4 土压平衡盾构土仓压力控制要点

1）计算土仓压力，采用 $P_1 = K\gamma h_1 + \gamma_水 h$ 公式，结合技术人员对 h 和 K 的经验值，计算出不同地层不同埋深盾构掘进时理论的土压平衡的土仓压力。实际掘进过程中要根据地面沉降监测数据情况，及时调整修正土仓压力。

2）确定掘进模式，根据地面的环境和地层情况进行土仓压力控制，对于地层自稳性较好且地面没有需要保护的建（构）筑物的线路，盾构可选用敞开式、半敞开式（加气压）的掘进模式。

3）在砂层、淤泥软土地层或线路上对地层沉降要求较高的隧道施工，需建立土压平衡模式掘进。

5.2.5 泡沫、聚合物等外加剂注入控制要点

1）在盾构机泡沫改良系统中，要关注泡沫剂溶液浓度和泡沫发泡倍率等主要参数。渣土改良好坏直观感觉如下：当渣土出现泥水和渣土分离排出，输送皮带下不断掉泥浆，渣土改良较差。渣土流塑性好，呈"牙膏"状，没有粘手的感觉，掰开渣土可见泡沫形成的气泡，综合判断渣土改良较好。当出渣"球团状"，土温烫手，类似不良现象容易结"泥饼"。

2）聚合物一般应用在富水砂层或裂隙发育的岩层中盾构掘进渣土改良。聚合物溶液可以和膨润土浆液一起进行渣土改良。聚合物和膨润土浆液结合后在砂和岩石表面形成泥皮，渣土流塑性好，可有效预防"喷涌"发生。

3）泡沫常规配合比：原液与水比例为 1.5%～5%，水溶液与渣土的用量比例为 25%～35%。泡沫使用量与掘进速度成反比，掘进速度越快，泡沫使用量就越少；与渣土的黏度成正比，土越黏，越需使用含泡沫原液较高的水溶液，因此泡沫用量就越大，如：盾构掘进一环用时 45min，选用 1.5% 比例的水溶液，每环掘进用量原液约需 25kg。例如广州存在的大量黏土层及红层黏性较大，泡沫水溶液普遍选用 3%～5% 的比例，每环掘进原液用量将达到 40～45kg。

4）泡沫、聚合物等外加剂注入的比例，实际掘进过程中要依据现场情况做试验调整确定。

5.2.6 盾构掘进姿态控制要点

1）盾构掘进过程中，轴线控制偏离设计轴线不得大于 ±50mm。

2）盾构垂直和水平偏差相邻环变化应控制在 5mm 范围内为宜，可以确保成型隧道的平整度。

3）盾构前体、中体及盾尾之间掘进趋势控制在 0.4% 范围内，否则纠偏非常困难。

4）盾构掘进过程，轴线偏差要分级控制，设置报警值，分级提高管制责任人。如：正常掘进控制轴线偏差为 ±30mm，超 ±50mm 时监理部总代要组织报警分析会，超 ±80mm 时监理部总监要组织报警分析会，并督促纠偏措施落实。

5.2.7 盾构掘进测量监理控制要点

盾构法掘进隧道施工测量工作包括测量交桩控制点复测，加密控制点测量，始发洞门中心测量、始发前联系测量、隧道中线坐标数据计算复核、盾构始发托架定位测量、盾构机姿态人工测量、地下控制测量、成型隧道管片姿态测量、盾构到达前联系测量、到达洞门中心测量等。

1. 盾构掘进过程中测量工作内容

随着盾构机的掘进，隧道内的测量控制点（布设在管片下部）随之延伸，为确保盾构的测量导向系统姿态的正确性，隧道内的测量控制点距离盾构机尾部不得超过 200m。

1）在隧道掘进至 150m 处时包括联系测量在内的地下导线及水准。

2）在隧道掘进至 300~400m 处时包括联系测量在内的地下导线及水准。

3）在隧道掘进至距离贯通面 150~200m 处时包括联系测量在内的地下导线及水准。

4）若单向掘进长度超过 1500m 时，掘进至 800m 时需加测陀螺定向以校核坐标方位，之后每 800m 均需加测陀螺定向，若单向掘进超过 3000m 时，应编制测量专项方案，采取测量加强措施（如采集地面钻孔投点的方法），提高测量贯通的精度。

5）按照盾构掘进隧道延伸，自动测量导线系统控制点（管片上部）随之延伸。

6）每天（或者 10 环）进行成型隧道管片人工测量，采用横尺法测量，每环管片测量数据不少于两次。

7）盾构掘进过程中定期人工复测盾构机姿态，确保显示的姿态数据正确性。

2. 盾构掘进过程中测量控制要点

1）不定期检查测量控制点的稳定性，发现异常应立即重新引测隧道内的测量控制点。

2）严格按照地下控制测量要求，及时布设测量控制点，每次联系测量需从地面测量控制点引测，每次联系测量需检查始发基线边的差值。

3）随着掘进隧道的延伸，需延伸布设导向系统的临时测量控制点（管片上部），每次测量转站需从经复核测量控制点（管片下部）引测，且需采用第三个测量控制点校核。

4）盾构掘进过程中，盾构机姿态突变或者姿态超限，需人工复测盾构机姿态，两者差值较大时，按人工复测盾构机姿态数据进行调整。

5）成型隧道管片每环需人工测量不少于两次，测量的结果需与导向系统显示的姿态数据进行对比，差值较大时需分析原因。如硬岩地层掘进时成型隧道管片上浮量较大，可以考虑适当下压垂直方向姿态掘进；软土地层掘进时，盾构机自重原因，可以适当抬头掘进。

5.3 泥水盾构掘进监理要点

5.3.1 泥水盾构基本概念

泥水加压式盾构是在机械掘削式盾构的前部刀盘后侧设置隔板，它与刀盘之间形成泥水压力室，将加压的泥水送入泥水压力室，当泥水压力室充满加压的泥水后，通过加压作用和压力保持装置，来谋求开挖面的稳定。盾构推进时由旋转刀盘切削下来的土砂经搅拌装置搅拌后形成高浓度泥水，用流体输送方式送到地面。泥水在稳定开挖面的同时，将刀盘切削下来的土砂搅成浓泥浆，再由排泥泵经管路输送到地面。被送到地面的泥水，根据土砂颗粒直径，通过一次分离设备和二次分离设备将土砂分离并脱水后，排去分离后的水，经调整槽进行再次调整，使其成为优质泥水后再循环到开挖面。

泥水加压式盾构按掌子面稳压的方式分为直接控制压力式和间接控制压力式，如图 5-4 和图 5-5 所示。间接控制型泥水盾构与直接控制型相比，控制系统更为简化，对开挖面土层支护更为稳定，对地表沉陷的控制更为方便。

图 5-4 直接控制压力式（单仓）

图 5-5 间接控制压力式（双仓）

泥水盾构主要由掘进系统、泥水循环系统、保压系统和泥水处理系统组成。泥水盾构掘进系统与土压盾构相似，下面重点介绍泥水循环系统、保压系统和泥水处理系统的控制要点。

5.3.2 泥水循环系统控制

泥水循环系统的控制主要包括：泥水循环模式选择、泥水指标管理、泥浆循环参数选择、泥浆碎石（泥团）处理等。

1. 泥水循环模式选择

泥浆循环的方式包括旁通模式、开挖模式、反循环模式、隔离模式和长时间停机模式。

1）开挖模式的功能要求

（1）该模式在开挖时使用。泥浆从进浆口、中心冲刷口和出渣冲刷口进浆，如图 5-6 所示。

（2）使用这个模式时，根据气垫室里泥浆的液位以及所要求的排渣流量，对伺服的泵 P1.1 和 P2.1 的转速分别进行调整。调整 P1.1 泵的转速用以校正泥浆 \ 气垫界面液位达到所要求的值，同时确保它沿程的下一个泵的超载压力要大于所要求的净吸压头。

（3）调整 P2.2 泵的转速，用以校正排渣流量达到所要求的排渣模式的值，同时确保沿程的下一个泵的超载压力要大于所要求的净吸压头。P2.2 泵的转速必须能确保排渣的流体能被泵送到地面的分离厂。调整 P2.2 泵的转速以便在泥浆分离厂入口处达到必要的压力。

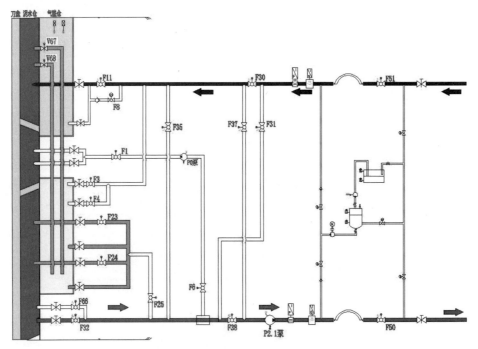

图 5-6 开挖模式泥水循环示意图

2）反循环模式的功能要求

该模式使开挖室里的泥浆逆向流动，如图 5-7 所示。仅用于一些特别的情况，特别是在开挖室内发生阻塞，或用于清理盾构内的排渣管道。为了不让泥浆充满开挖室，气垫压力与泥浆\气垫界面液位的控制仍需维持。

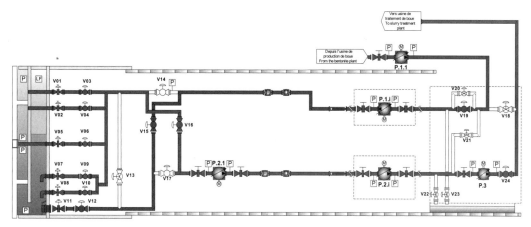

图 5-7　反循环模式泥水循环示意图

3）旁通模式的功能要求

（1）该模式是待机模式，关闭进浆管和出浆管管阀，开启进浆管和出浆管联通阀，形成仓外"短路"，使泥水循环在仓外持续进行，如图 5-8 所示。

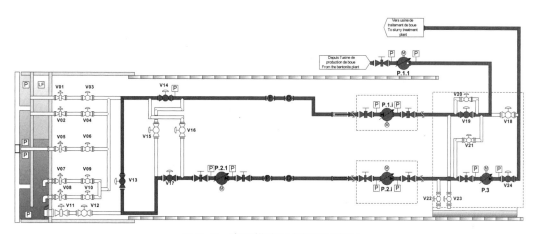

图 5-8　旁通模式泥水循环示意图

（2）该模式是待机模式，用于盾构不进行开挖时执行其他功能。这个模式也用于当盾构从一种功能切换到另一种功能时。特别是，旁通功能用于安装管片衬砌环的情况，它使开挖室被隔离。在旁通模式，各泥浆泵都根据泵的超载压力和要求的排渣流量控制的转速保持旋转。

（3）由于此时开挖室没有泥浆的供给,因此理论上并不需要控制泥浆\气垫界面液位。然而泥浆\气垫界面的液位可能由于水从界面上流失或进入而发生变动。在这些情况下,可能需要补充泥浆（只要注入管道压力许可的话）或排出泥浆以调整这个液位。

4）隔离模式的功能要求

（1）该模式使隧道里的泥浆管道系统与地面系统处于完全隔离的状态,如图5-9所示,但此时设在地面的分离厂和制备厂之间的回路仍保持连通。特别是,这种模式用于隧道泥浆管道延伸时的情况。

（2）各排渣泵（P2.1,P2.2）停止运转。而P1.1仍保持运行,以保持制备厂和分离厂之间回路的循环。始发井中的旁通阀V18控制着这个回路。

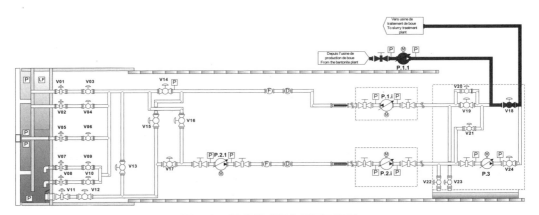

图5-9　隔离模式泥水循环示意图

5）长时间停机模式的功能要求

此时所有泵都停止运转,开挖面压力由压缩气回路来控制,这个模式是自动控制的,当气垫室泥浆液位低于预定的低限时,便进行校正,如图5-10所示。

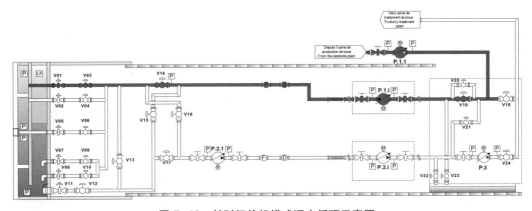

图5-10　长时间停机模式泥水循环示意图

2. 泥水指标管理

1）泥水的功能

泥水盾构使用泥水的目的是用泥水来谋求开挖面稳定，在防止塌方的同时，将切削下来的土形成泥水并流畅地运往地面。因此，泥浆性能控制是泥水平衡式盾构施工的最重要因素之一。施工中的泥水根据需要调节相对密度、黏度、塑变值、胶凝强度、泥壁形成性、润滑性，使其成为一种可塑流体。

2）进浆泥水指标控制

泥水材料由水、膨润土、黏性土、砂、CMC 组成。拌制泥浆前，应进行泥浆配合比的设计，膨润土泥浆常规配合比如表 5-1 所示。新制备的泥浆或经分离站处理的泥浆，其性能指标基本应符合表 5-2 的规定。

膨润土泥浆配合比（占水的百分比） 表 5-1

水	黏土	CMC	膨润土	烧碱
1	按相对密度要求加入	0.03%~0.05%	10%	0.4%~0.5%

泥浆性能指标 表 5-2

项次	项目	性能指标	检验方法
1	相对密度	$1.1g/m^3$ ~ $1.3g/m^3$	泥浆相对密度计
2	黏度	18s~28s	500mL/700mL 漏斗法
3	含砂率	<5%	含砂量法
4	胶体率	>95%	量杯法
5	失水量	30mL/30min	失水量仪
6	泥皮厚度	1~3mm/30min	失水量仪
7	pH 值	7~9	pH 试纸

优质泥水具有的性能：

（1）相对密度适当，能平衡开挖面压力。

（2）黏度适当，塑变值和凝胶强度低。

（3）能形成薄而牢固（或渗透壁）的泥水膜，逸水量少。

（4）具有抑制全体塌方和泥水劣化的优越机能。

（5）不易造成粘附。

（6）润滑性能良好。

（7）不易受盐分和水泥等电解质影响。

（8）对于温度和压力的稳定性高。

（9）对细菌和有机物具有免疫、不变化等性质。

3）排浆泥水指标控制

（1）泥水的相对密度是一个主要控制指标。掘进中进泥相对密度不宜过高或过低，前者将影响泥水的输送能力，后者将破坏开挖面的稳定。泥水相对密度的范围应在 1.15～1.30 g/cm³，下限为 1.15g/cm³，上限根据施工的特殊要求而定，在砂性土中施工、保护地面建筑物、盾构穿越浅覆层等，可达 1.30g/cm³。甚至可达 1.35g/cm³。

（2）泥水的黏度是另一个主要控制指标。从土颗粒的悬浮要求来讲，要求泥水的黏度越高越好，考虑到泥水处理系统的自造浆能力，随着推进环数增加，泥浆越来越浓，相对密度会呈直线上升，但相对密度的增加并非说明泥浆的质量越来越高，若在砂性土中施工，黏度甚至会下降，因此，泥水黏度的范围应保持在 18s～28s。在特种场合，为了开挖面的更加稳定，有可能将黏度指标提高到 35s。

（3）析水度和 pH 值，析水度是泥水管理中的一项综合指标，它们在更大程度上与泥水的黏度有关，悬浮性好的泥浆就意味着析水量小，反之就大。泥水的析水量须小于 5%，pH 值须呈碱性，降低含砂量、提高泥浆的黏度、在调整槽中添加石碱，是保证析水量合格的主要方法。

（4）在砂性、粉砂性土中掘进时，由于工作泥浆不断地被劣化，就需要不断地调整泥水的各项参数，添加黏土、膨润土、CMC。

（5）在黏土、淤泥质黏土中掘进时，由于黏性颗粒不断增加，使排放的泥浆浓度越来越高，添加清水进行稀释则成为主要方法。

3. 泥浆循环参数控制

泥浆循环的控制主要包括：流量和液位的控制、泥浆压力的控制、相对密度的控制等。

1）流量和液位的控制

（1）对于掘进循环，泥浆循环流量的目的是携带渣土。为能够携带渣土避免沉淀，必须具备一定的流速，对于不同的地质，其要求的流速是不同的，与渣土的相对密度、泥浆的黏度有关。

（2）对于泥浆的液位，为避免泥水仓压力波动太大，需要保证泥浆液位的相对稳定，液位的稳定通过调节进浆和出浆的流量差值来实现。

（3）流量的调节，通过增大进浆泵和出浆泵的转速来实现。由于携带渣土的原因，进浆流量和出浆流量存在一定的差值，操作时，其流量调节的基准是调节出浆泵的转速，确保最低的出浆流量，此时根据液位变化，调节进浆流量，使气垫仓液位保持在某一个中间的稳定位置。

2）泥浆压力的控制

泥浆的压力调整是个被动参数，为能够保证足够的流量，调整泥浆泵的转速，其泥浆泵的进出口的压力均因之而变化。对于系统压力，根据泵的工作能力，一般只限制最高值。泵的压力随着管路的延长，延程损失的增加而增加，必要时增加中继泵。

3）相对密度的控制

泥浆的进浆相对密度由泥水处理厂控制，对于盾构掘进而言，对既有的进浆相对密度，只能通过掘进速度的改变来调整出浆的相对密度。如果出浆相对密度很高，可以通过降低推进速度来降低泥浆相对密度。一般进浆相对密度在 $1.05 \sim 1.25 \text{g/m}^3$，出浆相对密度在 $1.1 \sim 1.4 \text{g/m}^3$。

4. 泥浆碎石（泥团）处理

1）为保证泥浆循环的顺畅，对于大块的石块（泥团）需要进行破碎。在泥水盾构的气仓底部，排浆管的入口处，一般布置有碎石机和隔栅，以减少堵仓的概率。

2）碎石机的动作，海瑞克盾构机有两种模式，即破碎模式和摆动模式，破碎模式主要目的是对岩石（泥团）进行破碎，摆动模式主要是对底部渣土的搅拌，避免淤塞进浆口。

3）在仓外设置采石箱，确保超径块石不进入后续排浆管，以减少堵管和发生水锤的概率。

4）在高黏粒地层，对循环浆液使用减凝剂，以减少泥团的形成，并做好掘进参数控制。

5.3.3 保压系统控制

1）泥水盾构有一套气体保压系统，该系统的作用是专门提供压力来稳定泥水仓的压力。这也是间接控制式泥水盾构的主要特点。气压调节系统功能是保证泥水仓的压力。

2）泥水仓的压力稳定是直接关系到掌子面稳定的重要因素，为保证工作面压力的稳定，泥水盾构提供了一套专门的压缩空气系统。该系统气源一般由2台以上空压机提供。

3）气体通过空压机出口上方的粗滤器，然后通过两条独立的管线分配到人闸和开挖室。该系统布置了两套独立的压力调节系统，能根据设定值，自动调节气仓内压力，使气仓内压力一直稳定在设定值。由于气垫仓和泥水仓联通，因此能够稳定泥水仓的压力在某一个设定值范围内。

4）目前盾构机气压调节系统使用的一般是 SAMSON 公司产品。其原理为，当压力降低或升高，与设定值有偏差时，通过压力的反馈，调整进气阀或者排气阀，对气仓内进行补气或排气，使压力逐渐升高或降低到设定压力值，直至与设定值平衡。因为掘进时液位总是存在一定的波动，其压力有一定变化，SAMSON 系统能根据压力的反馈，及时自动对气压进行调整。

5）一般气垫仓压力一经设定，一个掘进循环内不再进行调整，所以掘进循环内，刀盘压力稳定在某个恒定值。只有当掘进条件发生变化，需要调整掘进压力时，再对压力调节器重新进行压力设定，如图 5-11 和图 5-12 所示。

图 5-11 压力调节器

图 5-12 进排气阀

5.3.4 泥水处理系统的控制

泥水盾构掘进，其泥浆质量是控制盾构掘进质量的重要基础，对于盾构掘进循环回来的污浆，其性能不能满足循环使用要求，为能够保证掘进质量，需要对泥浆的相对密度、黏度、颗粒等进行处理，其中泥水分离设备是对泥浆性能有最直接影响的设备。

1. 泥水分离

盾构机排出的污浆，由排泥泵送入泥浆分离站，经过第一步预筛分器的粗筛振动筛选后，将粒径在 3mm 以上的渣料分离出来；筛余的泥浆由渣浆泵加压，沿输浆软管从旋流除砂器进浆口切向泵入，经过旋流除砂器分选，74μm 以上粒径微细的泥砂由下端的沉砂嘴排除落入细筛；细筛脱水筛选后，干燥的细渣料分离出来；经过筛选的泥浆经渣浆泵泵送，循环再进入二级旋流器，分选 30μm 以上的颗粒，由细筛脱水分离。分离后的泥浆进入储浆池，再经过处理后进入盾构机。分离后浆液，在必要的情况下，可以通过离心机、滤压机或带压机分离出浆液中的更细的微粒，以确保满足环境要求。对于不同厂家的设备或不同地质，预筛、一级旋流和二级旋流的分选颗粒大小有所不同。

2. 浆液调整

1）相对密度的调整：盾构持续掘进时，因为地层中含有一些泥水分离设备分离不了的微细颗粒，该颗粒在浆液中累积，会导致浆液相对密度逐渐升高，此时需要对浆液相对密度进行处理。或者对浆液进行部分丢弃补充新浆方式，或者采用更精细的分离设备对浆液中的微细颗粒进行处理。

2）黏度调整：为获得高质量浆液，需要对泥浆的黏度进行调整。黏度的调整通过添加一些辅助材料的方式实现。

5.4 隧道管片拼装质量监理要点

管片拼装的质量问题，主要表现为错台、破损、渗漏。造成管片拼装质量问题的原因很多，主要是管片质量、拼装人为、拼装设备、地层条件等。

5.4.1 预防管片错台

1. 错台的概念及分类

盾构管片错台包括径向错台、环向错台。径向错台是指一环管片内，两相邻管片块接缝处存在的径向相对位移。环向错台是指相邻两环管片之间环向接缝处存在的相对位移。

2. 预防管片错台的监理要点

1）优化线路曲线设计，尽量避免小半径的曲线段。选择合理类型的管片，转弯管片的比例必须达到实际施工的需求。严格控制管片螺栓的质量。

2）加强盾构掘进过程中的参数控制，盾构姿态应与线路姿态相吻合。纠偏时，幅度控制在 ±(5~6)mm。油缸行程上下左右控制在40mm 范围内。加强盾尾间隙的量测频率，一般应为2次，掘进结束时量测1次，管片拼装前量测1次，以管片拼装前量测的结果作为最终管片选型的依据。盾尾间隙要尽量均匀。

3）在施工过程中，管片与围岩之间的环形间隙采用同步注浆模式充填快凝浆，并且间隔一定环数要进行二次补注浆。控制注浆压力，注浆压力不能超过管片设计承压力，注浆压力过大或过小，都将导致管片所受径向压力而产生径向错台。

4）安装管片前，清理干净在盾尾残留的渣土，尤其是底部。

5）安装管片时，必须严格执行操作规范，螺栓紧固严格执行"三次紧固"的原则。（第一次：管片拼装中第一次紧固，紧固扭矩大小为设计值的50%；第二次：管片拼装结束第二次紧固，紧固扭矩大小为设计值的75%；第三次：管片出盾尾位置后第三次紧固，紧固扭矩大小为设计值的100%。）

5.4.2 预防管片破损

1. 管片破损的形式

管片在运输、安装过程中，因各种原因，会造成不同程度的少量外脱缺陷，主要表现为：螺栓孔混凝土崩裂、崩角、崩边、吊装孔混凝土崩裂、裂缝等。

2. 管片防破损监理要点

管片破损常常是以上一种或一种以上因素综合作用的结果，经过仔细分析再采取针对性措施进行处理，可以减少管片破损现象的发生。

1）搬运、堆放管片时的控制要点

（1）在搬运过程中轻吊慢放，着地时要平稳；堆放时不宜超过3层，并正确摆放垫木。

（2）吊放管片不得使用钢丝绳，应采用吊装带吊装。

（3）选择、摆放好垫木，在管片车上管片搁置部位设置橡胶条，以起到缓冲作用。

（4）按要求贴好角部止水橡胶条、传力衬垫、橡胶板。

2）管片拼装时的控制要点

（1）拼装前，先测量前一环各管片之间的相互高差，包括环向和径向。根据实测数据，调整已粘贴好的纠偏楔子，以保证拼装后环面的平整度。

（2）拼装时保证初衬砌环圆度，块与块不错位。推进油缸的伸缩顺序应与管片拼装顺序一致。

（3）管片拼装过程中切忌野蛮操作，强行插入和敲打，禁止封顶块强行顶入。

（4）控制千斤顶推力和行程差，避免推力过大造成应力集中和行程差过大造成作用面不平整，避免导致管片与千斤顶撑靴接触的部位混凝土裂缝甚至破碎。

3）推进时控制要点

（1）推进前应仔细观察千斤顶撑靴与管片环面接触的平整度，对不平整处可增设橡胶楔子来调整，确认平整后再开始推进。

（2）盾构推进时，千斤顶推力设定一般不大于千斤顶最大推力值的2/3，操作过程中严格控制千斤顶编组压力差。

（3）盾构推进时，及时根据设计要求、盾构穿越土层的变化、上部荷载情况以及测量资料来调整各项施工参数，将盾构姿态严格控制在设计允许偏差范围之内。

（4）管片与盾构机壳间隙较小又必须进行纠偏时，可以在前半环顺着管片原轴线方向推进，待管片与机壳之间的缝隙增大后，后半环推进时再对盾构姿态进行调整，最终使盾构机与管片尽可能处于同心状态。

4）管片背后注浆控制要点

（1）严格控制二次注浆压力，以防压力过大而使管片开裂。

（2）同步注浆后，隧道上部的浆液会逐渐向下部流动，形成下部浆液多而上部浆液少的状况，引起管片上浮，上部管片与盾构机内壳间隙减少，推进时造成管片破碎。

（3）管片姿态还未完全稳定前，当二次注浆压力不均匀时，会使部分管片产生位移，位移管片与未发生位移的管片相互挤压会形成应力集中，容易产生环向破碎现象。

5.4.3 预防管片渗漏

由于管片的错台、破损的质量问题，又会造成管片渗漏问题，按上述控制要点做好管片拼装工作同时，还要做好管片渗漏预防工作。

1. 管片防水制作要求

1）对管片进行防水制作，主要是在管片接缝间设置一道弹性密封垫，弹性密封垫采用三元乙丙橡胶。

2）为了进一步加强管片防水能力，可以对管片增设遇水膨胀橡胶，其位置处于弹性密封垫上方，弹性密封垫将管片的外侧全部覆盖，这样既可以加强管片的防水能力，又可以起到管片与管片之间在受力时的缓冲作用。

3)管片防水制作完成后,管片要遮盖保护,以免日晒雨淋,造成止水条脱落或失效。

2. 注浆监理要点

1)盾构推进施工时的同步注浆,选择相对密度大的单液浆进行及时、均匀、足量地压注,确保其建筑空隙得以及时和足量充填。采用推进和注浆联动的方式,注浆未达到要求时,要及时增加注浆量,以防止土体变形。根据施工中的变形监测情况,随时调整注浆参数,从而有效地控制因注浆量的不足造成的漏水现象。

2)及时二次注浆确保浆液将土体与管片之间空隙充实。在管片脱离盾尾 3~8 环后,就要对管片进行二次注浆,注浆压力一般控制在 0.3 MPa 左右。当压力持续上升至 0.4~0.5MPa 时,即可停止压浆,确保浆液将土体与管片之间的空隙充实。

5.4.4 隧道管片沉降监测

每天对当天推进的管片进行沉降观测,如果出现盾构机在前推后沉降量还较大,则延长观测时间,直至稳定。最后是每隔一个月左右对所有已掘进完毕的管片进行沉降观测一次。采用常规的管片姿态测量,对拼装后的管片进行测量,跟踪后期管片受裂隙水的影响。必要时在洞内加设收敛仪,以观测管片受水的侧压力,及浮力造成的管片上浮和弹性错台。

5.4.5 盾构施工日报表

监理工程师每天巡查隧道,重点要控制隧道成型管片质量,填报《盾构施工监理工程师日报表》,监理工程师要详细记录每环隧道管片错台、破损、裂纹及渗漏的位置和状况,并在日报表中对质量问题进行分析,提出预防对策,如表5-3和表5-4所示。

盾构施工监理工程师日报表 表 5-3

盾构工作面整体描述	环号:			环号:		
	勘察剖面	掘进剖面	出土情况描述	勘察剖面	掘进剖面	出土情况描述
施工参数	推力(kN)					
	扭矩(kN·m)					
	刀盘转速(r/min)					
	掘进速度(mm/min)					
	注浆量(m³)					

续表

施工参数	出土量（m³）		
	注浆压力（bar）		
	土仓压力（bar）		
	泡沫注入量（%）		
	地面沉降（mm）		
	进场管片检查		

管片拼装质量检查	环号	型号/点位	衬砌布置展开图及问题标示					垂直偏差（mm）	水平偏差（mm）	备注
			A1	B \ K / C	A3	A2				
			A2	A1	B \ K / C	A3				
			A1	B \ K / C	A3	A2				
			A2	A1	B \ K / C	A3				
			A1	B \ K / C	A3	A2				
			A2	A1	B \ K / C	A3				
			A1	B \ K / C	A3	A2				

错台：∠　碎裂：×××　渗漏：∽　裂缝：∩

意见和建议		监理工程师：　月　日　时

施工日期：　年　月　日　　　刀盘切口里程：

盾构施工记录表（左、右线） 表5-4

工程名称：　　　　　施工日期：　年　月　日　　施工班组：白/晚班
掘进第_____环　　盾构线路：（直线、转弯）设定坡度_____‰
实际坡度_____‰

掘进参数									
项目	设定值	300	500	700	900	1100	1300	1500	1700
掘进速度（mm/min）									
刀盘转速（rpm）									
刀盘工作压力（bar）									
刀盘力矩（kN·m）									
螺旋输送机转速（rpm）									
总推力（t）									
土仓压力（bar） 1									
2									
3									
4									
5									

续表

千斤顶状态									
推进千斤顶行程				铰接千斤顶			千斤顶推力		
组号	掘进前	掘进后	管片安装	管片安装后	位置	开始掘进前	掘进结束	组号	顺	逆
A					2			A		
B					5			B		
C					10			C		
D					13			D		

盾构机位置							
掘进前轴线偏差		掘进后轴线偏差		盾尾与管片间隙			
水平（前/后）	垂直（前/后）	水平（前/后）	垂直（前/后）	上	下	左	右

掘进记录								
掘进起止里程	掘进开始时间	掘进终止时间	土压力		总推力、(t)	掘进速度(mm/min)	出土量(m^3)	刀盘扭矩($kN·m$)	地质描述
			设定	实际					
YDK									

管片拼装记录							
拼装起止里程	管片型号	K块位置	拼装时间		中线高程偏差	中线平面位置偏差（mm）	相邻管片平整度最大偏差	
			起	止			纵缝	环缝
YDK								

注浆记录						
注浆环号	压浆时间		注浆孔数	注浆压力（MPa）	压浆量（m^3）	注浆孔位置图
	起	止				

掘进情况

出土情况：颜色_____、成分_____、颗粒大小_____、黏稠情况_____、出土温度_____

泡沫剂使用情况：_____；油脂使用情况：_____

交接班记录：

5.5 盾构掘进信息化监理要点

盾构施工信息管理系统（下称"盾构监理系统"）是广州轨道交通建设监理有限公司独立开发的，用于加强盾构施工精细化，重大风险源管控的信息化辅助工具。该系统实现了盾构掘进参数在线采集，开发了实时监理、数据统计分析、预警管控等主要功能。并在广州轨道交通建设监理有限公司和广州地铁建设事业总部（下称"建总"）

组建了信息化管控中心，通过建章立制，搭建了盾构掘进参数预警—处置—消警的管控体系，盾构监理系统如图5-13所示。

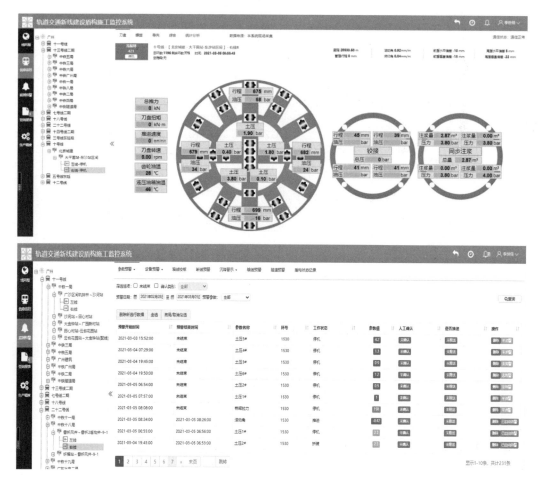

图5-13 盾构监理系统示意图

5.5.1 盾构监理系统风险组段编码

根据《城市轨道交通地下工程建设风险管理规范》GB50652—2011及相关风险管控管理办法，组段划分主要包括复合地层不同组合（编码：A、B、C…）、周边环境风险（编码：a、b、c…）和施工自身风险（i、ii、iii…），分成不同的安全风险等级（编码：1级、2级、3级）。盾构施工从始发环到到达环，在穿越地层组段划分的基础上结合及叠加盾构施工后周边环境风险以及自身风险进行详细的划分，明确每一环盾构掘进的主要参数控制阈值及施工控制措施，如图5-14所示。

第5章 盾构掘进施工监理要点

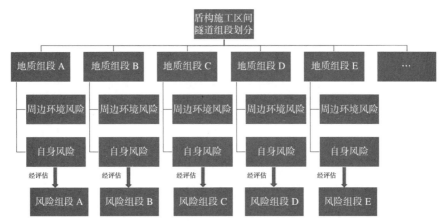

图 5-14 盾构风险组段划分示意图

风险组段划分报告的主要内容包括（但不限于）：

1）重大风险源调查资料（水文地质勘察报告，管线、周边建（构）筑物报告）是否齐全。

2）地质、风险组段单元划分是否合理。

3）风险源定级是否合规。

4）不同地质组段下设定盾构掘进参数和黄色、橙色、红色预警阈值是否合理。

5）盾构隧道结构监测及周边环境控制值是否满足预警要求。

6）提出明确的评审结论。

5.5.2 盾构参数预警值设置

1. 盾构参数预警分级

利用现有盾构监理系统进行盾构参数预警设置黄、橙、红三个层级，掘进过程中可通过盾构监理系统发出预警提示，现场风控小组开展预警提示信息确认、短信推送、响应及处置工作。

2. 盾构监理系统预警内容

1）参数预警：盾构掘进参数预警主要根据施工单位掘进技术及管理经验、水文地质变化、对周边环境控制等要求，须在《盾构施工风险组段划分报告》中明确单一掘进参数黄、橙、红色预警阈值的控制范围。

2）施工监测与第三方监测沉降信息，管片姿态复测预警。

3）重要管理信息预警（如断网、断线等）。

现场预警设置内容可参考表5-5，但不限于以下内容。

盾构监理系统预警管控建议表（6m 直径盾构机） 表 5-5

预警内容	参数描述	黄色预警	橙色预警	红色预警
系统断线	盾构监理系统断线超过 30min，并且未恢复			★
沉降预警	沉降量与沉降速率双控指标超过监理量测控制值 70%，或单控指标超 80%	★		
	沉降量与沉降速率双控指标超过监理量测控制值 80%，或单控指标超 100%		★	
	沉降量与沉降速率双控指标超过监理量测控制值 100%，或单控指标超 150%			★
隧道管片复测姿态	管片复测姿态（垂直偏差、水平偏差）超过 ±70mm	★		
	管片复测姿态（垂直偏差、水平偏差）超过 ±80mm		★	
	管片复测姿态（垂直偏差、水平偏差）超过 ±100mm			★
盾构姿态	隧道轴线平面或高程偏差在 ±50～±80mm	★		
	隧道轴线平面或高程偏差在 ±80～±100mm		★	
	隧道轴线平面或高程偏差超过 ±100mm			★
	盾构滚动角偏差在 ±3°～±4°	★		
	盾构滚动角偏差在 ±4°～±5°		★	
	盾构滚动角偏差超过 ±5°			★
同步注浆	连续 3 环同步注浆量低于最小控制值，且注浆压力低于最小控制范围	★		
	连续 4 环同步注浆量低于最小控制值，且注浆压力低于最小控制范围		★	
	连续 5 环及以上同步注浆量低于最小控制值，且注浆压力低于最小控制范围			★
泥水盾构环流参数	进浆流量 > 排浆流量 0～100m^3/h	★		
	进浆流量 > 排浆流量 100～200m^3/h		★	
	进浆流量 > 排浆流量 200～300m^3/h			★
土压力	持续 1min 低于或高于黄色预警阈值	★		
	持续 1min 低于或高于橙色预警阈值		★	
	持续 1min 低于或高于红色预警阈值			★
刀盘扭矩	持续 1min 低于或高于黄色预警阈值	★		
	持续 1min 低于或高于橙色预警阈值		★	
	持续 1min 低于或高于红色预警阈值			★
总推力	持续 1min 低于或高于黄色预警阈值	★		
	持续 1min 低于或高于橙色预警阈值		★	
	持续 1min 低于或高于红色预警阈值			★

5.5.3 盾构掘进参数预警监理流程

1. 盾构参数预警发布及报送

系统发出预警提示后，分部施工单位指定专人对预警信息研判分析，确定真实预警等级，利用系统短信推送功能，及时发布预警信息，接收人须及时响应和处置。预警期内，对于同一参数、同类别预警信息确认并发布一次，其余预警提示信息，可以在系统中确认为重复信息。其中，黄色预警立即发布给工点总监代表；橙色预警立即发布给项目总监；红色预警立即发布给项目总监，并由项目总监在30min内报送给总承包部盾构风险监理分中心和建总盾构风险管控中心。

2. 盾构参数预警处置及响应

1）**黄色预警**：盾构风控小组内部进行管控及处置：分部施工单位指定专人确认预警提示信息后，立即督促作业队伍及工区项目经理响应、处置；预警处置过程及消警申请上报盾构风控小组总监代表审批（图5-15）。

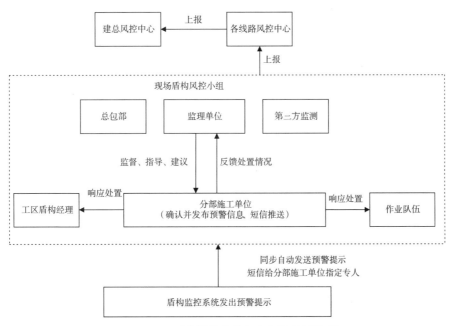

图5-15 盾构掘进参数红色预警处置流程

2）**橙色预警**：线路总承包部风控分中心需联合现场盾构风控小组管控及处置，认为有必要的情况下，组织掘进参数预警会议。分部施工单位指定专人确认预警提示信息后，立即督促作业队伍及工区项目经理响应、处置；分部施工单位填报盾构施工异常参数跟踪记录表；预警处置过程及消警流程先由风控小组组长审核通过后，再报总包部监理分中心审批并备案。

3）红色预警： 线路总承包部风控分中心需联合现场盾构风控小组管控及处置，立即组织召开盾构掘进参数预警会，结合周边环境监测数据及巡视情况综合分析，并填报盾构施工异常参数跟踪记录表；开展相关预警处置工作。预警处置过程及消警申请由风控小组组长审核通过后，再报总包部监理分中心审批，最后由风控分中心报建总盾构风控中心备案。

3. 盾构掘进参数消警

坚持谁发布、谁消警原则：

1）黄色预警： 1环（含掘进、拼装、停机期间）内该预警参数恢复正常，系统自动消除预警提示信息后，预警发布人报请工点总监代表同意后，在系统中预警确认信息内进行消警处置；

2）橙色预警： 连续2环（含掘进、拼装、停机期间）该预警参数恢复均正常，系统自动消除预警提示信息后，预警发布人报请项目总监同意后，在系统中预警确认信息内进行消警处置；

3）红色预警： 连续2环（含掘进、拼装、停机期间）该预警参数恢复均正常，系统自动消除预警提示信息后，预警发布人报请项目总监同意后，在系统中预警确认信息内进行消警处置；并做好相关预警信息动态跟踪—消警记录。

第 6 章
盾构掘进典型施工问题防控监理要点

本章执笔：李新明　卢　琨　吕荣海　肖正茂

复合地层盾构施工中，盾构机动态平衡掘进，掌子面撑得住，掘得进，渣土排得出，盾构掘进才能连续作业，持续推进。实际施工中会遇到盾构姿态超偏、管片上浮、盾构掘进滞排、泥饼、喷涌等典型施工问题，这些问题看似简单常见，一旦疏忽，控制不及时，不仅导致盾构停滞不前，工期不可控，甚至造成严重的质量与安全问题。

6.1 盾构掘进姿态超限监理要点

6.1.1 基本概念

盾构姿态是指盾构掘进中现状空间位置，指盾构切口和盾尾两中心的高程、平面、轴线、纵坡与已建隧道管片的相对关系，总要求是将盾构轴线控制在设计允许偏差范围内，使隧道管片轴线与盾构机轴线夹角最小，高程、平面偏差最小，盾壳与管片四周的间隙均匀。盾构姿态控制的好坏，不仅关系到盾构轴线是否能在设计轴线允许偏差内推进，还影响到后续管片拼装的质量。因此，在盾构掘进阶段对盾构姿态的控制始终应作为监理人员监督的重中之重。

根据《地下铁道工程质量验收标准》GB 50299—2018 第 8.6.4 条规定，"盾构掘进中应严格控制隧道轴线平面位置和高程，其允许偏差均为 ±100mm"，发现偏离应立即分析原因，采取针对性措施逐步纠正，不得猛纠硬调，必要时召开专家会进行分析讨论。监理在实施对盾构姿态控制时，应严格以规范要求为控制准则。监理在工作中针对盾构姿态的控制，首先应熟悉和掌握设计线形要求，即隧道平面曲线和竖曲线的线形情况，包括里程、长度、坡度、半径等。

1. 盾构机姿态测量数据

盾构机姿态测量数据包括自动测量数据（盾构机装有自动测量系统，能反映盾构运行的轨迹和瞬时姿态，动态监测盾构姿态数据）和人工测量复核数据（对自动测量数据正确性进行检测和校正）。监理人员可对两类数据综合分析和比较，动态掌握数据变化情况，指导盾构机正确、安全地掘进。

2. 盾构机掘进姿态偏移量

盾构机的坐标控制系统如图 6-1 所示。假设盾构机前体中心 A 和中体（后体）中心 B 的坐标分别为 (X_A, Y_A, Z_A)、(X_B, Y_B, Z_B)，水平偏差为 ΔY_A、ΔY_B，垂直偏差为 ΔZ_A、ΔZ_B。

在一般情况下，盾构机的方向偏差应控制在 ±20mm 以内，在缓和曲线段及圆曲线段，盾构机的方向偏差应控制在 ±30mm 以内。当盾构机遇到上硬下软土层时，为防止盾构机机头下垂，要保持上仰状态；反之，则保持下俯。掘进时，要注意上下或者左右千斤顶行程差不能太大，一般控制在 20mm 以内，特殊情况下不能超过 60mm。当盾构机姿态偏差超过此范围时，就应启动纠偏措施。

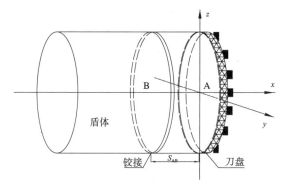

图 6-1 盾构机坐标控制系统示意

3. 盾构机盾尾夹角与盾尾间隙

盾尾间隙即管片外侧在盾尾内与盾构机壳体之间的径向间隙。当管片中心与盾尾中心重合时，盾尾间隙 $\Delta d = (D_{盾内} - D_{管外})/2$。盾尾间隙不均匀将导致管片拼装困难。

管片与盾构机盾尾壳体之间的夹角 ϕ，体现了管片与盾构机之间的关系，如图 6-2 所示。

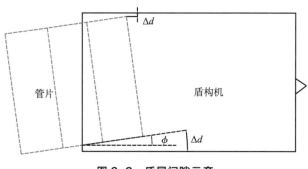

图 6-2 盾尾间隙示意

4. 盾构机沿设计线路掘进时，前进趋势与设计轴线之间的偏差

前进趋势分为水平趋势和垂直趋势两种，其与设计轴线之间的关系如图 6-3 所示。

水平趋势 = $(\Delta X_A - \Delta X_B)/|S_{AB}|$

垂直趋势 = $(\Delta Z_A - \Delta Z_B)/|S_{AB}|$

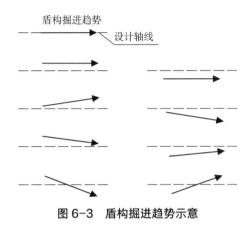

图 6-3 盾构掘进趋势示意

5. 盾构机自身滚动角

盾构机主体会因为刀盘的旋转而带动机体自身偏转，从而导致拼装成环的管片拼装位置与设计值相比也旋转了一定角度，对于盾构机姿态带来的影响是可能会造成测量系统偏差。滚角应控制在 ±10mm/m 以内，滚角值太大会使盾构机不能保持正确的姿态，影响管片拼装的质量。

6.1.2 影响盾构姿态的主要因素

1. 盾构机自身因素

盾构主机的重量分布可形象地描述为"头重脚轻"，只依赖掘进推力与工作面的摩擦力不足以维持盾构的姿态，因此，往往盾构机自身具有"低头"的倾向。

2. 地质因素

在施工过程中由于断面内岩层软硬不均，推力和扭矩变化较大，盾构主机有着向地层较软一侧偏移的惯性。

3. 人员的操作水平

操作人员的技术水平和工作责任心的不同，往往会导致掘进方向发生较大的偏差。

4. 铰接油缸中折转角影响

通常要求盾尾与未脱离盾尾的管片环之间的空隙沿周边均匀分布，有利于控制和调整掘进方向。

5. 导向系统误差

对于控制点的误差，主要是通过多级测量复核消除误差。

6.1.3 盾构机纠偏监理控制流程

盾构机纠偏监理控制流程，如图 6-4 所示。

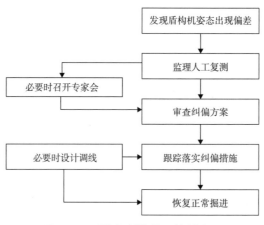

图 6-4　盾构机纠偏监理控制流程

6.1.4 盾构纠偏控制要点

1. 盾构掘进时的预偏控制

1）为了将隧道轴线最终偏差控制在规范要求的范围内，盾构掘进时，先考虑给隧道预留一定的偏移量，本方法属于事前控制，主要应用于始发及急曲线掘进。

2）为了避免盾构机在软弱地层中始发出现"磕头"现象，在始发过程中盾构机应保持向上抬头的趋势，如果发现有"磕头"趋势，应立即调节上下部压力，维持盾构机向上趋势。

3）在急曲线掘进过程中将盾构机沿曲线的割线方向掘进，管片拼装时轴线位于弧线的内侧，以使管片出盾尾后受侧向分力向弧线外侧偏移时留有预偏量。预偏量的确定往往需依据理论计算和施工实践经验的综合分析得出，同时需考虑掘进区域所处的地层情况。一般预偏量控制在 20～60mm。

2. 管片选型对纠偏的控制

1）管片选型有三个原则：第一，适合隧道设计线路；第二，适应盾构机的姿态；第三，适合盾构千斤顶的行程，这三者相辅相成。

2）根据盾构机的走向，为使管片的轴线与盾构机的轴线重合，盾尾间隙均匀，整个管片受力均衡，在进行纠偏调整的过程中需对管片正确选型。

3）根据盾尾间隙，尽量选择合理的管片类型，严格控制管片拼装质量，避免因此而引起的对盾构机姿态的调整。

4）根据推进油缸的行程分析，封顶块要拼装在行程最短的一侧。

5）当管片与盾尾间夹角较大时，采用较小管片（如 1.2m 宽），可有效减少管片与盾尾间的摩擦，提高盾构机的有效推力。

3. 千斤顶掘进速度与推力

1）盾构机千斤顶一般设有分区，各区千斤顶相对独立，同一分区千斤顶动作一致。纠偏是通过增加相对两侧油缸推力差来改变盾构机的运动方向，以实现对盾构机姿态的控制，这是最常用的纠偏方法之一。

2）竖直方向纠偏：盾构机抬头时，可加大上部千斤顶的推力进行纠偏；盾构机磕头时，可加大下部千斤顶的推力进行纠偏。水平方向纠偏：向左偏时，加大左侧千斤顶推力；向右偏时，加大右侧千斤顶推力。但是，在纠偏过程中加大油缸推力的同时，一定要注意管片的承受能力，避免由此造成的管片破裂。另外，要注意在盾构掘进启动时，掘进速度要以较小的加速度递增，这样可以避免产生千斤顶起始推力过大的问题。

3）在盾构机姿态控制中，推进油缸的行程控制是重点。对于 1.5m 宽的管片而言，原则上推进油缸的行程控制在 1700~1800mm 之间，行程差控制在 0~50mm 之间。行程过大，则盾尾刷容易露出，管片脱离盾尾较多，变形较大，易导致管片姿态变差；行程差过大，易使盾体与盾尾之间的夹角增大，铰接油缸行程差加大，盾构机推力增大，同时造成管片的选型困难。

4）使用盾构机的铰接装置，可以使盾构机的前筒、后筒与曲线趋于吻合，预先推出弧线态势，为管片提供良好的拼装空间，在采用压力差纠偏过程中也往往开启铰接辅助控制，需注意铰接不能与推进油缸行程及掘进趋势方向相反，即铰接油缸最小长度方向与推进油缸相同，合理控制铰接行程及行程差，以保证盾体（前体及中体）与盾尾轴线夹角不致过大。盾体与管片轴线夹角过大时，盾尾会出现卡死现象，而铰接无法提供较大的拉力，此时也可更换刚性铰接，一方面可以杜绝铰接拉脱事件，另一方面可将盾体连接成一个整体，避免由于盾尾卡死而出现机头晃动造成的趋势变化假象。

4. 同步注浆及二次注浆

1）同步注浆与二次注浆在盾构纠偏中作为一种辅助方法出现。例如在小曲线掘进过程中，如不立即对盾体及管片周边注浆固定土体，则无法得到合格的盾构推进反力，因此带来管片的变形、隧道的位移，最终使隧道轴线发生偏移。

2）注浆需注意注入时间、位置、压力及注入量等参数的控制。另外，在纠偏过程中，当盾体轴线与管片轴线夹角过大时，会出现盾尾卡死现象，此时注入浆液可采用惰性浆液（钠基膨润土+水玻璃，配合比要根据试验进行确认），起到止水、填充作用，且不会发生盾尾固死、盾尾刷破坏及盾尾漏浆现象。

3）对注入浆液要做好质量控制，检查浆液的初凝时间、终凝时间、离析比等指标。

5. 超挖刀的控制

1）在盾构纠偏中，采用超挖刀也成为目前一种常用方法。纠偏用超挖刀主要有仿形刀、羊角刀及改造的边缘刮刀等多种形式。采用超挖刀的目的就是为盾构的纠偏提供合理的空间。超挖量过大，将扰动土体，严重时引起地表较大沉降，容易造成较长时间的后期沉降；过小，将不能充分发挥铰接装置的作用。采用超挖刀时，超挖范围与超挖量为关键控制点。

2）实践发现，水平、垂直纠偏往往同时存在，一般先把垂直姿态稳住，再进行水平纠偏，也就是说要一个方向纠完，再纠另一方向。

3）盾构姿态出现超限时，往往会引起其他不良因素的出现，因此，纠偏方法的采用也是多样的，存在主次之分。监理工程师在盾构机纠偏过程中应多听取专家意见，及时准确地收集盾构机各项参数与测量数据，认真进行综合分析，并严格按已定措施有计划、有步骤地进行。

6.2 盾构掘进喷涌防控要点

6.2.1 喷涌形成的原因

1）盾构施工是否发生喷涌是由土体的渗透系数、排土口水压力、渗流水量三个可能会发生变化的参数所决定的。排土压力不但和开挖土体的渗透系数有关，而且与排土口处的流量相关。施工中由于盾构开挖面上水压力过高，加之开挖下来的渣土本身不具有止水性，正常工作的螺旋输送机难以将渣土中的水体与土体按照一定比例同时排出盾构机，渗流水便在螺旋输送机内高压力的推动下，带动正常输送的砂土喷涌而出，严重影响施工进度。

2）一般情况下，在富水砂层中容易出现喷涌。在稳定性较好的岩层中，因承压裂隙水也能导致喷涌。在粉砂质泥岩地层中易形成泥饼，也能导致喷涌。喷涌形成条件必须具有以下几方面：

（1）充足的水源。

（2）盾构机所处的地层渗透性好，地层中的水可以源源不断地及时补充。

（3）土仓里的水在流到螺旋输送机出口时，其压力依然较大。

6.2.2 监理要点

1. 事前控制

1）熟悉图纸和地质补勘资料，分析可能出现喷涌的地层（如粉砂层、粗砂层、中风化层、微风化层、岩溶地层、断裂构造等），审核喷涌处理和应急方案。

2）预备土仓外加剂（如膨润土、高分子聚合物等），当出现喷涌时可以适当添加外加剂改善渣土的和易性。

3）在水量较大或土层渗透系数较大的地段掘进时采用螺旋输送机闸门控制，加注泥浆或高效聚合物，必要时采用保压泵渣装置。同时，利用盾构机配套的二次注浆设备及时注浆，在管片外周形成连续的封闭环，防止管片周围的地下水串通，避免喷涌。

4）盾构机选型方面，螺旋输送机选择具有土塞效应的中轴式螺杆和间断式螺杆，增加保压泵渣装置；在隧道转弯半径允许的前提下，选择双螺旋出土。在设计盾构刀盘时，优化设计好刀盘的开口率和刀具，使切削进仓的颗粒较小且均匀；同时考虑加强同步注浆和二次注浆的能力。

2. 事中控制

1）发生喷涌时停止盾构机的掘进，关闭螺旋输送机的入口和出口仓门，防止渣土从螺旋输送机处大量涌出。

2）当喷涌发生时，应及时通知测量人员加强地面监测工作，安排专人对盾构机所对应的地面位置进行全天24h巡查，发现异常及时向上级领导汇报并采取积极有效的措施控制地面沉降。

3）及时清理喷射在盾构机内的渣土和泥浆，并对渣土和泥浆的数量以及状态做好记录。

4）制定渣土改良参数，并马上执行，如果泡沫达不到要求的话，则改用加注高效聚合物和膨润土溶液进行渣土改良。

5）高效聚合物或膨润土溶液注入土仓之后，慢慢地转动刀盘 2～3min，然后打开前仓门，观察后仓门的土压，如果还是大于 0.1MPa 以上的话，则继续加入高效聚合物或膨润土溶液进行搅拌，直到后仓门的土压小于 0.1MPa 的时候，打开后仓门进行出渣恢复正常掘进。

6）通过管片进行双液二次注浆，以便尽快封堵隧道背后汇水通道。

7）做好盾构机及后配套设备的后勤保障工作，保持连续快速推进，不能因盾构机后配套设备故障而影响掘进。

3. 事后控制

1）螺旋出土器出口有大量渣土后，及时进行人工清理、运出。隧道内积水应立即抽出。

2）发生地面沉降过大的情况后，地面加密监测。隧道内盾构机土仓保压。

3）依据地面监测情况，对管片做好二次注浆工作。

4）对地面做物探扫描或开孔检查，确认有无超出土。

6.3 盾构掘进结泥饼防控要点

6.3.1 基本概念

泥饼是盾构刀盘切削下来的细小颗粒、碎屑在密封仓内和刀盘区重新聚集而成半固结或固结的块状体。泥饼的形成，轻则造成扭矩、总推力的大幅增大，推进速度减慢，刀具磨损；重则造成掘进困难，在富水地层诱发喷涌，甚至发生地表塌方和盾构机严重损坏。

6.3.2 泥饼成因分析要点

泥饼的成因分析可以从地质、盾构机选型及施工等三个方面着手，其中地质是客观自然因素，是形成泥饼的基础。

1. 地质因素

容易在盾构掘进过程中形成泥饼的地层有：可塑、硬塑状的黏土类地层、黏土质砂土地层、泥岩、泥质粉砂岩、母岩为花岗岩的残积土层、全风化岩层和强风化岩层等。根据地质常识，黏土类地层和黏土质砂土地层经"成岩作用"分别将演变为泥岩泥质粉砂岩或泥质砂岩；前者是土，后者是岩，两者土力学性质差别很大，但岩与土的矿物成分相似。

2. 盾构机选型

黏土矿物含量超过25%的各类地层仅是泥饼形成的物质基础，盾构机是否制造泥饼关键还在于盾构机选型。与泥饼形成有关的盾构机主要系统有：刀盘系统、密封仓和搅拌系统、螺旋输送机出土系统等。

盾构刀盘和刀具设计制造缺陷会导致施工掘进中泥饼的产生，其成因如表6-1所示。刀盘中心区开口率是泥岩和砂岩地层盾构掘进中结泥饼的重要因素，广州地铁采用的三菱、小松、海瑞克、威尔特等盾构机开口率多在33%～38%，可以认为33%是保证少结泥饼的开口率下限值。刀盘内的搅拌棒及辐条型式、数量也是泥饼产生的另一因素。刀具布置不合理会导致切削下的砂土块度不均、滚刀磨损，进而降低掘进和排土效率，使其产生泥饼。

盾构机刀盘、土仓、刀具、螺旋机缺陷导致泥饼生成原因　　　　表6-1

盾构机部位	泥饼生成原因
刀盘	中心区域开口率过小
刀盘	搅拌棒（包括主动、被动）数量少于6根
刀盘	刀盘辐条横截面呈方形，不够圆滑
土仓	土仓容积小于20m³，渣土临时存放能力不足
刀具	刀盘、刀具平面布置不合理，有切削不到的盲区
刀具	各型滚刀、刮刀布置高差小于20mm，层次不分明
螺旋机	取土能力不够强

3. 施工因素

从施工角度来说,"制造"泥饼的因素主要有

1)对地质条件的误判(认知问题)。

2)建立土压平衡模式并设定过高的出土压力。

3)未用或未针对性应用"渣土改良剂"等。

4)盾构机产生的高温、高热量。

5)密封仓土体饱满的情况下长时间停机。

6.3.3 防结泥饼监理要点

1. 地质研究

认真研究地质资料,是选好盾构机的基础;施工全过程现场跟踪地质条件的变化,并根据地质条件改善施工措施。

2. 盾构机选型

当隧道洞身为黏土层、黏土质砂土层、泥岩、泥质粉砂岩、花岗岩残积层、全(强)风化花岗岩等软岩类(小于30MPa)地层,并且黏土矿物含量超过25%时,盾构机选型需考虑预防结泥饼的(措施)设施,诸如:

1)刀盘系统

刀具的布置要层次清楚,其中滚刀和刮刀的高差宜大于35mm;刀盘中心区直径2.0m范围内少设或不宜设置滚刀,尽可能增大开口率,也可设置独立驱动的中心子刀盘或高出面板40cm以上的中心刀群,刀盘的扭矩也应相应增大。

2)宜设置搅拌棒,尤其是能进行注泥浆、注泡沫、注水的固定搅拌棒必须设置,位置宜设计在轴承密封圈内侧。

3)仓体的容积(即密封仓的宽度)宜设计为 $25\sim30m^3$(就直径 $5\sim7m$ 的盾构机而言)。

4)螺旋输送机的伸入长度宜超过密封仓宽度的一半以上。

5)装备有泡沫生产机、辅助气压作业和盾构机冷却设备等。泡沫类添加剂的注入渠道可通过刀盘面板和搅拌棒内注浆管路注入。

3. 施工措施

在易结泥饼的地层中掘进时,应考虑以下措施:

1)根据地质条件,有针对性地向土仓和刀盘面板适量加注高质量的泡沫、聚合物、膨润土,或其中的两种混合液甚至三种混合液等,以改善土体的和易性和流塑性。

2)掘进过程中及时判断结泥饼的情况,当掘进中出现"速度逐步降低,推力明显增大,扭矩逐渐减小"的情况时,刀盘及刀具可能已开始结泥饼,要及时采取相应措施。

3）浅埋隧道施工中，当刀盘开口率小于40%，并且地层标贯值大于20的情况下，即地层相对自稳时，设定的出土压力不宜超过主动土压，并且最好控制在0.1MPa以下，宜采用欠土压平衡模式掘进。

4）若地层稳定性较差，但隔气性较好时，宜采用辅助气压作业土压平衡模式。

5）采用冷却措施，避免土仓高温、高热。

6）避免土仓饱满时长时间停机，宜以泥浆代替部分土体充填土仓。

6.4 盾构掘进滞排防控要点

6.4.1 基本概念

盾构掘进施工在砂卵石地层、易结泥饼地层、断层破碎带地层、节理裂隙发育地层、软硬不均地层和孤石等复合地层中经常面临排渣不畅或堵塞的问题，如果处理不当，可能引发严重后果。"滞排"是指盾构掘进开挖的渣土，因为颗粒特性（相对密度、大小和形状）、盾构机排渣性能及施工控制等原因造成渣土不能随时排出或滞后排出。"滞排"现象多见于泥水盾构，在土压盾构中也有发生。

"滞排"可按照两大类因素，即滞排发生的位置和滞排渣土块的结构进行分类，如表6-2所示。

"滞排"分类　　　　　　　　　　　　　　　　　表6-2

类型		A.松散型	B.粘结型	C.挤压型	D.异物型
	a.刀盘前	Aa	Ba	Ca	Da
切削仓	b.土仓	Ab	Bb	Cb	Db
	c.泥水仓	Ac	Bc	Cc	Dc
出渣系统	d.螺旋输送机	Ad	Bd	Cd	Dd
	e.排泥管	Ae	Be	Ce	De

根据"滞排"风险发生的频率，可得出如下"滞排"风险概率矩阵，如表6-3所示。

"滞排"风险概率矩阵　　　　　　　　　　　　　表6-3

类型		A.松散型	B.粘结型	C.挤压型	D.异物型
	a.刀盘前	频繁	频繁	可能	偶尔
切削仓	b.土仓	频繁	频繁	可能	偶尔
	c.泥水仓	频繁	频繁	少见	偶尔
出渣系统	d.螺旋输送机	可能	少见	少见	偶尔
	e.排泥管	频繁	可能	少见	偶尔

6.4.2 "滞排"的成因及监理要点

"滞排"的成因有地质与环境因素、盾构机的因素和施工管理因素，解决"滞排"的总原则可归结为："破""和""排"三个方面。破，即减少大粒径岩块、泥饼或泥团的存在；和，即改善渣土和易性，防止粘结和离析；排，即改善盾构机的配置，加强施工控制，调整和改善施工参数。

1. 地质与环境因素造成的"滞排"

1）孤石和软硬不均地层中的控制要点

盾构在此地层中掘进，刀具不易破除局部存在的高强度孤石和基岩突起，刀具反而会严重损坏，引发"滞排"现象的发生。控制要点如下：

（1）采取调线调坡等措施，避开"孤石"。

（2）根据详勘查探"孤石"的位置、形态、规模和强度。

（3）优先采用地面预处理。

（4）进行地面或洞内处理后再掘进通过。

2）断裂破碎带、节理裂隙发育地层中的控制要点

盾构机在此地层中掘进，存在大量不规则和强度不均的碎石块。节理裂隙发育地层岩石崩解，形成大小不一的碎石块。如果富含地下水，喷涌现象可能同时发生。控制要点如下：

（1）可综合采用线路调线调坡、补充勘探、预处理、注浆加固、盾构机直接掘进通过和洞内进行处理等处理措施。

（2）对于喷涌，一是要加强注双液浆或用聚氨酯封堵管片外间隙；二是要添加膨润土和高分子化合物等添加剂改良渣土；三是要采用双螺旋的设备或螺旋机外接泥浆泵等措施控制喷涌。

3）易结泥饼地层的控制要点

盾构在此地层中掘进造成"滞排"的主要原因包括，地层黏粒含量较高、掘进控制不当、添加剂使用不合理、停机措施控制不当等情况。控制要点如下：

（1）检查搅拌棒设置。

（2）增大刀盘中心区的开口率。

（3）在围岩稳定地层采用半仓土掘进。

（4）注意检测渣土温度变化。

（5）有条件时可采用分散剂溶解仓内泥饼。

（6）避免土仓饱满时长时间停机，宜以泥浆或黏性差的砂土代替部分土体充填土仓。

4）砂卵石地层的控制要点

大体量的卵石和漂石刀具不易破碎，而且还会进入土（泥水）仓，导致机械损坏，

产生"滞排"。控制要点如下：

（1）在无水可以自稳的地层，应优先选择土压盾构，加大刀盘开口率，配置先行刀和刮刀。

（2）盾构选型要确保刀盘具有足够强度。

（3）泥水盾构应配置破碎机和采石箱，加强泥水循环系统能力。

2. 人工障碍物因素造成的"滞排"

人类在长期改造自然的历史过程中，在大地中留下了大量的建(构)筑物，如百年前的碑石、流木和桩，近代的钢、铁、混凝土和塑料等异物。此类异物卷入土仓并与渣土堆积成拱状，可以造成螺旋机堵塞。控制要点如下：

1）采取创新的生物法，利用黄豆注水浸泡后对塑料排水板及其拱体的胀裂作用使螺旋机脱困。

2）可考虑往土仓或螺旋机内添加膏状物（如石膏、膨润土）或纤维状物（如海带粉、锯末、稻草末），以增加渣土和易性。

3. 盾构机设备配置因素造成的"滞排"

1）刀盘的开口率

砂卵石地层中刀盘开口率太小或开口分布不均，容易在刀盘前方形成"滞排"。泥水盾构刀盘开口率过大，大渣块容易进入泥水仓形成"滞排"。控制要点如下：

（1）对于土压盾构，在无水且自稳性较好地层中，可根据螺旋机的排渣能力适当加大刀盘开口率。

（2）对于泥水盾构，根据泥浆管排渣能力控制刀盘开口率，并辅以碎石机和采石箱。

2）刀具配置

在复合地层孤石和基岩突起段，轻型滚刀、双刃滚刀或刀间距过大等都不利于破岩。卵砾石地层中，单纯靠滚刀破除大量卵砾石效率不高。控制要点如下：

（1）在复合地层孤石和基岩段，应采用重型单刃滚刀，加密刀间距。

（2）在卵砾石地层中，配置先行刀和刮刀。

（3）确保刀盘厚度足够，配置好刀盘周边刀具。

3）搅拌装置

被动搅拌棒存在盲区，无法有效控制泥饼的形成。

控制要点：加强搅拌棒和冲刷喷嘴设计，主动搅拌棒活动区域应覆盖螺旋机口或排泥口附近。

4）螺旋出土器

对于螺旋出土器出渣能力不足的情况，控制要点如下：

（1）适当加大螺旋机直径，采用带式螺带。

（2）加大螺旋机工作扭矩和脱困扭矩，螺旋机设置渣土改良剂注入口。

（3）螺旋机下入口设置闸门，螺带可以回收。

（4）在螺旋机体预留检查孔洞。

5）泥水仓泥浆口配置

排浆口的格栅网格太小，或在双仓设计（泥水仓＋气压仓）的盾构机中，渣土从刀盘到进入排浆管的路径过长，都会造成"滞排"，其控制要点如下：

（1）采用单仓（泥水仓）设计；如果采用双仓设计，将排浆管前伸靠近泥水仓。

（2）加强刀盘的破碎能力。

6）泥水循环系统配置

泥水盾构管路弯头较多，管路直径较小，没有逆循环模式，易造成"滞排"，其控制要点如下：加大循环系统能力，加大泵能力，加大泥浆流速，增加逆循环模式。

4. 施工管理控制要点

1）针对过大渣块造成的"滞排"，依据"破"的原则，控制掘进速度和贯入度，使刀具能有效地破岩，减少大块石的产生。

2）针对渣土流塑性差，依据"和"的原则，控制渣土改良，使土仓内形成塑性流动化的渣土，以维持土仓内土压与开挖面的动态平衡，既可确保开挖面的稳定，也可确保渣土和易性良好，排渣顺畅。

6.5 管片上浮防控要点

6.5.1 基本概念

1）管片上浮是指管片拼装完成后，在脱离盾构机盾尾后不能保持在盾构机尾部时的姿态，而是在受到集中应力后产生向上运动的现象。管片上浮根据时间上的区别可分为两种情况：第一种情况是管片脱离盾尾后就产生上浮；第二种情况是隧道成型后管片姿态不能稳定，持续上浮。

2）管片上浮造成的危害：一是造成盾构隧道的"侵限"；二是在管片的端面产生剪应力，造成管片的错台、开裂、破损和漏水，降低管片结构的抗压强度和抗渗压力，可能给后续运营使用造成一定的影响。

3）管片上浮具有以下特点及规律：

（1）从地层地质情况来看，管片在硬岩地层中等风化带、岩石微风化带容易上浮，且地层越硬上浮情况越严重。在上软下硬地层中引起的管片上浮也比较严重。其次，在富水砂层中和软弱地层中，管片可能发生长时间的持续上浮。

（2）从线路特征来看，在变坡点、上坡段、反坡点，尤其是在竖曲线的最低点，管片上浮比较严重。

（3）从管片上浮的速率和速度来考虑，在开始上浮的第一天，数值一般可以达到稳定值的 2/3；第二天上浮值为稳定值的 1/4 ~ 1/3；到第三天、第四天，管片就不再有上升的趋势，逐步稳定下来。

（4）管片上浮影响范围，一般是 10 ~ 15 环连续出现上浮情况。

（5）其他方面，比如注浆不饱满且水量及水压大时、上下千斤顶推力差过大时、螺栓未拧紧时、受浆液性质的影响时，都可能引起管片上浮。

6.5.2 管片上浮的原因分析

根据管片上浮的特点，可以从以下几个方面找出管片上浮的原因。

1. 同步注浆不饱满造成管片上浮

1）盾构机与管片之间存在施工空隙，如果同步注浆不饱满，使管片外侧与土层之间的间隙没有及时有效地填充，就必然出现管片上浮的空间。另外，由于同步注浆凝结时间的原因，管片有足够的上浮空间和时间，且地层越硬，管片上浮的情况越严重。

2）在软地层中，由于上部松软地层中土的自稳性差，会因为自重和施工存在空隙而下沉，从而使施工空隙基本消失，管片四周因此不能充填满注浆浆液，无法在四周形成完整稳固的注浆体，在集中应力的作用下可能发生管片上浮。

3）土层软硬不均现象，包括软硬交接面的倾斜度、长度及上覆土层情况等，都能影响管片的上浮。尤其在上软下硬地层中，管片上浮情况最为严重。由于存在相对的软硬情况，容易引起前一管片的上浮。

2. 管片在受力情况下上浮

在盾构施工中，管片在克服自重的情况下才有可能上浮，管片受力的向上分力必须大于自重，主要有以下几种情况：

1）盾构机千斤顶的推力与管片的环向轴力不平行时，向上的分力克服重力从而引起管片的上浮。另外，当盾构机千斤顶上下推力差过大时，形成的反力偶也会导致相邻各管片的上浮，将上下千斤顶的推力差控制在 0.5kN 之内为佳，否则将分别引起管片前端和后端上浮。

2）地下水的浮力。地下水位高度及土层渗透系数、地下水补给来源、隧道埋深等地层本身的状态会影响管片的上浮。

3）相邻管片之间的相互作用力。当从新拼管片传递过去的力不垂直于后一管片的环面时，也可能导致管片上浮现象的发生。

3. 隧道的线路特征

隧道的线路特征在一定程度上也会影响管片上浮，在隧道线路的变坡点、反坡点，特别是在曲线最低点，管片上浮的情况更为严重。

4. 其他影响因素

管片螺栓不紧固，未形成整体；测量不及时，措施滞后；管片选型不对等，也会引起管片上浮。管片上浮并不是只由其中一个因素独立产生的，而是多方面共同作用下的结果。

6.5.3 管片上浮监理要点

针对管片上浮的特点和管片上浮的原因，在盾构掘进过程中，监理应主要做好盾构掘进控制、同步及二次注浆控制、测量控制等方面的内容。具体控制要点如下：

1. 控制盾构机姿态

1）提醒承包商在掘进过程中尽量控制好上下千斤顶油压差及行程差，合理调整掘进参数，保证盾构机正常掘进。

2）控制好掘进速度以保证注浆浆液充填密实，特别在变坡点处，更应提醒盾构机的推进速率不应太快。

3）在上坡段掘进时，适当增大盾构机下部油缸的推力，应避免上部油缸的推力过大造成盾尾管片上浮。

4）在下坡段掘进时，适当增大盾构机上部油缸的推力，应避免下部油缸的推力过大造成盾尾管片上浮。

5）在直线段掘进时，尽量消除各组千斤顶的推力差；在均匀的地质条件下，保持所有油缸推力一致；在软硬不均匀的地层掘进时，根据不同地层断面的具体分布情况，遵循硬地层一侧推进油缸的推力和速度适当加大，软地层一侧推进油缸的推力适当减小的原则。

6）当发现管片上浮速率偏大时，应停止推进，分析管片上浮的原因，制定控制管片上浮的措施后才能继续掘进。

7）尽量减小掘进过程中盾构机对地层的扰动。

2. 控制同步注浆及二次注浆

1）浆体的质量控制要点。

（1）对浆液的设计配合比做好审核工作，配合比应经试验确定。

（2）根据不同的地层设定好浆液的初凝时间。

（3）控制好浆液配合比，保证浆液凝固后具有一定的强度，浆体28天抗压强度在2MPa以上。

（4）具有良好流动性，能充分填满管片间隙，且尽量控制好受到地下水稀释后不引起材料的离析。

（5）要求浆液收缩性小、早期强度高。

2）要求承包商及时做好同步注浆，注浆一定要及时、足量，根据规范要求，注浆量应控制在130%~180%。

3）控制好注浆顺序，壁孔注浆宜从隧道两腰开始，注完顶部再注底部，当有条件时也可多点同时进行。

4）注浆过程中，严格控制注浆压力，以防管片错台、开裂。

5）注浆完成后，应及时封闭注浆孔。

3. 控制管片测量

1）要求承包商对盾构姿态及管片状态进行测量和人工复核工作。

2）当盾构姿态及管片姿态出现较大变化时，应增加施工测量频率。

3）及时测量，做到早发现、早处理。

（1）每天必须测一次，当发现管片上浮时，要求承包商加密管片测量密度。可以每5环测一次或者每2环测一次。

（2）设立警戒值。当管片上浮的速率大于30mm/d，可视为警戒；当管片上浮的速率大于50mm/d，立即停机，实施二次注浆。

4. 其他方面控制

1）螺栓进行二次复紧，提高管片整体抗拉浮能力。可通过三次紧固来实现：在盾壳内（拼装时）进行第一次紧固；脱离盾尾后进行第二次复紧；进入1号台车前进行第三次复紧。

2）当管片处在富水砂层时，可进行抗浮设计处理。

3）做好管片选型工作，保证管片选型正确，避免因选型失误造成上浮。

第7章
特殊地层地质条件下盾构施工监理要点

本章执笔：李新明　卢　琨　郭广才

复合地层盾构施工中常会遇到一些特殊地层地质条件，包括孤石地层、岩溶地层、软硬不均地层、富水砂土层、水域条件等，在这些特殊地层地质条件下的盾构施工有其独特的施工问题和施工风险，要采取针对性的施工措施加以控制。

7.1 盾构在砂层中掘进监理要点

7.1.1 基本概念

砂层具有较大的孔隙比，多为富水地层，由于砂层的渗透系数大、粉细砂层易液化、黏性砂层流动性好等特点，因此盾构机通过该地层时，易发生地层的土力学性质变化，施工中面临如何保证高灵敏性土体稳定，如何防治高渗透性砂土中螺旋机喷涌的问题。风险应对要从盾构设备选型和盾构施工管理两方面考虑。

7.1.2 盾构施工管理监理要点

1）盾构过砂层前，监理工程师需熟悉工程的地质资料、施工图纸，督促施工单位对隧道施工影响范围内的建（构）筑物、地下管线等进行调查，必要时可对建（构）筑物、地下管线等进行鉴定。

2）盾构机需长距离过砂层或砂层上方存在建（构）筑物、地下管线时，监理工程师需要求施工单位上报专项施工方案，并对方案进行审核。

3）盾构过砂层前，监理工程师需组织施工单位对盾构机及配套设备进行检查，确保设备无故障状态进入砂层，避免盾构机在砂层中停机。具体可参照表7-1进行检查。

盾构机及配套设备的检查　　　　　　　　　　表7-1

检查项目	检查方法	检查结果	备注
刀具	根据盾构掘进的速度、推力、扭矩等参数判断刀具是否在穿越砂层前需要更换		
刀盘转动	根据盾构掘进的参数，及日常的工作状态，判断刀盘转动是否存在故障		

续表

检查项目	检查方法	检查结果	备注
主轴承密封系统	根据盾构机日常工作的状态，判断主轴承密封系统是否存在故障		
土压传感器	土压传感器显示压力是否与实际一致，若出现差异可进行校核		
外加剂注入系统	外加剂注入系统工作是否正常，管路是否通畅		
润滑油脂注入系统	润滑油脂注入系统工作是否正常，管路是否通畅		
密封油脂注入系统	密封油脂注入系统工作是否正常，管路是否通畅		
盾尾油脂注入系统	盾尾油脂注入系统工作是否正常，管路是否通畅		
管片拼装机	管片拼装机工作是否正常，是否存在故障		
铰接密封	铰接密封是否严密，是否存在漏水现象		
盾尾密封	盾尾密封是否严密，是否存在漏水、漏浆等现象		
螺旋输送机及闸门	螺旋输送机工作是否正常，前、后闸门能否关闭		
同步注浆系统	同步注浆系统工作是否正常，注浆管路是否通畅		
自动测量系统	自动测量系统工作是否正常，是否需要移站，如需移站应在盾构穿越砂层前完成		
后配套设备	后配套设备工作是否正常，是否存在故障		
电缆线	电缆线的长度是否满足一次性穿越砂层的需要		
水平运输设备	电瓶车工作是否正常，是否存在故障		
垂直运输设备	龙门吊工作是否正常，是否存在故障		
砂浆拌合站	砂浆拌合站的设备工作是否正常，能否满足盾构掘进的需要		

检查意见：　　　　　签名：　　　　　　　　日期

注：检测中若设备存在故障或工作不正常，必须在盾构机进入砂层前进行维护和修理。

7.1.3 土压盾构过砂层掘进监理要点

1. 不同地层组合的掘进监理要点

1）隧道上部为砂层的掘进控制

土压盾构在这种地层条件下掘进时，刀盘转速和推力应控制得当，建立稍高的土压，不可对上覆砂层造成过大扰动或击穿较薄隔水层。同时，严格精确地控制出土量。在监理过程中，监理工程师应按以下要点进行监理：

（1）土仓压力控制：土仓中部的压力应该保持稍高于侧向水土压力，土仓压力的变化控制在 ±0.03MPa，一环掘进结束时为防止拼装管片发生土压下降，可将土仓压力提高 0.03MPa。

（2）刀盘转速控制：刀盘转速过快会对地层造成扰动，一般可将刀盘转速控制在 1~1.5r/min，在掘进速度相同的情况下可减少刀盘对土体的扰动次数，从而减少地面沉降。

（3）掘进速度控制：盾构在该种地层条件下掘进以快速平稳通过为原则，推进速度应尽量保持平稳，在条件允许的情况下将其控制在 30mm/min，保持匀速推进，避免刀盘转动时间过长而造成上部砂层坍塌。

（4）掘进姿态控制：盾构机在过砂层时姿态应控制在 ±50mm 以内，并使姿态保持平稳，尽量避免进行频繁的纠偏量较大的纠偏操作以减少对地层的扰动，从而减少上部砂层的坍塌可能。当盾构机处于上部砂层下部岩层的地层条件时，盾构机的垂直姿态应控制在 –20mm 左右，防止盾构机出现垂直姿态超限（即盾构机出现抬头现象）。

（5）盾构出土控制：盾构机过砂层时必须严格控制出土量。理论出土量可根据 $V=3.14 \times R^2 \times L \times K$（式中：$V$ 为理论出土量，R 为盾构机刀盘切削半径，L 为掘进一环的长度，K 为渣土松散系数）进行计算，按照盾构机千斤顶单位行程来进行出土控制，防止因多出土而引起地表塌陷。

（6）管片背后注浆控制：饱满的管片背后注浆可以有效地控制地表沉降。盾构过砂层时，注浆需利用注浆量和注浆压力进行双向控制。由于砂层渗透性好，同步注浆的浆液应选择初凝时间较短的硬性浆液（即提高浆液中水泥的含量），注浆量控制在理论空隙量的 130%~180%，一般取 180% 进行控制，可根据地层情况进行适当调整。对直径 6280mm 的盾构机，注浆压力应控制在 0.3~0.5MPa，最大不超过 0.5MPa，防止因注浆压力过大造成管片错台。对于脱出盾尾的管片须及时进行二次补充注浆，防止管片出现上浮现象。

（7）密封系统管理：盾构机过砂层时需加强各密封系统密封油脂的注入量，保证各密封系统能够高效工作。盾构机三大密封系统包括：主轴承、铰接密封和盾尾密封。

（8）外加剂的使用：盾构机掘进中要合理选择外加剂，加强渣土的改良，使其具有良好的流动性和可塑性，可有效地防止喷涌、结泥饼、出土困难等现象的发生。

2）全断面砂层中的掘进控制

全断面砂层土压盾构掘进，实际上是一种均一地质环境条件下的盾构施工，掘进控制与上述地层类似。所不同的是：

（1）若砂层含水量高，掌子面透水性好，水头压力大，主要是防止螺旋机的喷涌；若砂层含水量少，甚至是无水砂层（如铁板砂），则主要是防止螺旋机出现出土困难、刀盘扭矩及盾构机推力增大等问题。因此，要选择合适的外加剂，以便改良砂层的和易性，使开挖面形成均质、流动性好的塑性流动体。

（2）在该种地层条件掘进时，盾构机的姿态应控制在 ±30mm 左右，砂层含水量较高时，可将盾构机的姿态控制在 –20mm 左右，防止因管片出现上浮而导致管片姿态超限，做好同步注浆，及时进行二次注浆。

2. 渣土改良监理要点

1）渣土应具备的性质

土压盾构能否在砂层中顺利施工，渣土改良是至关重要的。土压盾构过砂层必须使用外加剂对开挖土体进行改良，使之接近理想状态，应该满足：

（1）不易固结排水，不易"结饼"，尤其是上部砂层下部残积土地层。

（2）土体处于流塑状态，易于压力传递，易于搅拌，尤其是中粗砂层。

（3）土体具有不透水性，不发生"喷涌"，尤其是上覆砂层或上部砂层下部岩层。

2）常见外加剂的特性及适用地层

（1）膨润土：适合细粒含量少的砂土。对于细粒含量少的砂土地层，为了使开挖下来的渣土具有一定的流动性和止水性，保证盾构机的正常推进，盾构机压力仓内的土体必须保证一定含量的微细颗粒，这种微细颗粒的含量应该在30%以上。所以，膨润土泥浆适用于细料含量少的中粗砂土、砂砾土、卵石、漂石等地层，主要原因是膨润土泥浆能够补充砂砾土中相对缺乏的微细粒含量，提高和易性、级配性，从而可以提高其止水性。

（2）泡沫：适合颗粒级配相对良好的砂土。对于颗粒级配良好的砂土，其粒径分布范围较广，而泡沫本身的尺寸也不均一，这样更容易落到土粒间的孔隙中和土颗粒接触更紧密。在级配相对良好的砂土中，因为泡沫会和土体颗粒结合得更完整和致密，能更充分地置换砂土中的孔隙水进而填充原来的孔隙，所以容易形成更多封闭的泡沫。正是由于大量封闭泡沫的存在，才使得砂土的渗透系数降低，止水性增强。

（3）高分子材料：适用于黏土、淤泥及泥质砂层类，它附着于黏土和淤泥及泥质砂层的表面，形成非常黏稠的保护膜，使其提高挖掘土塑性流动，从而提高止水效果。高分子材料对于砂层有提高塑性和止水效果，对于黏性土层可防止刀盘前及土仓内结泥饼现象。加入适量高分子材料后，渣土保水性好，使其排土顺畅。所以，高分子材料适用于软弱地层盾构掘进。需要注意的是：对水＋砂的混合料掺入高分子材料没有明显效果。盾构掘进过程中，土仓中适当的黏土比例对注入高分子材料的效果是有正面影响的。

3）在各类砂层中使用外加剂需要注意的几个问题

（1）在推进或停机过程中，需排除由于存在泡沫导致土仓内气压增大、出现"虚土压"效应的情况，否则，达不到真正的土压平衡掘进，容易导致掌子面失稳，继而出土量超限，地表沉降加剧。

（2）含水量大的砂层，应适当降低泡沫的发泡倍率（FER=10~12，即泡沫不能太稀），否则因为泡沫的表面张力降低会降低其稳定性，即提前破灭。

（3）若断面内砂层颗粒较粗且级配不连续，即细颗粒缺失时，应考虑向仓内添加膨润土泥浆。膨润土浆液按照膨润土:水＝1:10（质量比）配制，注入量为10%~15%。

（4）高分子材料的浓度和注入比例主要依据砂层的含水量以及掌子面内的黏粒粉粒总含量来进行调整。若含水量大，黏粒粉粒含量低，则相应地增加浓度与注入比例。如中粗砂层：浓度 2‰ ~ 3‰，注入率 15% ~ 40%；粉细砂层或存在残积土层：浓度 0.3‰~ 1‰，注入率 8% ~ 10%。

3. 监测及测量监理要点

1）盾构在砂层中掘进时，要对地表及施工影响范围内的建（构）筑物进行监测，监测点的布设、监测频率必须严格按照施工图纸要求进行，同时监理工程师要对监测数据进行分析，出现异常情况要及时督促施工单位采取措施进行处理。

2）在砂层中掘进时，由于地层的特性，隧道成型管片易出现椭变、上浮等现象，因此应加强对成型管片姿态的测量，出现异常变化需及时督促施工单位采取措施进行处理。

7.2 软硬不均地层盾构掘进监理要点

7.2.1 基本概念

软硬不均地层，顾名思义，就是在盾构隧道范围内存在明显分界的两类或多类地层，且下部地层比上部地层或左右两侧地层的强度等级大较多的一种特殊地质地层，强度相差几十兆帕甚至一百多兆帕。软硬不均地层以上软下硬最为典型，既有砂层、软土层、软岩等地层的不稳定性，又有硬岩的强度。在盾构机推进过程中，刀盘切削掌子面土体上部软地层较易进入盾构土仓，而下部较硬岩体不易破碎，盾构机姿态较难控制，就会出现姿态超限，管片错台、碎裂等质量问题。

7.2.2 盾构掘进前监理要点

1）在盾构区间始发前，要详细掌握该区间地质情况，根据地层，提醒、监督承包商配置适宜该地层的刀具，以减小中途更换刀具的风险。

2）为了准确掌握地层情况，在盾构机到达该地层前，根据地质勘察资料监督承包商加密补勘，特别断面要特别对待，岩层变化较大时，每个断面可设置 3 个钻孔，尽量准确探明上软下硬地层的软硬分界面、硬岩侵入隧道的起伏情况、是否存在孤石等，以便选择合适的参数。钻孔完成后要进行封堵，封堵要密实，以防影响盾构机保压。

3）审核承包商绘制的加密地质剖面图、断面图，结合设计图纸、隧道线路讨论掘进参数，根据情况，必要时（情况复杂时）要求承包商上报专项的盾构掘进方案。

4）在进入该地段前，监督承包商检查、复核测量系统，校核及调整盾构机姿态，加强注浆稳定管片，以保证先期隧道的稳定。

5）监督检查盾构机主要设备、部件的运行状况，做好维修保养及调整，特别是盾构机铰接系统的运行状况，其是否能正常使用和能否达到设计的最大铰接拉力及行程将直接影响盾构纠偏的效果。

6）核实现场准备的应急物资，如地面沉降较大、塌陷、隧道管片位移、碎裂、姿态超限、刀具更换（非计划性）等问题而引发的物资使用和后续处理，尽量减少盾构机停机。

7）在开始进入此类区域时，要引起足够的重视，在承包商针对此类地层进行详细的技术交底时，交底内容要有针对性和警觉性，发现问题、出现异常时要及时上报，与各方讨论处理措施，严禁私自做出处理或纠偏，以免问题恶化而失去控制。交底全过程监理必须旁站。

8）在开始掘进此地层时，最好能提前调整盾构机使其具有下潜的趋势，垂直姿态根据地层情况保持在 –30mm 左右，以便能够在不超限的情况下调整好盾构机姿态。

9）检查地面沉降控制点是否按设计和方案布设，其沉降点的设置能否结合地质情况及时并真实地反映出地面沉降、塌陷等异常。

7.2.3　盾构掘进过程监理要点

1. 盾构推力控制

1）在上软下硬地段掘进时，刀盘和刀具的受力是不均匀的。硬岩部位受的力较大，如果推力过大，势必造成部分刀具提前破坏甚至刀座变形、刀盘变形等。

2）根据以往盾构施工在上软下硬地段的掘进情况和刀具等破坏情况的总结，最大推力用下式可得：$P=mT$（m 为硬岩范围内的滚刀数量；T 为每把滚刀能承受的最大力），结合地层情况计算，盾构机掘进推力不宜超过此公式计算的 P 值。

2. 刀盘转速

在上软下硬地层中掘进时，刀盘转速不宜过快，最好是匀速地慢慢向前推进，刀盘转速控制在 1.6r/min 为宜，实际工作中要结合掘进速度、刀具损坏情况作调整。

3. 刀具贯入度

1）在上软下硬地层段掘进，防止刀具非正常损坏和发生偏磨是控制重点，一般情况下，刀具贯入度不大于 5mm/r。

2）在掘进过程中，要随时掌握渣土情况及刀盘磨切声响，出现异响或异常要及时作出处理，以防刀具损坏。

4. 切口压力

在掘进过程中，土仓压力（切口压力）应根据盾构机埋深和相关物理参数等计算决定，但在上软下硬地段中掘进时，掘进速度慢，扭矩较大，保持真正的土压平衡比较困难，可采用气压平衡模式掘进，关键是要保持土仓压力平稳，减少异常波动，要严格借助地面沉降情况适时调整切口压力。

5. 掘进速度

盾构掘进速度是根据盾构推力和刀具贯入度决定的，不宜过快，一般在此类地层中不宜超过 10mm/min，最好能够控制在 5mm/min 左右。

6. 刀盘扭矩

1）由于局部存在的硬岩和受力不均对刀具的磨损很严重，应减少刀具在连续工作时受到的冲击力以保护刀具，刀盘扭矩是刀具在受到冲击力后的直接体现，可以降低刀盘扭矩以求得在现有刀具条件下的最佳掘进效果。在软硬不均的上软下硬地层中，对直径 6280mm 的盾构机，刀盘扭矩最大值不宜超过 1600kN·m。

2）由于刀具和软硬不均地层岩面做周期性碰撞，刀盘振动很大，要加强观察刀盘扭矩变化和仔细聆听刀盘声音，防止刀盘被卡死或出现意外。

7. 出土量控制

1）土压平衡盾构机相对泥水平衡盾构机的出土量控制较为直观，可以通过渣斗车来衡量、螺旋输送机转速来控制。

2）泥水平衡盾构机就要通过量测、计算等辅助手段掌握其干砂量，以确定软土部位是否超挖或塌陷。

8. 同步注浆、二次注浆

1）盾构机在上软下硬地层中掘进时，同步注浆以压力控制为主，由于地层稳定性差，地层在延迟注浆的时间内可能发生坍塌，注浆量可能有所减少，但注浆压力不应小于 0.35MPa。

2）注浆位置根据隧道管片姿态和盾构机姿态进行选择，如管片有上浮现象，则选择顶部两个注浆管进行注浆，而且管片二次补浆要同时跟进（注浆环数与掘进环数间隔 4~5 环），以便进一步稳定管片，保证后续隧道掘进。

9. 盾构机姿态控制

1）上软下硬地层中的盾构机姿态控制是关键，掘进时，极易发生盾构机垂直姿态上浮，如控制措施失妥，就会发生盾构机垂直姿态超限而失去控制，严重者造成管片碎裂、盾尾卡死、隧道报废等。

2）进入该地段初期就要调整好盾构机趋势，建议盾体最好能有下潜的趋势，以保证盾构机在掘进过程中能很好地切削下部较硬岩层，在一定程度上减少刀具对底部岩层切削不足而引起盾体逐步上滑。最好能在不超限的情况下，适当创造一定的调整范围（进入上软下硬地层时盾构机垂直姿态调整至 -30mm 左右）。

3）当刀盘接近上软下硬分界岩面时，如果盾体趋势与分界面线相一致，或边缘刀具不能切入底部岩层中时，盾构机就会随着岩面运动，姿态就会出现超限。建议在掘进初期，在开始（切削）超挖底部岩层时，要有足够的下潜力量，结合姿态的变化和各参数，分析得出最佳的参数配置。

10. 推进千斤顶分区油压、行程差

盾构机在上软下硬地层中掘进时，每掘进一段时间（或每掘进 50mm、100mm）

就要计算一次实际行程差,以复核盾构机姿态及趋势的变化,根据异常情况及时调整分区油压等参数,以稳定盾构机的三维变化而满足设计线路要求,要对细微的参数变化作出反应。

11. 盾构铰接控制

1)不管盾构机配置的是主动铰接还是被动铰接,在日常掘进过程中,宜采取不开铰接、处于回收状态下掘进,一般的小量姿态调整、纠偏也不需要打开铰接。

2)当盾构机姿态出现大的偏差或失控时,在纠偏过程中就必须使用铰接,而且铰接拉力和推进千斤顶的力量要足以拖动盾尾而不出现盾尾卡死现象,必要时可借助外加千斤顶使盾尾脱困,否则将出现姿态严重超限、管片损坏。

3)为了建立铰接行程差趋势,而不使铰接反复伸缩时,则需要更换刚性铰接,以稳定盾体夹角。

12. 渣土状态及温度

1)为更好地控制土仓压力,增大土仓内渣土的止水性等,应采取措施保持泡沫系统工作状况良好,并及时添加泡沫剂,使渣土具有很好的软流塑性,同时改善仓内及渣土温度。

2)当掌子面地层渗透性很好时,则需向土仓内添加膨润土等改良渣土,以防止发生喷涌。

3)渣土温度过高,存在以下几种可能:刀盘中心或滚刀等已形成泥饼;刀具严重损坏;泡沫剂添加系统故障等。要严密监视渣土情况,及时采取措施。一般情况下,渣土温度过高应立即停止掘进。

4)在上软下硬地层中如存在黏土或泥质岩系,土压平衡盾构机必须加强渣土的改良,确保刀具不发生偏磨。泥水平衡盾构机则要调整泥浆参数、加强刀具冲洗和泥浆循环来减少泥饼的形成,但是不能长时间反复洗仓,否则易发生上部地层的失稳而引发地面坍塌。

13. 管片拼装监理

管片拼装过程中,监督其做好管片清洗,检查止水条、衬垫的粘贴牢固情况等,要严格控制管片错台,提醒、监督承包商做好管片螺栓复紧。

14. 管片的选型

1)在上软下硬地层中,盾构机姿态极易发生上浮,所以在加强掘进参数控制的同时也要加强管片选型的监督,以防一次错误的管片选型,引发盾构机姿态的恶化,给纠偏造成困难。

2)在管片选型过程中,监理要收集数据,如盾尾间隙、推进千斤顶行程差、铰接行程等,结合盾构机姿态和隧道设计线路,提出意见供承包商参考,如出现较大出入或非常时期,则需上报领导并经过讨论确定。

7.2.4 盾构通过后监理要点

在盾构通过后，监理仍需对隧道管片及地面沉降情况进行关注，使隧道及时稳定或作出后续处理。

1. 管片姿态测量

盾构掘进过程中，每日需对管片进行人工姿态测量，用以比较掌握盾构机姿态及调整参数。在上软下硬等特殊地层中掘进时，盾构机姿态相对难以控制，隧道管片易出现上浮，所以要加密管片姿态的测量次数，必要时，每环均测量，以便及时调整盾构机掘进参数和姿态。同时，经过多次测量数据的比较，检查隧道是否稳定、是否需要补充注浆。

2. 管片补浆

管片补浆是在同步及二次注浆后，由于隧道仍未稳定，需要进行补充加固，以稳定隧道管片。对于上软下硬地层，要重点加强隧道上半部注浆质量和效果。

3. 地面后期沉降监测

对于上软下硬地层，结合地面建筑物、管线等实际情况，在盾构通过后，仍需对地面及建筑物进行监测，观察其后期是否仍有异常变化，以便作出妥善处理。

4. 管片错台、渗漏修补

1）如果出现姿态异常，管片错台数量必然增加，大的错台就会引起管片崩角、碎裂、渗漏等，影响隧道质量和增加隧道修补量。而较小的错台在管片拼装过程中则可以避免，这就需要加大监督的力度，每拼装一块管片就要检查其接缝平整度，及时进行调整，并要求承包商增加管片螺栓复紧次数，这在很大程度上可以减少管片错台。

2）后期的盾构掘进、隧道变形和注浆压力引起的管片错台，是一个连锁反应，需要加强对每一工序、技术措施的监理，如均按要求做到位，就可相对避免管片错台和渗漏。而因较大的姿态异常，在管片拼装时就造成了错台，则只能在后期注浆过程中加强止水封闭，必要时增加管片连接、固定和补强等。

7.3 孤石区盾构掘进监理要点

7.3.1 基本概念

在花岗岩全、强风化地层中经常遇到球状风化体——中风化或微风化花岗岩残留体，俗称孤石，是花岗岩岩体风化过程中一种特有的地质现象。灰岩、砂岩地层也有少量孤石出现。

7.3.2 盾构掘进遇"孤石"的施工风险

1）由于孤石形状大小各异、强度不一、整体性好，盾构机难以将其破碎，施工过程中由于瞬间荷载突然加大，导致掘进非常困难并频繁卡刀盘。

2）盾构机姿态难以控制。

3）刀具磨损非常严重，刀座、刀盘变形严重。

4）更换刀具困难，特别是当隧道周边围岩不稳定，且通过建（构）筑物或地面埋深太大时，地面不具备加固条件的情况时问题更严重。

5）对地层扰动大，对保护地面建（构）筑物不利。

6）处理速度慢，严重影响施工进度，花费成本较高。

7.3.3 孤石的探查方法，预处理与后处理方法

1）目前，孤石的主要探查方法有：地质测绘、钻孔、物探、试验和超高密度电法探测等方法。

2）孤石、基岩的预处理方法

目前常用的孤石和基岩的预处理方法如表 7-2 所示。

孤石、基岩的预处理方法 表 7-2

处理方法	适用范围	效果	安全性
冲孔处理	适合孤石处理和基岩处理，且地面具备施工条件，岩石界面不超过隧道一半	处理效率较低，处理效果较好，处理后的残余岩体或孤石对盾构施工基本无影响	安全性高
人工挖竖井处理	适合孤石和小范围基岩处理，对地面环境条件要求较小。但竖井需穿砂层的位置，需谨慎使用	处理彻底，但效率太低	安全性较低
爆破处理	周边无重要建（构）筑物，并与居民距离较远。适合大范围基岩的处理	处理速度快，处理后残余石块较多，对盾构施工仍有一定的影响	安全性较低

3）孤石、基岩的后处理方法

目前常用的孤石和基岩的后处理方法如表 7-3 所示。

孤石、基岩的后处理方法 表 7-3

处理方法		适用范围	效果	安全性
盾构直接通过		适合极少量孤石处理	处理速度一般，但对盾构机有较大程度的损坏	安全性高
盾构开仓处理	人工清除刀盘前方孤石	适合掌子面稳定性强且孤石较少的情况	处理速度较慢，处理效果一般	安全性低
	仓内静态爆破	适合掌子面稳定情况较好，孤石较大的情况	处理速度较快，处理效果一般。对盾构施工仍有一定的影响	安全性较低
	仓内炸药爆破	适合掌子面稳定情况较好，孤石特别大或多的情况	处理速度较快，处理效果一般。对盾构施工仍有一定的影响	安全性低

7.3.4 监理工作控制要点

在所处项目工程的地质条件下遇到孤石，在施工前及施工过程中监理工作控制要点如下：

1）严格审查承包商上报的孤石处理方案、爆破方案、带压进仓方案，确保单位资质、人员资质、处理方法、处理设备、技术措施、安全措施和应急预案等满足施工要求。

2）在详勘过程中就发现有孤石存在时，可建议承包商在始发前针对孤石对盾构机进行改造（如对刀盘进行堆焊加耐磨条、增加刀箱的保护刀、改进注泥系统、改进保压系统等）。

3）由于孤石存在的条件一般多为花岗岩全风化层及花岗岩残积土层，利用这一特性可要求承包商加密渣土检查频率，尽早发现渣土中存在的孤石碎样，以做到早发现、早采取措施、早处理，避免孤石对刀盘的破坏和对地层的影响。

4）要求承包商在掘进过程中时刻注意土仓内的压力变化情况和渣土排放情况，当发现压力变化和排土异常时，应及时停机查找原因后才能继续掘进。

5）鉴于盾构在花岗岩残积土中掘进的通病，要求承包商时常在土仓隔板处检查土仓温度变化情况及仓内运转动作和声响，尽早发现刀盘结泥饼和孤石下落损伤刀具等危害盾构掘进的不利状况。

6）可建议承包商在闸门前的皮带机运输带上方安装磁铁，以尽可能提前发现掘进过程中孤石对刀具损伤的碎片，进而避免孤石对刀盘造成进一步的破坏。

7）遇到未查明的孤石，当孤石相对较大时，可采用低转速进行掘进，尽可能在原位置把孤石破裂收进土仓；当孤石相对较小时，可采用低转速、小推力的掘进方式进行施工，利用孤石滑移时的阻力在动态中破除孤石。

8）无论是地面处理还是洞内处理，其施工风险相对较大，监理人员均应做好旁站及加强巡视检查工作。

9）当孤石较多，但体积不大、强度较低时，可提前对孤石群进行加固，将其固结为整体，然后盾构机破除通过。

10）对于单个或多个大体积孤石，且强度较高时，应提前进行预处理。

7.3.5 "孤石"处理监理要点

目前常使用的处理办法主要有提前预处理及洞内后处理两种方式。提前预处理包括：地面钻探地下爆破破岩、人工挖孔桩破岩及冲孔桩破岩等；洞内后处理包括：人工破岩、盾构机破岩等方法。

1. 提前预处理

1）应根据详勘资料，对于既有勘察已揭示到孤石的部位，采用加密钻探的方式摸查孤石，尽量探明孤石存在的位置、范围、数量、大小及其强度。

2）针对已探明大小和位置的孤石，需结合实际工作环境制定有针对性的处理方案。

3）地面钻探地下爆破破岩，通过钻探放炮将坚硬完整的花岗岩球状风化体崩碎，即通过人为的方法改变开挖面的岩土性质，从而便于盾构破岩。该处理方式效果难以确认，如岩块体积较大，依然会产生"孤石"类似的危害。

4）在人工挖孔前，沿孤石处理范围周边先进行双重管帷幕注浆，以切断开挖范围与外界的水力联系，为人工挖孔桩安全施工创造有利条件。把孤石周边的土层或岩层挖除后，将影响盾构掘进施工的孤石用膨胀剂或静力破碎机破成小块后取出，然后回填C10低强度等级的混凝土。优点：对孤石破除效果有保障，对周边环境影响小。缺点：作业较复杂，孔内施工作业条件差，施工安全性差，而且桩与桩之间的残留孤石难以处理。

5）冲孔桩破岩，对环境影响大，易塌孔、卡钻。

2. 洞内后处理

在盾构掘进过程中遇到未探明的孤石，应加强科学判断，在掘进过程中通过观察盾构机掘进的异常情况以及掘进参数的异常变化（如推力、扭矩突然增大，盾构机有异常响声等），来判断是否碰上球状风化岩体。并勤检查、勤更换刀具，确保盾构机状态良好。

如遇到孤石，应根据地层情况判定采用常压还是气压进行处理。

1）对RQD值小于25%的孤石或孤石周围地层较好能够使其在盾构机刀盘转动时不随之发生转动的孤石，则现有的复合式盾构机可以克服；但掘进过程中应严格控制盾构机掘进参数，刀盘低转速，慢速掘进。

2）对强度较高、RQD值大于25%的不能通过盾构机直接破除的孤石，应停止推进并锁定千斤顶，防止盾构后退，然后采取措施进行处理。

3）若前方土体自稳性好，则先清空土仓泥土并建立气压平衡，然后组织作业人员通过人闸进入土仓内，采用破岩机械或静态爆破等方法对孤石进行破碎。

4）压气作业条件下人工破除孤石，监理工程师应严格按照气压作业流程，确保作业人员安全。

5）若前方土体自稳性较差，则采取先超前注浆、地面土体加固等方法进行处理后，再进入土仓进行处理。

7.4 溶（土）洞区段盾构施工监理要点

7.4.1 盾构隧道周边溶（土）洞处理原则

溶（土）洞对建筑结构稳定有较大的影响，对盾构施工也有较大的影响，容易发生"喷涌""盾构栽头"，甚至更大的溶（土）洞可以使整个盾构机下沉淹没，施工前必须预处理。以广州地区为例，探测、处理和检测原则如下：

1. 探测与处理原则

1）以详勘发现的溶洞为中心点，外扩以 2m 为单位，梅花形布设钻孔，探查溶（土）洞的边界。

2）盾构隧道边缘外 5m 范围内，距隧道底板 10m（10m 的厚度不包括该范围内砂层的厚度）以内的溶（土）洞要进行处理。

3）先进行地面处理，后盾构掘进。

4）对需处理的溶（土）洞，采取填充、压密的方法处理，根据填充状态采取不同的处理工艺；若为未填充和半填充的大于 2m 以上溶（土）洞，先进行投砂（吹砂）填充；其他溶（土）洞采用注浆花管进行注浆填充处理。

5）对溶（土）洞填充效果进行检测。

2. 检测要求

1）检测数量

注浆加固处理之后，按注浆孔数的 1% 随机钻孔抽芯，以抗压试验为主、抽水试验为辅；如果溶洞填充物为砂层，应做渗透系数试验。

2）检测标准

隧道周边加固范围：试块无侧限抗压强度 ≥ 0.3MPa；隧道中心加固范围：试块无侧限抗压强度 ≥ 0.5MPa；渗透系数 ≤ 1.0×10^{-7}cm/s。判定检测结果是否符合设计要求或达到预期的处理效果。

3. 检测原则

具体的溶（土）洞处理范围和处理方式及检测标准均以设计蓝图为准。

7.4.2 事前监理

1. 探明溶（土）洞

为保证盾构机施工安全，在施工前，必须切实探明溶（土）洞的分布、规模、填充状况及与地表水和地下水的联系情况，应有以钻探为主、多种方法综合运用的探测方案。

2. 管片设计

要求设计对溶（土）洞区域管片进行单独核算，并在盾构隧道管片上预留注浆管，为后期注浆提供条件。

3. 盾构机选型及配置

详见"2.5.4 溶（土）洞区段中盾构机选型控制要点"的内容。

4. 审查施工方案和应急预案

具体审查要点有：

1）盾构机进入溶（土）洞区域前的维修保养计划和项目；如维修保养时间安排、铰接密封和盾尾密封的现状检查及维修保养情况，能否满足安全通过溶（土）洞区域盾构机施工的要求。

2）过溶（土）洞区域专项施工方案和安全应急预案审批程序是否符合要求。

3）上述两个方案均要经施工单位（投标人）技术负责人审批，并附有外部专家审查意见，报驻地监理部审查，经总监和业主审批后方能施工。

7.4.3 事中监理

1. 掘进模式监理

岩溶地层中掘进模式为土压动态平衡模式，当出现土仓压力突然下降或盾构姿态出现下栽趋势时，立即停止盾构推进并停止出土，转动刀盘并反转螺旋机，使土仓和螺旋机内的渣土经刀盘开口充分回填可能揭露的溶洞空间。若土仓压力继续下降时，立即向掌子面注入黏土和添加剂、泡沫，直至恢复土仓压力。必要时，采用盾构机上的注浆泵向掌子面注浆，并每间隔2h转动刀盘，待砂浆有一定强度，建立起土压平衡后，恢复正常掘进，确保地面建筑物及盾构机的安全。

2. 盾构机掘进参数的选择和监理

1）断面软硬不均掘进参数的选择和监理

在岩溶地层中遇到软硬不均时，会造成阻力不一致，刀盘受力不均。因此，要控制土仓压力、推进速度、总推力、排土量、刀盘转速和扭矩、注浆压力和注浆量之间的关系，保持盾构机缓慢平稳推进。如果刀盘转速过快，很容易损伤刀具；如果推进速度过快，刀具贯入量大，很容易卡住刀盘。

对直径6280mm的盾构机而言，一般情况下，控制土仓压力0.05~0.11MPa；转速1~1.5r/min；贯入量10mm/r左右；扭矩2500~3200kN·m；总推力10000~13000kN。

2）断面相对均一地层掘进参数的控制

在岩溶地层中的软硬较均匀地层中，一种是全断面是软地层，另一种是全断面是比较硬的地层。对于全断面是软地层时，盾构掘进遇到全断面溶洞，应将位于隧道底部的溶洞列为关注的重点。当盾构接近和通过这些孔位时，要高度关注掘进参数的变化情况，保持盾构通过的上挑姿态，提高土仓压力使其稍高于开挖面的水土压力，可使地面略有隆起（不大于5mm）以控制开挖面的应力释放，若土仓压力突然下降或盾构姿态出现下栽趋势时，立即停止掘进并停止螺旋机出土，立即向掌子面注入黏土和添加剂、泡沫，直至恢复土仓压力。

3. 渣样分析和管理监理要点

1）根据详勘资料，盾构机进入溶（土）洞区域前10m，每环的最后一斗渣要取渣样，分析实际地质是否与详勘地质资料一致。若不一致，要根据地表监测数据和渣样情况，优化掘进参数，尤其是土仓压力和掘进速度；若一致，按照已定的掘进参数进行掘进。

2）盾构掘进过程中，当土仓压力突然下降或盾构姿态出现下栽趋势时，立即停止盾构推进并停止出土，并在最后一斗渣中取样进行分析，查看渣样中是否含有溶（土）洞中填充物或溶（土）洞处理的混凝土块，若渣样中含有溶（土）洞中填充物但是没有溶（土）洞处理的混凝土块，判断该溶（土）洞处理效果不理想，采用盾构机内超前地质钻探机对前方地层情况进行进一步探明，并组织业主、承包商、设计等参建各方开会确定下一步施工方案，督促承包商认真按照会议确定的施工方案进行施工。

3）渣样分析和管理控制要点如表7-4所示。

渣样分析和管理控制要点 表7-4

序号	异常情况	取样点	渣样成分	控制和管理要点	备注
1	无	每环取渣样	与地质资料一致	每环出渣量大于60～65m³，可能隧道上方或掌子面前方有坍塌	以掘进（φ6280mm）每环1.5m为例，其他以每环出渣实际量乘以松散系数确定
				每环出渣量小于60～65m³，可能遇到小溶（土）洞	
2	无	进入溶（土）洞区域前10m，每环的最后一斗渣取样	与详勘地质资料一致	地表监测信息	正常掘进
			与详勘地质资料不一致	地表监测信息、土仓压力、掘进速度、注浆量	及时调整盾构掘进参数
3	无	进入溶（土）洞区域，每环取渣样	渣样中含有溶（土）洞中填充物和有溶（土）洞处理的混凝土块	地表监测信息、土仓压力、掘进速度、注浆量	
			渣样中含有溶（土）洞中填充物，没有溶（土）洞处理的混凝土块	1）立即停止盾构推进并停止出土；2）组织业主、承包商、设计等参建各方开会确定下一步施工方案	1）盾构机内超前地质钻探机对前方地层情况进一步进行探明；2）督促承包商认真按照会议确定的施工方案进行施工
4	当土仓压力突然下降或盾构姿态出现下栽趋势时	在最后一斗渣中取样	渣样中含有溶（土）洞中填充物，没有溶（土）洞处理的混凝土块		

4. 溶（土）洞地层中管片拼装监理要点

1）需根据盾构机姿态调整千斤顶编组和开挖面阻力来控制偏差。

2）在确定千斤顶编组时，应停开与盾构偏离方位相反处的几个千斤顶，但在满足纠偏量限制的前提下，停开的千斤顶应尽可能减少。

5. 溶（土）洞地层中注浆监理要点

为控制地表沉降，必须将盾尾与衬砌之间的建筑空间及时注浆充填，同时改善隧道衬砌的受力状态，增强衬砌的防水性能。因此，以同步注浆为主、二次注浆为辅的注浆作业已成为盾构施工的关键工序。

1）同步注浆

（1）在岩溶地层中，以注浆压力控制注浆量。注浆压力主要取决于地层阻力，但与浆液特性、土仓压力、设备性能、管片强度也有关系。

（2）注浆压力通常为 0.1~0.3 MPa，具体值必须结合管片设计、地层埋深和地面沉降监测分析数据来确定。如果地层自稳性好，地下水压小，则以计算的注浆量进行控制，一般计算的注浆量为建筑空间体积的 110%~180%。

2）二次注浆

（1）二次注浆作为同步注浆的补充，起到加强注浆效果的作用。

（2）同步注浆结束后，浆液在凝固的过程中会有一定的体积缩小，还有因浆液发生流失、局部溶（土）洞预注浆效果不佳等因素会造成在管片背面形成空腔。用二次注浆及时填充这些空腔，能有效控制地面后期沉降。

（3）水大时，二次注浆浆液采用水泥、水玻璃双液浆，在管片背后形成止水环，阻止隧道衬砌壁后水汇流至刀盘，改善开挖条件，提高隧道防水效果。

（4）要避免单点超压注浆，以减少衬砌环的不均匀施工荷载。

6. 盾构机掘进姿态监理要点

1）盾构机刀盘切削面地层软硬不均，方向不容易控制。对每环掘进拼装按照给定的容许偏差值进行控制，当接近偏差值时及时调整，纠正于微小偏差之时。

2）掘进过程中保持盾构机头上仰的正确姿态，禁止急纠和猛纠。

3）做好管片同步注浆和二次注浆。

7. 盾构隧道环境监理量测要点

盾构隧道环境监理量测要点如表 7-5 所示。

环境监理量测要点列表　　表 7-5

序号	控制点名称	控制事项及检查方法	备注
1	沉降速率	分析	与设计和规范要求的速率比较
2	累计值	分析	与规范要求的允许值比较
3	刀盘位置前后	监测和巡视	刀盘前 30m 和刀盘后 20m 为监测和巡视范围

7.4.4 事后控制

1）盾构机通过溶（土）洞区域后，要继续进行地面监测和隧道内监测，直到地面和隧道沉降速率和累计值稳定后才能停止监测。

2）若盾构隧道沉降量超规范允许值的 2/3，组织业主、施工单位和设计单位等参建单位人员开会确定解决方案，督促承包商按方案进行施工。

3）当实测变形量超允许值，组织业主、施工单位和设计单位等参建单位人员开会确定解决方案，督促承包商按方案进行施工。

7.5 水域区段盾构施工监理要点

7.5.1 基本概念

随着盾构法在隧道工程的广泛运用，盾构穿越江河、海域的情况也日益增多，在江河、海域下进行隧道施工，施工风险非常大。工程技术人员必须充分掌握过江隧道的地层地质、周边环境情况，作风险辨识，制定应对措施，综合考虑线路设计、盾构设备选型和施工管理的各个要素，通过有效的管理来控制风险，确保施工安全和周边环境安全。

7.5.2 风险分析要点

通过相关已完成盾构工程经验分析，总结常规盾构过江河的经验，列出盾构过江河施工存在的风险因素、施工风险及施工对策，如表7-6所示。

盾构过江河施工存在的风险因素、施工风险及施工对策　　　　表7-6

风险因素		施工风险	施工对策
地层对盾构施工引起的风险	地层软硬不均，变化频繁，且普遍上软下硬。硬岩强度较高，石英含量较大，刀具磨损较快	刀具磨损较快，但由于地层上软下硬，换刀安全风险较高；容易发生江底塌陷、盾构喷涌；盾构掘进中，水压大，容易发生喷渣、涌水事故	1. 提前对地层进行预加固后换刀；2. 带压换刀；3. 土压平衡掘进，控制出渣量，进行渣土改良；4. 严格控制施工参数，动态控制土仓压力；5. 提高盾构轴承密封、铰接密封和盾尾的密封等级，并采取措施延长其寿命；6. 盾构螺旋机上双闸门，并在裂隙发育地带或人为导水通道地层中掘进，向渣土中添加高分子聚合物进行渣土改良，有效控制喷涌
	隧道穿越的水道深度普遍较深，且深度变化快		
	在软土地层中，由于覆土厚度较薄，但与地下水体具水力联系，故其涌水量较大		
盾构施工中发生的风险	盾构掘进参数设置不合理，如推力过大、渣土改良差	刀具刀盘变形；渣土改良差，掘进时发生喷涌	
	刀具磨损没有及时更换	开挖直径变小，盾构壳体被卡；开挖速度慢、推力大，刀盘变形	
	盾构设备没有注意保养维修，密封设备损坏较快	盾构密封泄漏、涌水；注浆不密实以致施工喷涌等恶性循环	

7.5.3 江河段盾构施工监理要点

1）监理部要督促承包商做好盾构在江河段的专项施工方案和应急预案，组织专家对方案进行评审。

2）结合专家意见，项目监理机构要督促承包商做好盾构过江河段施工危险源辨识和安全评价，落实方案措施和应急预案措施。

3）盾构机设计时，要结合江河段的环境特点进行有针对性的设计。

4）盾构到达江河岸时，要选择合适的地层（没条件的要进行预加固处理）停机进行刀具、盾构设备及地面运输配套设备的检修，使设备达到最佳状态后方可进入江河底施工。同时，工程要进行应急预案的演练，使应急工作随时都能达到启动状态。

5）盾构在江河底施工时，要派有经验的监理人员值班，全过程监理盾构掘进参数，并落实超声波、声呐法等监测手段，以现代的信息手段指导施工。

6）在江河底下进行常压开仓、带压开仓等风险较高的作业时，作业前必须重新评估风险，在风险可控的情况下方可作业，并且要求项目领导值班，监理人员旁站，只有重视了工序风险，方能实现工程安全作业。

7.5.4 泥水处理系统的选择监理要点

1. 风险分析

1）江河下穿越的主要地层以淤泥质黏土、粉砂、粗砂、圆砾层为主，江河下优先考虑泥水盾构。但是根据经验，淤泥质黏土、粉砂、粉土中小于 $25\mu m$ 的颗粒含量是相当高的，若仅采用振动筛或滚动筛及离心机进行分离，收效甚微。

2）在砂砾层中，由于内循环的冲刷流量问题、循环冲刷死角的存在、刀盘开口设计等问题，部分较大颗粒可能会积聚在泥水仓下方，出现"滞排"，这将大大降低盾构施工工效，增加刀具磨损和刀盘磨损。

3）在砂层、砂砾层中长距离推进时，管道往往会出现明显磨损，导致施工中会经常出现管路系统故障。

4）旧浆排出后，密度、黏度都发生了较大变化，重复利用前如果没有进行处理，将严重影响前方泥膜形成、泥浆循环等功能。

2. 风险监理要点

1）根据地层中颗粒细化分析结果，认真研究泥水处理系统的配置。

（1）泥浆处理系统和泥浆分离系统由一级除砂净化系统，二级除砂净化系统，沉淀、排渣系统，回收泥浆槽和调配泥浆槽等组成。

一级除砂净化系统由振动筛或滚动筛及离心机对排放浆液中的粗大颗粒进行初步分离。

二级除砂净化系统由旋流器对浆液进行再次分离处理。一般采用二级旋流系统。一级旋流处理即除砂，主要清除 $74\mu m$ 以上的颗粒；二级旋流处理为清洁，国内大多数设备只能做到清除 $25\mu m$ 以上的颗粒。

（2）沉淀池的设计必须考虑足够的容积和分层沉淀距离，可采用迷宫形设计，即 S 形走向，以提高空间利用率，减缓流速，增加流程长度。

2）盾构机的泥水循环应具有正循环和逆循环功能，同时泥水冲刷能力应足够，盾构机管路设计应确保泥水仓底部的循环效果良好。

3）采用砾石沉淀箱（采石箱）或碎石机对大块卵石进行处理。

4）泥浆管路弯曲部分、盾构内不可更换的部位需预先采取使用厚壁管等措施，以防止施工过程中管路磨损泄漏。

5）排浆泵应具备良好的排石性能和抗磨损性能。

6）制定严格的泥浆处理监理方案，在黏土层中掘进时，以自然造浆为主，可以通过加入少量的添加剂或膨润土来达到效果；在砂层中掘进时，可通过添加一定量膨润土达到效果。

7.5.5 高水压作用下的密封渗漏的监理要点

1. 风险分析

1）江河下地层主要为粉土、粉砂、砾砂层，地层透水性强，水压力高。一般盾构盾尾密封和主轴承密封都有一定的承压范围，难以保证盾构的密封功能。泥水盾构机的主轴承密封、盾尾密封一旦渗漏，会导致周边的砂土流失，引起江底沉陷和盾构机损坏的严重事故。

2）长距离掘进中盾尾刷很容易发生损坏、渗漏，如图 7-1 所示。

图 7-1　尾刷渗漏

2. 风险监理要点

1）在区间转弯半径许可的前提下，盾构机可配置 4 道以上的盾尾密封刷，同时，在盾尾密封刷的中部设置紧急止水装置。如图 7-2 和图 7-3 所示。

2）制定更换盾尾钢丝刷的应急预案，要求靠近开挖面的二道可以在盾构机内更换。因此，需对盾尾内的管片进行专门设计，预留冷冻管路布置孔，保证更换尾刷的安全性。

3）在密封刷上设置手动或自动装置，经常性密封刷注油脂，有效地保护尾刷。

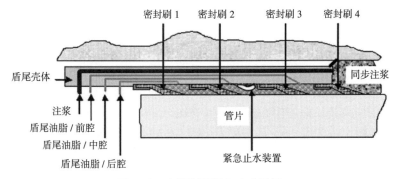

图 7-2 中部设置紧急止水装置

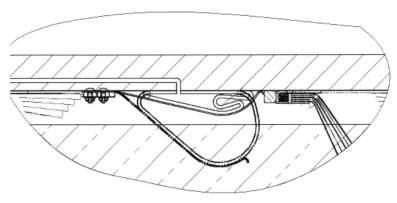

图 7-3 紧急止水装置示意

4）盾构机尾部配置同步注浆管，加强同步注浆量，但需避免同步注浆浆液对钢丝刷的损害。

7.5.6 盾构穿越江底深槽段施工监理要点

1. 风险分析

1）因为河势演变，江河段局部可能存在浅覆土段。河势演变对江河深槽最大冲刷深度、对隧道顶高程和抗浮安全性的影响，以及隧址处的冲淤、水位、流速分布及汊道分流比的影响需要注意。在深槽段，隧道最小覆土小于一倍洞径，为浅覆土段。

2）由于深槽段存在一个江底覆盖层深度快速变化的地段，对于泥水压力的影响很大，泥水压力设定如果未能按江底埋深及时调整，施工过程中很容易出现江底劈裂冒顶、开挖面坍塌、盾尾密封失效、吸口封堵等施工风险。

3）江底深槽段因长年冲刷原因，覆土较浅，盾构推进时上下受到的力不均衡，盾构姿态上扬，压坡困难，隧道上浮，轴线难以控制。

4）拼装完成的隧道环脱开盾尾后，由于上部压载及自重无法抵抗地下水引起的浮力，使隧道上浮。如果不采取相应加固对策，极易引起隧道局部开裂、漏水。

2. 风险监理要点

深槽段的控制重点在于：防止塌陷、控制冒顶、防止盾构隧道上浮。

1）防止塌陷

（1）按设计值设定切口水压，并根据推进时刻的水位变化情况进行相应调整。严格控制泥水压力的波动值，防止切口水压偏低无法支撑开挖面土体，造成土体塌陷；防止切口水压较高对土体扰动过大，造成土体坍塌。

（2）严格控制出土量，原则上按理论出土量出土，可适当欠挖，保持土体的密实，以免江水渗入土体并进入盾构。

（3）加强江底段土体沉降观察。施工前采用超声波装置对江中浅覆土进行测量，并与当地水文站进行复核；施工过程中，租用驳船停泊在盾构掘进上方江面上，进行全天候监测。通过监测结果指导施工。

（4）加强泥浆管理，防止超挖。加强江底段泥浆质量控制、送排泥监理。适当提高泥浆相对密度，并控制其黏度，保证泥膜质量。加强送排泥监理，提前计算掘进速度与送排泥的关系，发现排泥异常，及时调整参数，防止超挖造成塌陷。

（5）每环掘进都认真对渣土进行颗粒分析检查，判断地层是否异常或是否已经发生了塌陷。推进过程中，当干砂量过大时，提高地层探测装置的使用频率，以便及时掌握切口正面土体坍塌情况，并及时根据具体施工情况调整参数，使干砂量的数据接近理论值，减少正面土体塌方的可能性。

2）控制冒顶

（1）当发现江底冒浆时，如果是轻微的冒浆，在不降低开挖面水压下能进行推进，则向前推进，同时适当加快推进速度，提高拼装效率，使盾构尽早穿过冒浆区。

（2）当冒浆严重，不能推进时：将开挖面水压降低到（土压＋水压）平衡为止；提高泥水密度和黏度；为了能使盾构向前推进，检查掘削干砂量，确认有无超挖；掘进一定距离后，进行充分的壁后注浆；将开挖面水压返回到正常状态，进行正常掘进。

（3）当发现江水由盾尾处流入隧道时，应首先分析当前情况，组织力量进行抢险。抢险过程中，在漏水部位相应压注聚氨酯；同时，安排好排水工作，保证进入盾构的江水顺利排出隧道。

3）防止盾构隧道上浮

（1）施工期间严格控制隧道轴线，使盾构尽量沿着设计轴线推进，每环均匀纠偏，减少对土体的扰动。

（2）提高同步注浆质量，要求浆液有较短的初凝时间，使其遇泥水后不产生裂化，并要求浆液具有一定的流动性，能均匀地布满隧道一周，及时充填建筑空隙。

（3）当发现隧道上浮量较大，且波及范围较远时，应立即采取对已建隧道进行补压浆措施，以割断泥水继续流失的路径。

（4）在同步注浆的基础上，结合聚氨酯注浆在隧道周围形成环箍，每隔3~5环打一道环箍，使隧道纵向形成间断的止水隔离带，以减缓、制约隧道上浮，从而控制隧道变形。

（5）加强隧道纵向变形的监测，并根据监测结果进行有针对性的注浆纠正，如调整注浆部位及注浆量、配制快凝及提高早期强度的浆液。

（6）加强江底段地形沉降监测。

第8章
特殊区段盾构掘进监理要点

本章执笔：李新明　卢　琨　贺小玲

盾构施工要穿越一些特殊区段，包括穿越各种管线、建（构）筑物、地下障碍物，和盾构在矿山法隧道、小半径隧道、浅覆土区段的施工掘进段。施工过程中要查明建（构）筑物及地下管线的情况，并对其作适当的保护措施，确保盾构隧道施工安全及建（构）筑物和地下管线的安全。对矿山法隧道、小半径隧道、浅覆土区段的掘进也要有针对性的施工措施。

8.1 盾构施工影响区内建（构）筑物及管线保护监理要点

8.1.1 基本概念

地铁建设多数是在城市市区公用设施密集、交通繁忙的公路及建筑物下方进行施工。盾构施工穿越各种建筑物、铁路、河流、桥梁、管线等作业日益频繁，而保证这些建筑物及设施的安全，是盾构在施工过程中不容忽视的重要安全问题之一。在施工过程中要查明建（构）筑物及地下管线的情况，并对其作适当的保护措施，确保盾构隧道施工安全及建（构）筑物和地下管线的安全。

8.1.2 建（构）筑物及地下管线调查保护的原则

1. 建（构）筑物调查保护原则

对在施工影响范围内（中线两侧左、右线各30m）的所有建（构）筑物进行调查，调查的重点是四层（含四层）以上的建筑物，尤其是位于隧道上方距中线两侧左、右线各15m范围内的业主未提供详细资料的重要建筑物要详细调查清楚，对已有资料的建筑物要进一步核实，没有资料的建筑物要全面调查。

2. 管线调查保护原则

1）对在施工影响范围内（中线两侧左、右线各30m）的所有地下管线进行调查，调查以与隧道相交管线为重点，尤其是位于隧道上方距中线两侧左、右线各15m范围内的业主未提供详细资料的与隧道相交管线要详细调查清楚，对已有资料的管线要进一步核实，没有资料的管线要全面调查。

（1）保护前必须摸清地下管线的具体情况，做好详细记录。

（2）距离隧道较近、变形反应敏感的管线应为重点，进行相应的保护。其他管线以监测为指导，及时采取跟踪保护措施。

（3）每条地下管线的保护均与施工期间的交通疏解紧密结合，以使管线保护工作对地面交通和居民生活的影响降到最低程度。

（4）设专人管理管线、保护施工，与业主、监理和管线产权单位联系，积极开展工作。

2）根据管线制造材料、接口构造、管节长度等不同情况，地下管线可大致分为刚性管线和柔性管线两种。在施工前，详细查清沿线受施工影响范围内的各种地下管线的情况，分析预测地层隆降对管线的影响，并在施工中加强监测，针对不同的管线及其与隧道的不同位置关系，采取合理的保护措施。

各种常用管线的允许沉降值及不均匀沉降值分别如表8-1和表8-2所示。

各种管线的允许沉降值 表8-1

材料	允许拉应力（MPa）	弹性模量（$\times 10^4$MPa）	S(mm) II	S(mm) III	S(mm) IV
C7.5	0.055	0.145	82.92	91.54	42.24
C15	0.090	0.220	86.11	95.07	43.87
C25	0.090	0.220	86.11	95.07	43.87
C35	0.160	0.315	95.95	105.93	48.88
C45	0.190	0.335	101.39	111.94	51.66
C55	0.210	0.355	103.55	114.32	52.75
水泥砂浆	0.005~0.01	0.123	27~28	30~42	14~20
A3钢	38~47	20~21	185~201	204~222	95~103
灰口铸铁	100~200	11.5~16	397~476	438~526	202~243

各种管线的允许不均匀沉降值 表8-2

管线类型	允许不均匀沉降值	备注
燃气管（承插式、机械式插头）	1‰L	1. L为管线的分节长度； 2. 各种管线的沉降值应根据管线的连接形式结合盾构施工的沉降槽曲线特征通过计算确定； 3. 如有关部门对管线沉降有特殊要求，以其要求为准
给水管（承插式、机械式插头）	1‰L	
排水管（承插式、机械式插头）	1‰L	

8.1.3 建（构）筑物及地下管线的调查方法

1. 建（构）筑物的调查方法

1）地面建筑物基本情况调查

地面建筑物基本情况调查包括区间隧道影响范围内地面建筑物的名称、位置、所属业主、用途、楼层数、修建年代、结构形式、新旧程度以及建筑物平面尺寸、定位坐标、基础形式等相关资料。若存在桩基，则应对桩基的类型、桩径、桩长、桩位布置、桩基承载力、桩顶承台构造及其与隧道的相对位置关系资料进行调查（以竣工图为准）。另外，对四层及四层以上建筑物应进行垂直度测量。调查以基础调查为重点。

2）地面建筑物使用现状调查

通过目检、摄影、录像、量测等手段对建筑物的主要结构裂缝、开裂以及磨损的混凝土、外露或锈蚀的钢筋等使用现状进行观测并记录。用光学裂缝仪量测建筑物外观、屋内的裂缝开展情况，并对其开裂情况进行详细记录（包括裂缝的宽度、长度及其走向等），重要照片应加草图或说明以显示相应拍摄物的位置，并进行专门备案。必要时请专业房屋鉴定机构对房屋进行评估、鉴定。此项调查在掘进施工前进行，并随时跟踪。

3）地下建（构）筑物调查

针对地下建（构）筑物的调查，应与相关设计（或使用）单位联系，对其围护结构及主体结构形式进行详细调查及资料收集。

2. 地下管线的调查方法

1）施工前组织专门的管线调查小组，配备管线探测仪进行地下管线调查工作。

2）收集沿线的管线图纸及相关资料，结合地质情况、周围环境及管道的试验结果，分析、确定现有管线的种类、施工年代、位置、形状、现状、尺寸、材料、入孔位置、接口状况等情况，并将分析情况、结论递交有关部门确认。

3）必要时由工人挖孔探测。

4）将业主提供的隧道沿线管线图纸及相关资料与收集到的资料进行对比、核实。

5）查清各类管线的允许变形量，并与有关单位协调确定。

6）对收集到的图纸及相关资料与现场查勘资料进行详细对比分析，对不一致的线段进一步向管理部门进行核实，确保管线位置准确无误。

8.1.4 建（构）筑物、管线相关方案审查

建（构）筑物与管线调查方案、建（构）筑物与管线保护方案、建（构）筑物与管线监测方案审核要点，详见 1.3.8 盾构施工相关方案审查。

8.1.5 盾构穿越重要建（构）筑物监测要点

穿越重要建（构）筑物的监测内容包括：建（构）筑物的沉降、倾斜及裂缝观测；地面沉降及裂缝观测；地下水位观测；托换梁变位及裂缝观测；托换桩、托换梁(支座处)、既有桩、既有柱、地下管线沉降监测等。

1）沉降监测，一般建（构）筑物的沉降监测测点通常可埋设在建（构）筑物的四角

（拐角）；沿外墙每 10~15m 处或每隔 2~3 根柱基上；高低悬殊或新旧建（构）筑物连接处、伸缩缝、沉降缝和不同埋深基础的两侧；框架（排架）结构的主要柱基或纵横轴线上，管线监测点布设在管线上。

2）倾斜变形主要针对高层或高耸建筑物，其他一般建筑物可采用基础附近的差异沉降值推算倾斜值。对于进行倾斜监测的建（构）筑物，原则上每栋最少布置两组倾斜测点（每组 2 个），具体测点数目视现场情况而定。采用倾斜位移测量法或倾斜电测法，分别使用全站仪或倾角计。

3）建（构）筑物的一般裂缝采用直接观测法，根据裂缝的分布位置、走向、长度、宽度等参数和建筑物的重要程度决定观测数量，并将裂缝进行编号，划出测读位置。对于比较重要和细微的裂缝，观测的结果应绘制成建（构）筑物裂缝图。建（构）筑物裂缝应定人、定时进行观测，监测频率按照控制两次观测期间裂缝发展不大于 0.1mm 及裂缝所处位置而定，出现异常情况时应适当增大。

4）桩基托换就是事先在楼房原有桩基两侧各做一根新桩，再在楼房原有承台位置新做一条钢筋混凝土大梁，同时通过钢筋混凝土连接大梁和新桩，使大梁和新桩也形成一个整体。顶升和截桩阶段是整个托换工程成功与否的关键，因此在这个阶段必须对托换结构和周围环境进行严密的实时监测，需对所有托换柱子进行监测。

5）所有水准点均应与不受施工影响较远的基准点相联系，并绘制沉降与时间关系曲线。裂缝观测应在裂缝位置予以标明，并进行编号，记录大小及发展。

8.1.6 土压平衡盾构机掘进过程中对建筑物及管线保护监理要点

1）在施工前，先了解盾构推进沿线道路及地下管线情况，包括管线口径、埋深、走向等，然后根据管线情况制定相应的保护措施。

2）在推进试验段，尽可能详尽地采集数据，掌握在土层中适宜的推进参数，为盾构通过建筑物及管线收集有用的信息，做好前期准备工作。

3）穿越地下管线和道路、构筑物时，应严格控制正面平衡土压力，保证出土量与推进速度相匹配。

4）盾构机在掘进过程中应保持土仓压力的稳定，土仓压力的波动幅度不大于 0.02MPa。

5）在正常土压平衡模式下掘进，如果土仓压力突然下降幅度过大，即土仓压力小于实际土仓压力设定值，地面会发生不均匀沉降或者坍塌，地面建筑物及管线会受到不均匀沉降影响，直接导致建筑物倾斜或者是管线断裂，后果不堪设想。

6）防止土仓压力突然增大，以免引起地面因不均匀受力而发生隆起，导致地面建筑物及管线倾斜和管线断裂，造成较大经济损失。

7）在盾构穿越期间，应有专职人员昼夜对需控制的管线进行沉降监测，及时观察地面的变形情况,将每一次测量成果,包括监测数据及时、准确地向上反馈,便于施工技术人员及时了解施工现状和相应区域管路变形情况,确定新的施工参数和注浆量等信息和指令,并传递给盾构推进面,使推进施工面及时做相应调整,最后通过监测确定效果,从而反复循环、验证、完善,确保建筑物、管线安全和隧道施工质量。

8) 在确保盾构正面沉降控制良好的情况下,应使盾构均衡匀速施工,以减少盾构施工对地面的影响。

9) 严格控制同步注浆量和浆液质量,通过同步注浆及时充填建筑空隙,减少施工过程中的土体变形。盾构推进施工中的注浆应选择和易性好、泌水性小,且具有一定强度的浆液进行及时、均匀、足量压注,确保其建筑空隙得以及时和足量的充填,防止地面沉降较大。

10) 严格控制出土量,当排土量大于理论出土量时应找出原因。

11) 在盾构通过建筑物及管线时,如无意外情况应快速通过,且中途不能在其下方停机。

8.1.7 泥水平衡盾构机掘进过程中对建筑物及管线保护监理要点

1) 通过建筑物及管线前,应对盾构机做全面检查、检修,保证各个设备能处于正常的工作状态,严防在关键时刻出现设备故障而不得不停机维修,避免人为地增加工程风险。

2) 应控制好掘进速度、环流量,长时间的泥浆循环易造成掌子面上部地面塌方。

3) 在盾构过建筑物及管线前,必须控制好切口水压,尽量保持切口水压的稳定,根据土压力设定切口水压值。

4) 推进前对同步注浆浆液进行小样试验,严格控制初凝时间,在同步注浆过程中,合理掌握注浆压力,使注浆量、注浆流量与推进速度等施工参数形成最佳参数匹配。

5) 在推进过程中,保持工作面水压稳定,防止因设备故障和操作失误而引起的工作面水压波动,严格控制切口水压波动范围,最好控制在 $-0.3 \text{kg/cm}^2 \sim +0.2 \text{kg/cm}^2$,以保证掌子面稳定。

6) 遇到切口不畅时,及时转旁路,并通过大旁路和旁路的泥水进、排情况分析,找到不畅的原因,如确定吸口堵塞时,应降低推进速度,同时按技术要求进行逆洗。

7) 严格按同步注浆配合比进行浆液配置,根据掘进速度控制注浆速度,保证浆液能同步、平稳注入,控制地层变形,及时稳定管片。

8) 做好二次注浆准备,根据地面沉降及房屋变形情况、隧道监测情况对管片实施二次补充注浆,利用管片吊装螺栓孔压入浆液,但要严格控制压力,防止对建筑物桩体造成损害。

9) 盾构机操作室要保证 24h 有人值班,以防突然断电、断气事件的发生,否则会直接导致刀盘前面的掌子面失稳，引发地面坍塌，地面建筑物及管线会发生倾斜和爆裂。

10）气仓内的气压要经过严格计算并将计算结果交付第二个人复核后，才能作为盾构机操作人员的操作指令加以执行。气压设置必须保证掌子面有足够的稳定压力。

8.2 地下障碍物处理监理要点

8.2.1 地下障碍物调查

1）这里的地下障碍物指侵入隧道的各种桩基等障碍物，包括钻（冲）孔灌注桩、人工挖孔灌注桩、沉管灌注桩、地下连续墙、预制管桩、预制方桩等。

2）在进行地下障碍物处理之前，必须先进行详尽的地下障碍物调查，查清桩基等障碍物的基本情况，与隧道的准确位置关系，侵入隧道部分是否有钢筋，水文地质、工程地质情况，并编制详细的调查成果报告。

8.2.2 地下障碍物处理设计方案制定

1）地下障碍物调查成果报告完成并报监理审查后，提交给设计单位，监理（或业主）组织有关各方召开会议研究处理方案，并由设计制定设计处理方案。

2）设计根据调查报告、设计规范等资料制定设计处理方案，确定是否进行桩基托换、建筑物基础加固及如何对障碍物进行处理。

3）地下障碍物处理方案（方式）包括：盾构机切削直接掘进通过、盾构机掘进碰到桩基时由人工进仓凿除后掘进通过、从地面把桩基拔除后掘进通过、从桩顶往下凿除清理至隧道底回填土后掘进通过、从桩旁自地面往下开挖至隧道范围横向凿除处理进入隧道桩基并回填后掘进通过、泥浆护壁冲孔利用磁铁吸走废钢筋并回填处理后掘进通过等。

8.2.3 地下障碍物处理施工方案审查要点

详见 1.3.8 盾构施工相关方案审查。

8.2.4 地下障碍物处理施工过程控制要点

1）检查是否具备地下障碍物处理施工开工条件：地下障碍物处理施工方案通过审批，并且各项施工前准备工作做好后，方可按方案实施障碍物处理施工。

2）如有桩基托换，则应先完成托换施工后才能进行障碍物处理施工。

3）督促承包商进行设备、材料和人员进场报验，并认真进行审核，提出审核意见。

4）督促施工单位严格按经批准的施工方案进行施工，确保安全，对障碍物进行彻底处理。

5）地下障碍物处理施工过程中，各项安全措施和应急准备必须落实到位。

6）对于采用盾构机切削直接掘进方法通过的，一般是侵入隧道桩基无钢筋或者有少量细钢筋，经过论证可以用刀盘切割掘进通过的情况。在掘进通过前，必须对盾构机做全面的检修保养维护，确保各项功能正常，尤其是刀盘、刀具完好。

7）对于采用盾构机掘进碰到桩基时人工进仓凿除后掘进方法通过的，必须核实确认地层是稳定的或经过对地层加固后稳定的，桩周摩擦力能保证桩基凿断后不会滑动下沉的情况，施工中应加强通风，并通过有毒有害气体检测后方可人工进仓凿除，并应加强施工过程管理。

8）对于采用从地面把桩基拔除后掘进方法通过的，最常用的方法是套钻为主、套冲辅助成孔减摩吊出法拔除桩基，关键是要破除桩周的摩阻力，即将桩周土体有效地破坏和置换。注意应预先制定防止吊桩中途发生断桩和断桩后处理的措施。原有桩基吊出后，应对桩孔回填密实，防止盾构施工时发生塌陷和出现冒浆。回填材料一般可用黏土、水泥、低强度等级水泥砂浆（常为M2.5）。水泥砂浆灌注回填时采用水下混凝土灌注工艺。

9）对于采用从桩顶往下凿除清理至隧道底回填土后掘进方法通过的，必须有防止桩周地层坍塌的措施，施工中应加强通风，并通过有毒有害气体检测后方可人工进入桩孔进行凿除施工。如需进行爆破作业，则应及时办理爆破申请手续，取得当地爆破许可后方可实施，并应加强爆破施工管理，确保安全。原桩基凿除后，应对桩孔回填密实，防止盾构施工时发生塌陷和出现冒浆。回填材料一般可用黏土、水泥、低强度等级的水泥砂浆（常为M2.5）。

10）对于采用从桩旁自地面往下开挖至隧道范围横向凿除处理进入隧道桩基并回填后掘进方法通过的，其控制要点与从桩顶往下凿除清理至隧道底回填土后掘进方法通过的基本相同，但还需考虑桩周摩擦力能保证桩基凿断后不会滑动下沉，以确保施工安全。

11）对于采用泥浆护壁冲孔利用磁铁吸走废钢筋并回填处理后掘进方法通过的，施工相对较为安全。采用冲桩机重锤冲击桩体，每冲一段深度后，用磁体吸出废钢筋，如此类推，待锤击至桩底，用磁铁吸完所有废钢筋。对原桩冲击破碎清除处理后，应对桩孔回填密实，防止盾构施工时发生塌陷和出现冒浆。

12）对桩基进行凿除或拔除处理的，完成处理后隧道轮廓外30cm以内不得再有影响掘进的障碍物。

13）督促施工方认真做好地下障碍物处理施工监测工作，及时审核、分析监测数据，指导施工。

14）地下障碍物处理施工必须在盾构掘进通过前全部完成。

8.2.5 盾构掘进监理要点

1）盾构掘进通过障碍物前的准备

（1）在盾构机到达之前，对障碍物的处理要完成，满足盾构机掘进通过要求。

（2）盾构机在到达障碍物前选择合适的地方开仓检查刀具情况，同时检查机械设备的运转情况，对盾构机进行一次全面的维护保养，使各种机械设备保持最佳状态，防止掘进通过障碍物时出现机械设备异常而造成停机。

（3）在盾构机通过障碍物前预先准备备用刀具，以备在掘进通过障碍物刀具损坏时随时予以更换。

2）盾构机掘进参数及姿态控制

（1）应根据具体情况预先设定盾构掘进控制参数，一般宜采用较小的推力、较低的转速和较低的掘进速度，在掘进过程中根据实际情况做适当调整。

（2）在掘进过程中，通过控制各组油缸的推力分布，调整好盾构机姿态，保持VMT导向系统显示盾构姿态上下左右偏差小于±10mm，俯仰角偏差小于±2mm/m。发现盾构机偏差时应逐渐调整，严禁猛烈纠正。

3）同步注浆及二次注浆管理

盾构掘进通过障碍物必须加强洞内注浆管理，确保足够的注浆量。除了每环正常的同步注浆量外，在盾构机掘进的同时，在脱出盾尾4~5环的管片上，及时对每环管片进行二次补注双液浆回填，以保证建筑空隙的填充密实，防止地表及地面建筑物产生过大的沉降。

4）加强监测管理

按照监测方案及时进行监测，根据监测数据情况分析盾构参数是否合理，发现异常情况及时调整掘进参数，做到信息化施工管理。

5）及时进行刀具更换

8.2.6 地下障碍物处理施工记录与验收、总结

1）地下障碍物处理施工过程中，必须及时做好处理施工记录。

2）地下障碍物处理完成后，应进行检查复核，复核无问题后进行验收，确保盾构能够安全顺利掘进通过。

3）工程完工后，对地下障碍物处理的技术和管理工作进行全面总结。

8.3 盾构过矿山法隧道施工监理要点

8.3.1 盾构过矿山法隧道施工流程

盾构过矿山法初衬段施工流程如图8-1所示。

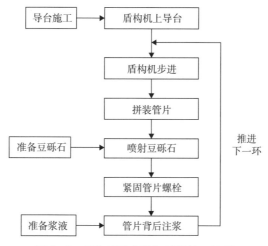

图 8-1 盾构过矿山法初衬段施工流程

8.3.2 工序控制点

工序控制点：断面测量，导台检查，端头质量检查，是否封堵，脱出盾尾后的管片测量，喷射豆砾石，二次注浆跟踪检查。工序控制点如图 8-2 所示。

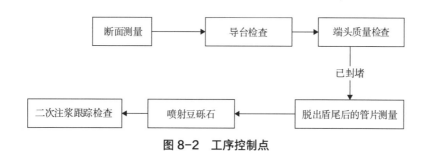

图 8-2 工序控制点

8.3.3 施工过程监理要点

1. 施工准备要点

1）盾构机到站之前，监理工程师应审查盾构机到站（到达）的进度计划和技术保障措施，包括：

（1）出洞程序。

（2）出洞时的止水措施。

（3）洞口段管片的紧固措施。

（4）地面监测方案。

（5）安全措施。

（6）检查进洞端及出洞端地面加固效果是否达到设计要求。

以上报告须经监理工程师批准后方可施行。

2）盾构到达矿山法隧道前应对隧道进行一次断面测量，对隧道断面进行系统检查，凡欠挖处一律凿除处理。

3）盾构机过矿山法隧道的导台应具备一定的强度（注意导轨形式，要求达到设计强度），防止盾构机通过时将导台混凝土压碎，导致盾构机姿态产生较大变化，严重时引起管片错台、侵限等质量事故。

2. 质量控制措施

1）盾构机空推时参数及管片拼装质量控制

（1）盾构机沿导台向前步进

盾构机沿导台向前步进时，重点检查暗挖段的开挖是否有侵入盾构机刀盘轮廓的岩石存在、盾构机壳体下部与导台的结合情况、盾构机两侧回填豆砾石是否有泄漏的现象发生等。盾构机步进时，刀盘前方的监测人员与盾构机主司机要紧密配合，确保盾构机沿导台的中心线前移，从而确保盾构机前移时管片的受力均匀。

（2）严格控制盾构机推力和推进速度

由于盾构机在导台上空载向前步进，为防止盾体扭转，保证喷射豆砾石、同步注浆和二次注浆充填密实，防止管片上浮及侧移，盾构机向前步进的速度宜控制在20mm/min以内，盾构机推力则控制在30~40kN。

（3）严格控制管片拼装质量

盾构空推过矿山法隧道时的管片拼装采取错缝拼装形式，管片拼装工艺与正常掘进时的工艺相同。管片选型时要根据盾尾间隙与油缸行程结合盾构机姿态选择合适的管片。管片安装完后应及时整圆并做好管片螺栓的三次复紧工作：管片拼装成环时，先逐片初次拧紧其连接螺栓；脱出盾尾后再次拧紧；后续管片拼装之前，对相邻已成环的3环范围内的管片螺栓进行全面检查并复紧。

2）洞口密封

对于盾构始发直接进入矿山法隧道的洞门封堵形式，采用传统意义上的盾构始发密封系统是难以实现的。盾构机完全进入矿山法隧道，洞口管片脱出盾尾后，洞口管片与矿山法初支之间的间隙用水泥砂浆砌砖进行封闭，管片背后回填豆砾石，通过环向预埋 $5\phi32$ 水平注浆管及管片吊装孔注双液浆，对洞门及管片外壁封闭固定，具体如图8-3所示。

3）管片背后喷射豆砾石

（1）豆砾石储运

根据矿山法初支隧道与成型管片背后的间隙计算，并根据隧道实际断面情况调整豆砾石数量，在矿山法隧道及盾构导台施作完成之后，盾构始发进洞之前储运至洞内的豆砾石由矿山法掌子面向始发洞口方向均匀堆放，避免在喷射作业期间豆砾石的长途倒运。

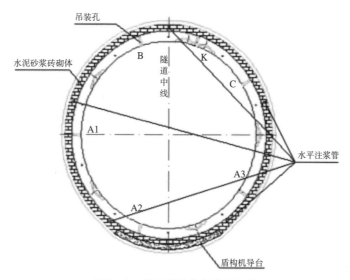

图 8-3　洞口管片密封处理示意

（2）豆砾石喷射作业

管片脱出盾尾后，由于盾壳与管片之间存在一定的间隙，首先喷射豆砾石填充管片与矿山法隧道之间空隙，再将底部管片吊装孔作为注浆孔注入水泥水玻璃双液浆，以防管片下沉产生错台。豆砾石喷射机置于盾体前方约 8～10m，作业工人站在盾构机刀盘前方水平搭设的作业平台上，从刀盘顶部向盾体后方喷射豆砾石。喷射时，枪头置于盾体上方 1 点和 11 点位置交替喷射。若上述两个位置空隙较小，不能喷射或者喷射时冲到围岩向下回弹，喷不到后方去，枪头位置可以根据实际情况适当向两侧下移，待两侧充填饱满之后，枪头置于 12 点位置喷射，以充填拱顶空隙。喷射压力控制在 0.25～0.3MPa。盾构机边向前步进，喷射机边向前移动，始终保持刀盘前面 3m 范围内没有豆砾石堆放。每隔 10m 在盾构机的切口四周用袋装砂围成一个围堰，围堰高度不小于 4m，以防注入管片背后的豆砾石前串，如图 8-4 和图 8-5 所示。

图 8-4　回填所用豆砾石

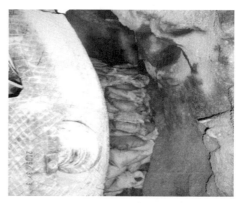

图 8-5　导台两侧砂袋围堰

4）同步注浆

在喷射豆砾石之后，利用盾构机 2 号和 3 号同步注浆孔向管片背后注入水泥浆，水泥浆配合比为 1:1，注浆压力控制在 0.2~0.3MPa，每次同步浆液量为 2~3m³。在同步注浆进行的同时，需在盾构机前方配置监测人员，密切关注浆液的扩散情况，如有大量浆液向前串，及时通知注浆组停止注浆，必要时，调整浆液配合比从而缩短浆液的凝结时间。

5）二次注浆

喷射豆砾石在重力作用下，管片底部、两侧填充效果较好，但顶部填充必定不饱满，因此二次注浆是非常必要的补充填充手段。

二次注双液浆共分三次进行，第一次在管片脱出盾尾后，通过底部吊装孔注入水泥水玻璃双液浆，促使底部松散状态的豆砾石快速凝结，形成具备一定强度的胶状填充体，以防管片下沉产生错台；第二次随着盾构机向前步进，在盾尾第 4~5 环管片上 3 点和 9 点位置通过管片吊装孔注入双液浆防止管片侧移；第三次每隔 10 环进行一次环向封堵，中间管片通过 1 点和 11 点吊装孔注入双液浆进行拱顶回填。二次注浆压力控制在 0.4MPa 以内，注浆量和注浆压力则根据管片姿态的监测结果进行适当调整。

6）防止管片上浮及侧移措施

加强管片注浆管理，一旦出现管片上浮或侧移，则在该处通过吊装孔打入注浆管进行二次补充注浆，迅速填充管片背后或上部间隙，以阻止管片上浮和侧移。

管片脱出盾尾后，打穿吊装孔在环向 A1 块、A3 块及 K 块分别安装一根 ϕ32 精轧螺纹钢筋，紧顶在矿山法隧道初支上，长度可根据矿山法隧道断面开挖情况控制在 0.8~1.5m，令其螺母焊接固定在管片吊装孔钢螺栓上，通过此措施来限制管片上浮及侧移，如图 8-6 所示。

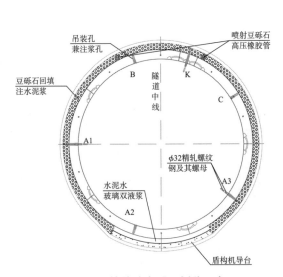

图 8-6 管片防上浮及侧移示意

7）防止盾构滚动措施

盾构过矿山法施工期间，防止盾构扭转措施主要包括以下几项工作：盾构进入矿山法隧道前的断面测量，欠挖部分必须及时处理；在喷射豆砾石过程中，及时清理刀盘下面残留的豆砾石，始终保持刀盘前方 2m 范围内导台表面干净，防止豆砾石下串盾体引起盾构机抬头；盾构过矿山法隧道施工期间严禁转动刀盘；从盾体预留孔处注入低强度水泥浆液，使盾壳与隧道初支间空隙尽可能填满，以增加盾构壳体转动阻力，待水泥浆开始初凝时再继续掘进；每拼装完一环管片，在盾尾盾体与管片侧面接口处用签字笔画一条线，通过观察该线的对接情况来判断盾体是否扭转及扭转的大小，发现盾体扭转时应立即停止向前步进，及时查找原因并采取纠正措施。

8）管片姿态监测

盾构机空推通过矿山法隧道期间，必须每天跟踪测量管片姿态，及时反馈监测数据，分析管片姿态的变化趋势，确认管片是否存在上浮、下沉或侧移，以便及时通过注浆采取相应措施加以控制。

盾构机步进时，盾构推进速度应根据喷射豆砾石填充速度进行控制，确保背后填仓饱满；脱离盾体的管片注浆应以压力控制为主。

盾构在初衬隧洞内不能做大幅纠偏动作，也不能随意转动刀盘。

因盾构机前方没有土体，在无正面土压力的状态下推进，盾构前进的阻力所提供的反力远小于管片止水胶条所需的挤压力，从而易因反力不足而导致管片止水胶条挤压不实，影响管片止水条的防水性能，造成管片接缝渗漏。

为保证管片止水带的压密防水效果，管片安装完后应及时整圆并做好管片螺栓的三次复紧工作：管片拼装成环时，先逐片初次拧紧其连接螺栓；脱出盾尾后再次拧紧；当后续盾构掘进至每环管片拼装之前，对相邻已成环的 3 环范围内管片螺栓进行全面检查并复紧。尤其加强支撑施加反力时的纵向螺栓复紧工作。

特殊情况下，可通过加设支撑结构为盾构机空推提供反力，盾构机每掘进一环，都从刀盘开口伸出 4 个支撑顶在隧道初支上提供反力，使盾构机推进千斤顶总推力达到 30~50kN。管片压紧，拧紧螺栓，收回支撑臂，然后恢复盾构继续推进。

盾构机出矿山法段相当于盾构机始发，首先要审查盾构机端头的处理及加固是否达到了设计要求，同时要严格按照盾构机始发的要求控制盾构机姿态。

3. 安全控制要点

1）喷射豆砾石时，必须佩戴防护用具（胶皮手套、防尘口罩、防护面罩、眼镜等）；在开始喷射前应由专人仔细检查管路、接头等，防止在喷射时发生因软管破损、接头断开等引起的事故；当转移喷射地点时，必须先关闭喷射机，在喷嘴前方不得站人。在处理管路堵塞时，喷头应有专人看护，以防消除堵塞后，喷头摆动喷射伤人。

2）做好暗挖隧道内的通风措施，喷射豆砾石作业人员配备对讲机，保持作业过程中的相互沟通，遇到不适情况立即停止作业，再采取相应措施。

3）暗挖隧道内必须确保照明用电安全，使用低压电源，确保光亮度。

4. 进度控制要点

1）盾构进入矿山法隧道段前，根据工程总体进度计划要求制定盾构过矿山法隧道期间施工进度计划。

2）盾构过矿山法隧道施工期间，为保证填充效果，避免后期管片上浮、错台及渗漏等质量通病，盾构日空推进度宜控制在10环/天，在喷射机或其他设备故障的情况下应停止空推段施工。

8.3.4 施工期间测量监理要点

1. 联系测量

隧道矿山法初支施工完成后，将对隧道进行一次联系测量，形成矿山法隧道竣工测量成果。在矿山法竖井封闭之前对接收洞门位置进行复核测量，在盾构推进距端头50m时，对盾构机的位置进行准确的测量，明确成洞隧道中心轴线与隧道设计中心轴线的关系，确定盾构机的贯通姿态及掘进纠偏计划。在考虑盾构机的贯通姿态时注意两点：一是盾构机贯通时的中心轴线与隧道设计轴线的偏差，二是与接收洞门位置的偏差。综合这些因素，在隧道设计中心轴线的基础上进行适当调整。纠偏要逐步完成，每一环纠偏量不能过大。

2. 断面测量

矿山法隧道采用了爆破法开挖，爆破施工时，较难控制隧道断面的尺寸，容易产生超（欠）挖情况。若欠挖部位未处理到位，在盾构机通过时，刀盘易被卡住，阻碍盾构机前进；若超挖未处理，隧道环后存在较大间隙，成型隧道易上浮或偏移。为保证隧道断面的尺寸，在初支施作后，应对断面进行复测，每隔4.5m进行一个断面测量，每个断面测量10个点。

3. 盾构推进测量

盾构机空推通过矿山法隧道期间，必须每天跟踪测量管片姿态，及时反馈监测数据，分析管片姿态的变化趋势，确认管片是否存在上浮、下沉或侧移，以便及时采取相应措施加以控制。

8.4 小半径曲线隧道盾构施工监理要点

8.4.1 基本概念

城市轨道交通经常采用小半径曲线隧道，小半径曲线通常指隧道平面转弯半径小于450m的情况。而盾构机在小半径曲线隧道中施工时，受盾构设备、隧道线形、地层特征等条件的制约，在质量控制方面是盾构工程中的一个难点。盾构小半径曲线隧道施工中常出现轴线偏离、管片错台和崩裂、管片扭转、渗漏水、管片蠕动等施工问题。

8.4.2 小半径曲线隧道施工问题

由于小半径曲线隧道的线形转弯较急，盾构机又是直线形的刚体，在施工过程中主要有以下问题：

1) 盾构机姿态的控制难度大：由于盾构机本身为直线形刚体，曲线段掘进只能形成一段段连续的折线来拟合曲线。为了使盾构隧道轴线与设计轴线相吻合，掘进过程中需要进行连续纠偏。曲线半径越小，拟合困难就越大，纠偏也越大，纠偏灵敏度越低，轴线就比较难以控制。

2) 管片姿态超限：为了开挖出曲线线形，盾构机推进千斤顶存在压力差和行程差，导致管片受力不均，管片会往推力大的一侧（曲线外侧）偏移，容易造成管片姿态超限。盾构同步注浆质量难以保证，造成围岩不能提供足够的摩擦阻力，管片也容易发生扭转和蠕动，造成管片姿态超限。

3) 管片拼装质量问题：盾构机在曲线段掘进时，管片纵向受到来自盾构千斤顶的不均匀压力，且由于转弯半径小产生较大的横向剪切力，同时管片背后由于同步注浆效果难以保证而往往浆液不够饱满，浆液受挤压后对管片产生不均匀径向压力，加之环向扭转力、摩擦力等作用，管片在三向不均匀受力状态下容易出现破损、开裂、错台等质量问题，并且管片破损、开裂、错台部位很容易渗漏水。

4) 出现测量偏差：由于隧道转弯半径小，曲线段测量可视范围缩小，使得自动导向系统移站频率加快，次数增加；另外，同步注浆质量难以保证，二次补注浆前管片背后空隙率较高，盾构机连续纠偏，管片受震动容易发生移位，且在纵向不均匀力作用下管片会在一定推进距离内产生较大水平偏移，导致自动测量系统测站坐标变化而出现测量偏差，误导掘进。

5) 洞内运输安全问题：小曲线半径转弯较急，运输车列行车过程中容易撞到两旁的台车，造成设备及管片损坏，另外列车在转弯时亦容易出轨翻车，行车安全风险加大。

8.4.3 应对措施监理要点

针对盾构小半径曲线隧道常见的隧道轴线偏离、管片错台和崩裂、管片上浮和扭转、渗漏水等质量问题，在施工过程中主要考虑从管片选用、掘进姿态、注浆这几方面进行控制。

1. 管片的选用

1) 考虑到姿态调整须留有一定的宽裕量和管片拼装的点位选择上的方便，转弯段可以选用 1.2m 宽的管片。

2）管片的拼装点位则根据姿态、千斤顶行程差、盾尾间隙综合而定：一般转弯环管片K块拼装点位必须选择同线路转弯方向一致的点位，以保持姿态的稳定，控制千斤顶行程差变化不超过一定的范围，使盾构隧道轴线尽可能地拟合成小转弯半径曲线。

3）在姿态稳定、千斤顶行程差可控的情况下，若曲线外侧盾尾间隙小或盾尾间隙左右较平均，选择转弯幅度较大的点位；若转弯方向内侧盾尾间隙小，则选择转弯幅度较小的点位。

4）根据盾尾与管片间的间隙选择管片。以直径6280mm的盾构机为例，区间管片拼装后，平均盾尾间隙为30mm；当一侧间隙小于20mm或者大于40mm，就需要及时对间隙进行调整。合理的间隙便于管片拼装，也便于盾构进行纠偏。

（1）在小曲率半径中，上下间隙均合理的情况下，一般左转弯管片选择纯右超拼法，即管片的封顶块应拼在9点位置，此时管片的最大楔形量位于3点位置。

（2）当盾尾与管片上侧间隙过小时，在拼装管片时，不仅应考虑加大右边间隙，也要考虑加大上侧间隙。因此，左曲管片封顶块应拼装在7点位置。此时，最大楔形量位于1点位置。

（3）在盾尾与管片下侧间隙过小时，在拼装管片时，不仅应考虑加大右边间隙，也要考虑加大下侧间隙。因此，左曲管片封顶块应拼装在2点位置。

2. 掘进姿态控制

盾构机的姿态通过左侧和右侧千斤顶推力的调整来控制。主要为通过左右侧推进油缸的推力差来实现行程差，从而实现转弯，但也要控制左右油缸推力的差值。过大的推力差会导致水平分力过大的管片错台，推力差过小则不能实现盾构机转弯。在推进时控制盾构姿态，还要通过以下几种情况进行有效控制。

1）盾构纠偏量控制

盾构在富水砂层小曲率半径段推进时，盾构机的纠偏控制尤为重要。盾构的曲线推进实际上是处于曲线的割线上，因此推进的关键是要确保对盾构头部的控制。

（1）在推进过程中，把盾首的垂直姿态控制在±5mm，水平姿态控制在±20mm。一旦姿态开始偏离，就及时进行纠偏，否则难以保证规划要求的轴线偏差±50mm。

（2）通过调整区域油压来进行盾构纠偏。若盾首垂直姿态出现下降，则相应的调大上区油压，直到垂直姿态稳定在±5mm。若水平姿态偏离超过±20mm，则相应的调大下区油压，直到水平姿态稳定在±20mm。

（3）盾构在向左转弯时，右侧油压控制大于左侧油压控制。

2）增加测量频率

盾构机的测量是确保隧道轴线的根本，通过测量数据来决定盾构机的推进和纠偏。

（1）在小曲率段推进时，由于曲线推进盾构每环都在纠偏，因此必须做到勤测勤纠，适当增加隧道测量的频率，通过多次测量来确保盾构测量数据的准确性。

（2）由于隧道转弯曲率半径小，隧道内的通视条件相对较差。因此，设置新的测量点和后视点后要严格加以复测，确保测量点的准确性。

3）管片选型

在小半径段施工时，合理选择封顶块的位置，可以保证管片的设计楔形量，使管片与盾构轴线同步。

4）加强管理力度和技术交底工作

管理人员加强对盾构司机和值班长的管理力度，做好技术交底，避免人为因素导致盾构姿态不佳。

3. 注浆控制

由于盾构推进千斤顶各分区的压力差和千斤顶的行程差导致管片受力不均，管片会向曲线外侧偏移。为约束管片向外偏移趋势，同步注浆时曲线外侧的注浆量必须得到保证。注浆材料则根据隧道周边地层的工程地质和水文地质情况合理选择。

1）同步注浆

盾构推进施工时的注浆，选择相对密度大的单液浆进行及时、均匀、足量地压注，确保其建筑空隙得以及时和足量的充填。在施工过程中，盾构向左转弯时，往往造成左边盾尾与管片外弧面的间隙较右边间隙大，因此，在推进时，盾尾右边的压浆量要大于左边的压浆量，反之则相反。在推进过程中，采用推进和注浆联动的方式，注浆未达到要求时，要及时增加注浆量，以防止土体变形。根据施工中的变形监测情况，随时调整注浆参数，从而有效地避免注浆量的不足。

2）二次注浆

同步注浆难以将管片背后的空隙填满，为了减少管片蠕动、管片扭转等质量问题，在管片脱离盾尾 3～5 环后，就对管片进行二次注浆，一般压力控制在 0.3MPa 左右，当压力持续上升至 0.4～0.5MPa 时，即可停止压浆。

二次注浆可每隔 3～5 环施工一道止水环，再针对两道止水环之间管片背后的空隙部位进行补浆，止水环的作用是隔断前后的来水，并阻止二次补浆的浆液流失。二次补浆止水环的注浆材料采取双液浆，而空隙部位的注浆材料则根据实际情况配置单液水泥浆，确保浆液将土体与管片之间的间隙充实。

4. 辅助性施工措施

为了减少盾构在小半径曲线隧道中施工的质量问题，除了控制好掘进、管片选用和拼装、注浆等方面外，还须在辅助性施工方面采取对应的加强措施。

1）确保台车轨道和隧道运输车轨道的安装质量。轨道安装必须平、稳、顺，间距合乎要求，并且安装轨道形成的曲线符合隧道曲线的要求，不能转弯过急，避免因轨道安装质量问题出现运输列车碰撞盾构机台车的情况。

2）在掘进过程中及时复紧管片螺栓。在盾构机推进时，千斤顶对管片产生作用力，使管片间的纵缝更加紧密，此时应及时将松动的管片螺栓复紧，防止千斤顶推力作用导致管片错台和减少工后隧道蠕动的现象。

8.5 浅覆土段盾构施工监理要点

8.5.1 基本概念

浅覆土段，就是盾构施工掘进线路覆土厚度小于盾构直径1倍以下的地段。该地段对地层变形控制要求高，土质力学强度低，易沉降。

8.5.2 风险分析

盾构在浅覆土地段中推进时，地层损失率较高，并且具有沉降快速完成的特点。盾构掘进过程中形成的盾尾空隙所引发的地层损失是盾构施工产生地面沉降的原因之一，盾构掘进超出渣土就可能引发地面塌陷。由于地层浅覆土，盾构掘进土压控制波动大，也会引起地面沉降或被击穿。

如地段位于饱水地层，当浮力超过隧道上覆土重量和隧道及隧道内设备自重时，隧道将上浮。当管片脱离盾尾时，隧道被包围在壁后注浆的浆液中，受到浆液的浮力比在饱和土中受到的浮力要大得多。同时，盾构推进挖出土方导致地基卸载，拼装好的隧道会受到地基回弹的作用向上偏离中心轴线。在浮力和地基回弹的共同作用下，隧道上覆土产生隆起，若最大隆起值得不到有效控制，覆土层将被顶裂，严重影响隧道和盾构施工的安全。

8.5.3 监理控制要点

1）覆土厚度验算

对覆土最小厚度校核验算，必要时增加覆土厚度，可采取抛填土包等施工方式。

2）每环出土量控制

计算每环理论出土量，出土量控制在理论出土量的90%为佳，通过浅覆土地段时每推进30cm校核出土量，每环再一次校核出土量，发现超出量，马上查找原因并采取相应措施。

3）每环注浆量控制

（1）同步注浆量控制以施工形成建筑理论空隙的130%~180%为宜，同时根据情况来调整同步注浆量和注浆压力，同步注浆量及注浆压力要控制适中，既不能因过少、过小而造成河底沉降，也不能因过多、过大而造成底部隆起损坏，使隧道发生整体或局部较大位移，造成连接螺栓破坏等后果。

（2）加强隧道内的壁后注浆，以保证盾构推进结束后隧道整体的稳定性。由于隧道结构上覆土压力较小，盾构推进扰动后上部土体较松散，在隧道所受浮力作用下必然产生压缩，导致隧道上浮。因此，对隧道变形处较大的地方，在管片各分块的预留孔注双液浆，对管片顶部土体进行加固处理，以提高整条隧道的稳定性，同时也防止了上部土体有裂隙产生。

4）盾构姿态控制

（1）通过对出土量、推进速度、土仓压力的控制，掌握好盾构姿态与管片姿态，控制姿态在 $-50 \sim +50$ mm，减少盾构推进每环纠偏量，减少对地层的扰动，防止盾构机头上浮。

（2）监测管片姿态，及时做楔子调整，使其满足盾构姿态调整的要求，防止成形隧道侧向受力，避免隧道上浮现象，从而保证隧道整体的稳定性。

5）塌陷、坍塌的风险控制

由于盾构隧道的上部覆土层过薄，随时都可能出现正面塌陷、坍塌现象，对这类事故采取的对策如下：

（1）在关闭螺旋输送机的情况下继续掘进，让切削下的土体挤出土仓内的水。但要预防仓内压力过高，造成盾构机前方地面隆起、冒浆以及击穿盾层密封等。

（2）提前安装螺旋机手动阀门，防止液压阀门因失效而不能及时关闭，造成隧道内淹没事件。

（3）利用盾构机内的加水孔，向盾构四周超挖孔隙内注入水溶性聚氨酯，尽量减少土体扰动。

（4）盾尾每环加密封油脂，防止泥水渗入隧道内。

（5）盾构机应尽快通过塌方区。

（6）通过在盾构机后10环范围内注双液浆，防止大量水经过建筑空隙流动到盾尾和大刀盘，螺旋输送机也会减少喷涌。

（7）在管片背部加贴海绵条，防止盾尾的水和泥浆涌入隧道内。

6）隧道位移监测

由于隧道的覆土较浅，盾构势必对土体的扰动较大，这就为隧道整体上浮创造了条件。必须采用有效的隧道位移监测。通过隧道内测量管片的高程和水平变化，达到对管片位移的控制。如果位移明显，马上对该段隧道压注双液浆，使土体固结。

7）施工参数收集和分析

由于盾构长距离穿越浅覆土有很多不确定的风险，日常施工参数的分析和总结相当重要。针对实际盾构推进的情况，及时做出适当的参数调整。

第 9 章

盾构开仓换刀监理要点

本章执笔：魏康林　郭建军　梁红兵

盾构开仓作业是指盾构停止掘进后，工作人员进入开挖仓检查换刀作业的过程。开仓形式按主、被动状况可分为主动开仓和被动开仓，按是否带压可分为常压进仓和带压进仓。当盾构处于稳定的地层时，可在常压下直接进入开挖仓作业。当盾构施工处于地下水丰富地层或不稳定地层，例如淤泥地层、砂层、卵砾石层、断裂带和复合地层等，不应在常压下直接进入开挖仓作业，而应预先加固地层再常压开仓，或带压开仓。预先加固方法目前常用注浆、冷冻法等。

9.1 常压开仓监理要点

9.1.1 事前监理

1. 施工组织设计或专项施工方案审查要点

1）审查常压开仓计划的合理性和被动开仓的必要性。

2）审查常压开仓的位置选择，应综合考虑地层、地下管线、周边环境和施工工况条件，评估开仓作业的安全性。

3）审查安全问题应对措施的针对性和可行性。

4）审查劳动力组织、材料供应、进度计划等是否得当。

5）审查相关的应急措施、应急物资是否全面到位。

2. 检查作业人员资质

1）检查项目部对现场各级人员安全、技术交底情况。

2）检查所有进仓作业人员一周内的体检报告。

3）审查特殊工种人员（如电工、电焊工等）的资格。

4）检查项目部主要管理人员现场到位情况。要求施工单位技术负责人、土木（地质）工程师现场到位，地面监理测量人员到位等。

3. 施工设备工具检查及临时用电检查

1）用于本作业的施工设备工具进场后，要求承包人填报进场设备报验单。

2）检查开仓和换刀作业的各种工具和辅助设备到位情况（风动扳手、风镐、水管、清渣喷枪、喷嘴、防爆照明灯、防爆手电等），进仓的设备工具和材料要逐一检查登记。

3）检查现场的通风照明条件，土仓内要求采用安全电压照明，应急物资准备到位，人闸通道满足疏散要求。

4）检查盾构机各个部件正常运转情况，关注土仓内向外排土正常、降压过程各参数记录正常、盾构机和各后配套设备曲线段防滑移措施到位。

5）检查新刀具和相关配件现场到位情况。

4. 调查场地环境要点

1）调查核实所选检查及换刀作业地点的地层条件。要求该地段的隧道围岩力学性质好，自稳性强，隧道埋深合适，且以覆盖层无不良岩层为宜。建议必要时在预定开仓位置补充钻孔，确认地层情况。检查开仓环位出渣渣样，核实地层情况。

2）调查核实地面重要建筑物、构筑物及地下管线，核查开仓位置是否有外来水源。

3）按要求对仓内进行测氧、测爆、测毒等，对危害物质进行评价，以判定危险程度，决定是否开仓；邀请第三方气体检测单位对仓内气体进行检测，以便对承包商自测气体检测数据进行复核。

5. 地面监测

1）监测点按施工监测图和施工监测方案布设到位，监理工程师已验收确认并形成记录。

2）施工方监测与第三方监测共同读取监测点初始值。

3）地面巡查监测、仓内作业、盾构操作室参数等控制要形成联动机制。

9.1.2 事中监理

1. 开仓前出渣降压

1）开仓前，将土仓内的渣土输出，降低土仓压力，待土仓内渣土或水面降至人舱门底部以下后，停止出渣，停机观测半小时，土仓压力变化波动小，判断掌子面稳定，反之为不稳定。泥水盾构还要观察液位升降情况。

2）监理工程师和项目管理人员要观察螺旋机的出土情况、记录总的出渣量等。出渣过程中，在螺旋输送机口进行气体初步检测。

2. 开仓前压风排气和气体检测

1）利用盾构机原有预留人舱保压系统的管线作为排气管路，盾构机主机内和台车上全部使用原有的管路（可承压的胶管和钢管），排气管出口设在5号台车后，应远离灯具和高压电缆接头，并利用泡沫系统管路，通过刀盘上的泡沫孔向内压风，同时打开原保压系统管路阀门（如果孔口被堵，方法同检测孔清理），将压出的气体排放至预定区域，气体通过洞内压入新鲜空气的稀释，随洞内空气一起排放出洞外，如图9-1所示。

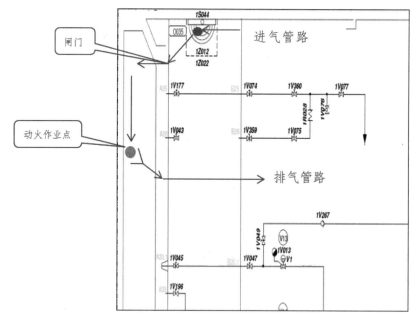

图 9-1 开仓前通风示意

2）由现场安全负责人确认通风设备已经准备就绪、气体检测未发现异常、检测及应急救援物资已经到位，经过监理现场检查确认后，安排一名作业人员佩戴防毒面具慢慢松开仓门螺栓，打开土仓门，在确认开挖掌子面稳定的情况下，把专用通风管送入土仓内下部并送入新鲜空气，置换土仓内的原有气体，及时给土仓内降温，通风降温过程中作业人员不能进入仓内，退出人闸仓，通风时间不少于1h。通风前后每隔15min用气体检测仪对土仓内气体检测一次，并做好记录。当土仓内气体检测出现不达标时，继续压风排气，直至气体检测达标。再报第三方气体检测。

3）气体检测标准要求：参考《盾构法开仓及气压作业技术规范》CJJ 217—2014第3.0.2条规定，仓内气体条件应符合：氧气含量为19%～22%、有害气体一氧化碳含量不超过0.0024%、二氧化碳含量不超过0.5%、甲烷含量不超过1%、硫化氢含量不超过0.00066%，其他有害有毒气体、可燃气体、粉尘容许浓度必须符合国家标准的安全要求，满足人的生理正常需要。

3. 首仓作业

1）气体检测合格后，项目安全技术管理人员对仓内安全环境作确认，首先检查土仓压力在通风过程中是否变化、人舱附近球阀处的水量情况；观察掌子面的稳定性，以掌子面地层稳定，无线性水流为好。

2）开仓人员配置为：开仓安全人员1名，在仓外，兼做气体检测工作；人舱内不超过3名作业人员，其中有1名观察人员。

3）首仓作业前，把活体动物（如鸟、鸭、鸡和小白鼠等）放入土仓下部持续观察

30min，如果小动物无烦躁、呆滞、站立不稳、死亡等现象，经过现场负责人同意，并经过监理现场确认，可同意第一个作业人员进土仓观察，人员进入仓内要有绳索绑扎，由仓外人员拉紧，如有特殊情况随时拉出。项目监理机构要对每仓作业全过程旁站。

4. 土仓内通风与气体检测

1）开仓过程引入风管通风，开始空气循环，同时停止泡沫系统的压风。通风机设置在盾构机的左侧，位于洞外新鲜风流附近，风管采用带钢丝的管路，保证管路的畅通。通风机采用中压式风机，电压 380V，风量 $26m^3/min$，同时备用 1 台风机，确保通风连续和加强通风的需要。

2）承包商的气体检测频率为 1 次 /2h，进仓的作业人员如有不适症状，立即撤出并告知安全监督人员，加大通风力度，待土仓内气体浓度合格后，方可继续进仓。

3）作业人员进入人闸仓，由机械技术人员对刀具进行检查，做好记录，并由机电总工程师进行审核确认，制定刀具处理方案。

4）掘进班组人员按方案进行刀具更换处理。在进行刀具处理过程中，必须有 1 名土木值班员对开挖面地层稳定情况经常进行观察，如有异常，应及时通知并要求人员撤出土仓，采取处理措施。进入土仓的人员必须按要求绑扎好安全带，由仓外人员拉紧，如有特殊情况随时拉出。

5. 监理过程检查要点

1）检查现场有无技术负责人和土木工程师值班，有无专人监理掌子面土体的稳定情况和渗水情况，以及检查气体检测等工作情况。

2）检查掌子面稳定情况，要求对流水量、掌子面地层强度自稳性等进行记录，并得到现场技术负责人的确认。

3）仓内换刀作业人员数量满足安全要求，仓内照明、通风条件和作业环境满足换刀施工要求。现场疏散通道能够满足地质情况突然变差时人员安全撤离的要求。

4）仓内换刀作业人员在换刀前已经对刀具的磨损情况作出测量并记录。

5）仓内换刀作业所使用的工具和辅助设备满足换刀要求和现场安全要求。

6）及时核对监测数据，并对监测数据作出评价。

9.1.3 事后监理

1）开仓结束前，清点核对工具材料，确保不在仓内落下金属工具、材料和其他杂物，确保所有刀具安装到位，盾构机具备复推条件。

2）关闭所有预留送风口、排气口、阀及仓门，关闭情况由当班机械技术人员检查，机电总工程师复核。

3）盾构机恢复掘进前，项目技术人员对操作人员作盾构掘进参数交底，宜小推力慢转速掘进 30cm 后，再按正常参数掘进。

9.2 带压开仓监理要点

9.2.1 事前监理

1. 施工组织设计或专项施工方案审查要点

同 9.1 常压开仓监理要点。

2. 检查作业人员资质

同 9.1 常压开仓监理要点。此外，带压作业必须聘请有资质的带压作业工程师及技术人员到现场指导作业。

3. 施工机械设备检查及临时用电检查

同 9.1 常压开仓监理要点。

4. 调查场地环境要点

1）检查所选开仓作业地点的地层是否具备带压开仓的基本条件，重点确认地层条件是否满足气体保压要求，不得在无法保证气体压力条件下实施气压作业。

2）地面是否有重要建（构）筑物及管线，若有，尽量安排盾构机通过后再行换刀，否则要有专项保护方案及应对措施。

5. 地面监测

1）开仓作业前，地面由测量人员进行监测，测出初始值。

2）开仓与刀具检查、更换过程中应加密监测，发现异常应及时上报指挥组、协调组。

3）地面巡查监测、仓内作业、盾构操作室参数等控制要形成联动机制。

9.2.2 事中监理

1. 膨润土造膜护壁控制要点

1）通过盾构机胸壁中上部的预留孔采用同步注浆泵注入膨润土，膨润土黏度需进行现场试验，稠度达到 80s～100s 方可使用。

2）加膨润土过程中，土仓压力分级加压，以 0.02MPa 为一个加压阶梯，加压至进仓工作压力的 1.3～1.5 倍为止。过程中缓慢转动刀盘，各级持续时间不小于 2h，使膨润土充分进入刀盘周围的地层，形成气压保护膜。最后一级要求动态稳压 6～12h。

3）开仓前，出土加气并根据情况再添加部分膨润土建立土仓内气压平衡，保留土仓内土体占总容积的 1/3。期间应严格控制土仓压力，禁止转动刀盘并加强地面监测。

4）开仓作业过程中，需随时观察掌子面膨润土泥膜情况，一旦出现泥膜开裂，应立即停止开仓作业，重新充填膨润土，重复上述掌子面封堵作业。

2. 土仓内压力控制

1）依据盾构开仓点位的地层水土压力计算，并确定土仓压力控制值。

2）土压盾构出渣，泥水盾构浆气置换降液位，至三九点位以下，静止 30min 以上，土仓压力无明显波动，以确认保压效果。

3）安装连通土仓的机械压力仪表与土仓内压力传感器观察土仓压力，对比校正土仓压力控制值，确保土仓压力真实。

3. 人闸内压力控制

1）将人闸密封门关好，各个气阀关好，并认真检查。

2）启动空压机，准备向仓内加压。

3）按照加压方案，对人闸分阶段加压。按要求控制加压时间，直至仓内压力基本稳定后，停止加压。

4）在稳压的情况下，机械工程师细心观察，检查人闸的气密性。如有漏气马上作密封处理，以保证加压工作正常进行。

5）按"洗仓"方案对仓内进行换气处理，此过程中应注意保持仓内压力稳定。

6）将料闸密封门关好，然后给料闸加压。加压过程应在短时间内完成。当料闸内的压力与人闸的压力基本相等时，打开两者之间的阀门，使两者的压力完全一样。

7）根据减压方案进行减压时，时间可以相对缩短。当压力表读数达到 0.02MPa 时，注意要放慢减压速度。当压力表的示数为零时，可以打开人闸、料闸的密封门。

8）清理人闸内部物品，保持舱内清洁。

9）查看人闸、料闸压力记录仪的加压曲线，判断人闸、料闸的工作及加压、减压过程是否正常。

4. 正式开仓作业

1）保压系统操作

通过人闸外与土仓闸板相连的空气调节、控制阀组进行控制，具体步骤如下：

检查和清洁盾构前体压力挡板后的压缩空气调节站，确认此系统工作正常后关闭所有阀门，防止渣土进入管路中。

为了检查刀盘或更换刀具的方便，需把土仓的渣土经螺旋输送机按要求排出一定的数量。排土分两个阶段进行。排土前上部土压控制在 0.12MPa，中部土压控制在 0.15MPa，为了防止排土时仓内土压降低，随排土随加气，保证土仓上部压力不低于 0.11MPa，中部不低于 0.15MPa。排土过程中严格计量，第一阶段排土量 1/4 斗，保压不少于 3h，如果地面隆沉在 −20 ~ −10mm 以内，无泄气冒泡现象，且气压稳定，则可进行第二阶段排土。第二阶段排土与第一阶段排土总量控制在 2/3 斗左右，即 $12m^3$ 左右，土仓内土面不宜低于刀盘中心以上 1m，随排土随补充气压，排土达到要求后将气压控制在 0.11MPa，稳压 2h，地面隆沉、压力稳定均符合要求后，再将气压逐步降低至 0.105MPa。否则，立即恢复推进，使土仓内中部土压恢复至 0.15MPa 左右，然后随推随排出仓内气体。再研究采取其他方案开仓。

保压成功后，打开保压系统的所有阀门，直到土仓顶部的土压传感器显示气压值为压缩空气站调节值。然后将放气阀调整至适当开度，进行土仓内换气，换气需在稳压状态下进行，直至第三方气体检测符合要求为止。

2）人闸内的气压控制

由操作人员通过人闸自身的压力控制阀及压力显示仪表，按照我国的高压氧舱管理与应用规则进行控制。具体的步骤如下：

（1）加压前的准备工作

首先，用空气质量检测仪检测空气质量，确定质量达到要求后工作人员方可进入。检查人闸进气减压阀的压力设定是否正常，管路是否漏气，进排气控制阀、联络电话、压力显示仪表、排气流量记录仪、各仓室压力记录仪、人闸外的供气空压机是否工作正常，土仓内清洗刀具用管路是否连接完毕，照明系统是否连接完毕，各仓门密封是否良好。另外，工作用的连接平台、检查刀具及使用的工具准备好并放入人闸内。人闸外的相关人员（包括土仓闸板处空气阀组监理人员、后配套空压机控制联络人员、紧急医疗救助人员）就位完毕。换刀相关人员进入人闸，关闭仓门准备加压。由人闸外的阀控人员填写人闸加压前设备检查表格。

（2）人闸加压

人闸外的控制人员用电话通知人闸内人员做好加压准备工作。打开盾构机中体内向人闸供气的控制球阀，向人闸提供气源，同时人闸内的工作控制人员打开进气阀，开始加压。在 0.03MPa 以下时，升压速度要缓慢，以适应人闸内工作人员咽鼓管的调压。在 0.03MPa 以上时，升压速度可适当加快。

正常情况下，人闸内的绝对压力 ATA 由 0.01MPa 升至 0.02MPa，一般用 15~20min 完成。如有耳痛等不适的感觉，应降低加压速度，甚至停止加压，待感觉好转后方可继续加压。出现上述情况，应延长加压过程，可在 30min 内完成。由人闸外阀控人员填写人闸加压压力控制表。

（3）人闸内稳压

当加压到预定的压力值，待人闸内的压力与土仓的压力相同后，关闭进气阀，即进入稳压阶段。人闸内的工作人员打开人闸内与土仓之间的压力平衡阀，使土仓与人闸内的压力相同。之后，开启人闸门，若门打不开，在将闸门各开关恢复至正常状态后通知转动刀盘至适当位置，待刀盘停转后，再重新开启人闸，人闸打开后工作人员即可进入仓内进行刀具的检查工作。

保持人闸内的压力稳定，如人闸内压力升高或降低，人闸外的阀控人员应及时通过控制阀进行排气或补气。人闸内工作控制人员时刻监视土仓内及人闸内的情况，如有特殊情况，及时通过联络电话进行报告。

（4）人闸内的减压

检查工作完成，人员出人闸时，需进行减压。人闸减压可采用不减压潜水法。

具体做法是：人闸外控制人员打开人闸外的排气阀，使人闸内减压，速率可控制在 0.008MPa/min 左右。当人闸内的压力降至 0.02～0.03MPa 时，为防止肺气压伤，需放慢减压速率至 0.003MPa/min。当人闸内外压力差为零时，减压过程结束，此时人闸内的工作人员可打开人闸门。由人闸外阀控人员填写人闸减压压力控制表。

（5）洗仓

洗仓是指对人闸进行换气的操作。在仓内人员主观认为有必要时进行。

作业人员在土仓内从事工作及在人闸内进行加压、减压过程中，由于工作人员及控制人员较多，工作及加压、减压过程时间相对较长，在稳压过程中，必须进行"洗仓"，以提供足够清洁的空气。在稳压过程中，实行稳压换气，以稀释人闸内工作人员呼出的废气并提高人闸内的氧气浓度。在这一过程中，人闸内的工作人员要通过联络电话与人闸外的工作人员进行电话联系。具体稳压换气的方法是：人闸外的阀控人员同时打开土仓闸板上的球阀或人闸外的进排气阀，时刻观察土仓或人闸内的压力显示仪，确保其压力动态平衡。由人闸外阀控人员填写洗仓记录表。

3）人、机、料进出人闸

（1）紧急情况下人员、机具、材料（简称人、机、料）进入人闸的操作程序

开仓过程中，如遇紧急情况，人、机、料需进入人闸，按下述步骤执行：

①将需送入人闸的人员、机具设备、材料放入料闸（人闸过渡室）的闸门，通过门闩关闭料闸。

②通过料闸外（内）的压力控制阀，向料闸内加压。如料闸内没有人员进入，可缩短加压时间，直至压力升至人闸内的设定压力。

③通过人闸或料闸的压力平衡阀，平衡人闸和料闸之间的压力。当平衡阀气流声消失时，或人闸和料闸两者的压力表显示压力相同时，即可开启人闸与料闸之间的连接门（注意：压力未平衡前，不要打开连接门，以防造成压力伤害）。

④人、机、料进入人闸后，及时关闭连接门和压力平衡阀。

（2）紧急情况下，人、机、料出人闸的操作程序

在作业过程中，如遇紧急情况，人、机、料需出入人闸时，按下述步骤执行：

①通过门闩关闭料闸。

②通过料闸外（内）的压力控制阀，向料闸内加压，直至压力升至人闸内的设定压力。

③通过人闸或料闸压力平衡阀，平衡人闸和料闸之间的压力差。

④开启人闸与料闸之间的连接门。

⑤关闭连接门和压力平衡阀。

⑥按上述减压法进行料闸的减压，直至料闸内压力与人闸外压力平衡。

⑦开启料闸闸门并及时关闭连接门和压力平衡阀。

⑧人闸外的阀控人员填写班组日志（包括：每班的工作情况记录、材料机具进出

人闸点验、人员进出人闸点验）。

（3）人、机、料进入土仓的步骤

在作业过程中，人、机、料进入土仓，需按下述步骤执行：

①人闸外人员通过土仓闸板上的球阀，检查土仓内液面是否降至设定的位置，同时将人闸内的压力升高至与土仓内的压力相同，经过短暂的稳压，使人闸内的压力稳定。

②人闸内的工作控制人员，通过开启人闸与土仓之间的压力平衡阀，平衡人闸与土仓之间的压力差。

③完全开启人闸与土仓之间的连接门。

④搭建人闸与土仓之间的工作连接平台，开启并固定好照明灯具，待工作人员检查并确保开挖面稳定后，工作人员即可进入人闸进行刀具检查工作。

⑤将新刀具、刀具拆卸/安装工具准备齐全，如需进行刀具更换，按以上步骤进行施工即可。

5. 维持开挖面稳定的措施

1）检查过程中的压力维持

在刀具检查过程中，应维持压力稳定，使气压的变化值控制在 0.01MPa 并尽量减小土压变化幅度。

2）仓内土建工程师的职责

在仓内刀具检查作业过程中，土建工程师应密切注意开挖面的土质情况和地层中地下水的状况，若发现开挖面地层出现异常（如土质变软、水量增大等），及时报告人闸内、外指挥人员，并及时将土仓内作业人员撤至人闸内，待分析并采取相应的处理措施后，方可继续作业。

6. 开仓检查期间地表沉降的监测

为确保施工安全，要加强开仓检查期间对地表沉降的监测，提高监测频率，并要对监测数据及时进行汇总，绘制地表沉降时间—位移曲线图。在刀具检查期间，还应派专人对地面及附近房屋进行目测观察，加强对各住户的调查访问。如发现异常现象，需及时停止施工，并通报有关负责人对异常现象进行分析研究。在分析研究期间，应及时建立土压力监测，并随时注意土压力的变化。

地表沉降监测频率为每 4~6h 监测一次。测量结束后 1h 内上报测量结果。

7. 安全措施

1）加压进仓工作人员必须身体健康，不能患感冒、鼻窦炎等影响耳咽管舒张的病症，以防造成工作人员耳膜气压伤。

2）工作人员必须穿着棉质工作服、防滑鞋，佩戴好护目镜，系好安全带，戴好安全帽，并且安全带必须固定在已焊好在人闸内的铁环上。由土建工程师鉴定开挖面的稳定性，确认安全后，方可进土仓工作。

3）始终保持土仓与人闸主室的畅通，以便有紧急情况时工作人员能迅速撤离土仓。

4）在有压条件下进行闸门的开关时，一定要保证仓内、外压力完全相同时，才能进行闸门开关作业。

5）必须做好人闸内的通风换气工作，以保证工作人员在仓内能够正常呼吸。内部还要配备医用氧气瓶，以便紧急情况下给伤员吸氧，吸氧应在医学专家指导下进行。

6）人闸内作业的温度控制在 15~20℃，如果不在这一范围内，必须马上进行换气工作，调节内部温度。

7）土仓内安装一个工作支架用于搭建工作平台，以便工作人员方便安全地工作。支架上部做成钩形，使用时挂到刀盘上齿刀根部，走道板一端放在土仓门地坎上，另一端放在支架的横梁上。开挖面失稳时，在人员撤离的同时，要撤掉支架和走道板。

8）当清理刀盘周围泥土时，必须注意开挖面的变化，如有不正常现象，马上停止作业，退出土仓。待重新建立稳定的开挖面后，方可进入土仓继续进行换刀工作。

9）人闸内的土建工程师必须时刻监视开挖面的土质情况，发现土质变软或含水量变大时，及时撤出土仓内的工作人员。如果开挖面失稳，应立即撤出土仓内的所有人员和机具，并重新恢复掘进，建立稳定的开挖面后，方可进入土仓继续工作。

10）检查完毕后，必要时向土仓内回填砂袋，重建土压。尽早恢复掘进，并加强盾尾注浆，确保将管片与土体间的空隙填充密实。

8. 监理旁站要点

1）人闸的操作必须由经过专业培训的人闸安全管理员进行。

2）只能允许通过高压空气检查（带压状态下身体检查）和经过相应专业培训的人员进入人闸。

3）开仓过程中，有专人定期检查所有设施的功能（显示仪表、带式记录仪、暖气、时钟、温度计和密封阀等）。

4）人员进出人闸的过程、升压和降压的压力梯度以及环境温度严格按照相关要求设定。

5）换刀作业过程中的各种安全保障措施要到位，驻地监理尤其要控制好以下三点：

（1）现场医疗人员必须常驻并应连续观察人闸内人员的身体状况。

（2）作为紧急安全室，前室必须始终能让所有人进入，不能被管路堵塞。

（3）所有需要的起重工具都要固定在预定的支架上并经过检查，保证安全操作。

9.2.3 事后监理

1）开仓结束前，清点核对工具材料，确保不落下金属工具、材料和其他杂物在仓内，确保所有刀具安装到位，盾构机具备复推条件。

2）盾构机恢复掘进前，项目技术人员对操作人员作盾构掘进参数交底，宜小推力慢转速掘进 30cm 后，再按正常参数掘进。

3）恢复推进后，加强同步注浆，并依据地面监测情况，及时二次注浆，必要时做地面开孔注浆。

9.3 回填土仓开仓监理要点

9.3.1 基本概念

回填土仓作业：对于既无法进行地面加固，也无法实施气压进仓，如地层裂隙发育、地下水含量丰富、渗透系数大的地层，该方法主要是采用注浆包裹的措施后，向土仓内部压注低、中、高强度的水泥膨润土砂浆浆液，使土仓内膨润土浆液形成有强度的固结体。采用水泥砂浆作为土仓填充体支护泥膜，泥膜始终保持湿润特性，从而保证隔水性能。

存在缺点是：材料同样需要稠度分级，准备时间较长；如操作不当，极易造成刀盘及盾构机体固结；材料回填后，需要重新开挖，增加开仓作业工作量。

9.3.2 事前监理

1）审查施工组织设计或专项施工方案，具体审查要点有：
（1）常压开仓的位置选择是否满足要求，是否按照方案中要求的位置施工。
（2）选用的高、中、低浆液配合比是否满足工程需要，施工工艺是否合理。
（3）安全与质量保证体系是否健全，劳动力组织、材料供应、进度计划是否落实等。
（4）相关的环保措施是否全面到位。
（5）根据地质勘察资料以及掘进施工情况审查该地层是否能够满足填仓换刀要求。
2）检查人员资质
同 9.1.1 事前监理。
3）对进场原材料进行检查验收
（1）对进场水泥、膨润土、砂子、聚氨酯等原材料按规范规定进行检查验收，质量合格后才能使用。
（2）核查材料计划和后续供应是否已经落实。
4）施工机械设备检查及临时用电检查
同 9.1.1 事前监理。
5）地面监测
同 9.1.1 事前监理。

9.3.3 事中监理

1）利用盾构机本身径向孔向其四周注满膨润土浆液，防止盾构机长时间停止不动而无法脱困。

2）如果盾体处于复合地层中，裂隙渗水较多而且处于下坡段，为防止盾体后面的水渗入土仓内，利用径向孔向盾体周边注入聚氨酯形成止水环，利于开仓换刀施工。

3）在盾体后的渗水完全止住后，利用同步注浆管及新增的管路通过土仓壁上的预留孔对土仓内的渣土进行置换，直至盾构机刀盘土仓内全部为膨润土浆液；并且还要使膨润土浆液在刀盘前方形成一定厚度的泥膜，确保刀盘前方的渣土不再进入土仓内。

4）在土仓内的渣土置换成功后，即可进行低、中、高强度的水泥膨润土砂浆浆液注入加固。

5）为确保土仓顶部的土层能够自稳且减少渗水，利用超前孔对盾构机切口环及刀盘顶部进行注浆，采用纯水泥浆液，其水灰比为1∶1，注浆压力为 0.4~0.5MPa，直至前方不能注入为止；至此，整个填仓工序已经完成，需要等待浆液凝固。相隔一定时间之后，利用土仓壁上的预留孔对凝固填仓物进行检查，若能够达到自稳要求即可进行开仓挖土。

6）为保证仓内施工人员的安全，先期开挖的部分必须在切口环、刀盘开口角部位置采用快干水泥加固。若水流较小，可采用塑料管引出，减少水压力；若水流较大，则利用刀盘开口或刀箱再次注浆止水。止水工作完成后，对刀盘开口处用"九分板"加钢筋进行加固封闭。

7）监理检查控制要点如下：

（1）检查盾构机四周的膨润土注入量。

（2）检查聚氨酯在盾构机周边形成止水环以及仓内的渗水量。

（3）检查土仓内渣土置换情况及前方掌子面泥膜的厚度。

（4）检查土仓内的置换物是否能够满足自稳。

（5）检查土仓顶部的注浆是否已经凝固。

（6）检查土仓内填仓物开挖前的稳定状态。

（7）检查土仓内的通风设施是否满足要求。

（8）检查更换刀具的顺序是否符合要求。

（9）检查土仓开口处、切口环处的填仓物稳定以及加固处理情况。

（10）检查土仓内的渗水情况。

9.3.4 事后监理

同 9.1.3 事后监理。

9.4 衡盾泥带压开仓监理要点

9.4.1 基本概念

衡盾泥是一种以无机黏土为主要材料，通过改性后与增黏剂反应形成一种高黏度的触变泥浆，具有良好的和易性和黏附性，在水中不易被稀释带走，成膜稳定，附着力好，是一种绿色环保材料。

盾构机掘进过程中，如果遇到复杂的地质环境，比如全断面砂层、富水断层破碎带、砾卵石地层、裂隙发育岩层、上软下硬地层，采用传统的泥膜护壁法难以达到保压效果，而衡盾泥浆体泥膜护壁简化了常规泥浆制作的稠度分级，具有较好的时效耐用性，封闭保压效果稳定，能满足保压开仓作业的需要，这种通过衡盾泥护壁保压实现盾构带压开仓作业，就是衡盾泥带压开仓。

9.4.2 事前控制

衡盾泥泥膜护壁带压开仓的关键控制要点是泥膜的制作及闭气效果的形成，具备带压开仓条件。事前控制主要有：

1. 审查施工组织设计或专项施工方案

1）选择带压开仓的位置是否能满足作业要求。

2）衡盾泥配合比、制作设备、搅拌、混合工艺、泵送设备及方法是否满足工程需要，工艺流程是否合理。

3）审查停机位置带压开仓工作压力计算是否合理。

4）如遇停机位置是全断面或部分中粗、粉细砂层，为防止长时间停机（盾构机长时间停机保压极易引起盾构机被砂层包裹），应在停机前沿盾体径向多点位注入膨润土充分填充。

5）盾构机停止掘进后，向脱出盾尾后第3环的管片外侧连续5环注入双液浆，形成连续止水环，防止地下水沿管片外间隙渗入盾构机前部，并利用盾构机机身径向孔压注衡盾泥，使得衡盾泥材料包裹整个盾构机机体。

6）衡盾泥使用前，必须查明土仓内"渣、浆、气"的含量比例，才能有针对性地制定后续渣土置换方案。

7）停机位置地面加密监测点布置，过程中需加密监测。

8）衡盾泥泥膜制作前，需查明周边地质探孔是否封堵到位。

2. 检查人员资质

同9.1.1事前监理。

3. 对进场原材料进行检查验收

1）对进场水泥、衡盾泥、膨润土、砂子、聚氨酯等原材料按规范规定进行检查验收，质量合格后才能使用。

2）核查材料计划和后续供应是否已经落实。

3）施工机械设备检查及临时用电检查。

9.4.3 事中控制

1. 衡盾泥拌制

为确保衡盾泥具有稳定的搅拌质量以及满足连续拌制要求，搅拌使用以剪切泵（图 9-2）为基础的一体化拌制设备（图 9-3），并严格按照衡盾泥配合比进行材料拌制。A 液一次可以搅拌 $6 \sim 8m^3$，A、B 液利用同步注浆罐进行混合，一次可以混合 $2 \sim 3m^3$（A 液体积不能超过卧式搅拌叶片的 2/3 高度），拌制完毕后，利用同步注浆泵进行泵送及注入。

图 9-2 剪切泵

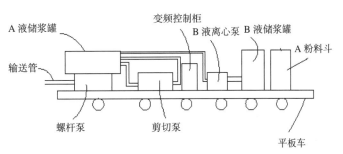

图 9-3 盾构用衡盾泥一体化拌制设备

2. 浆浆置换

即利用衡盾泥置换土仓内的膨润土，注入点位宜选用土仓隔板上 10 点位至 2 点位之间的多个预留孔，从盾构机上部压注；利用螺旋机进行排渣，置换过程中，应低速（0.5r/min 以内）转动刀盘；衡盾泥注入时，土仓压力约高于膨润土"洗仓"后压力 $0.01 \sim 0.02$MPa，按注入量和排出量相匹配（相等）等原则进行双向控制，直至螺旋输送机出土口排出的渣土全部为衡盾泥（含量 95% 以上），即认为"浆浆置换"完成。

3. 分级加压

如地层渗透系数较大，结合衡盾泥特性，需采取分级加压缓慢渗透，为尽量减小加压过程中对地层的扰动，有效的渗水、漏气通道是富水砂层实现保压的关键。故采取分级形式实现应力缓慢释放，达到密封止水效果。

在渣土置换完成后静止土压力的基础上，按照最高挤压控制指标（$1.3 \sim 1.5$ 倍工作压力）分 4 级加压（如：$0.12 \sim 0.14$MPa、$0.14 \sim 0.16$MPa、$0.16 \sim 0.18$MPa、$0.18 \sim 0.20$MPa），每一级加压均是通过在土仓壁预留孔多次少量注入衡盾泥实现的。每个梯级（0.02MPa）确保 2h 的动态保压，保压过程中可以低速（$0.1 \sim 0.5$r/min，转半圈）转动刀盘，以保证注入速度和掌子面渗透速度的均匀性，加压完最后一级压力时，需进行 12h 的动态保压观察。

4. 盾构机后退

衡盾泥分级加压至第三级的时候，松开盾构机铰接，利用注入衡盾泥的压力让盾构机后退10cm左右，并加大衡盾泥注入量，使之填充至刀盘与掌子面之间的空隙，形成衡盾泥泥墙。期间应严格控制土仓压力，禁止转动刀盘，加强地面监测。

5. 气浆置换

开启空压系统，在最高压力下稳压6h以后，首先采用自然降压，待压力不再下降后，再采用泄气降压，降压至工作压力后，在气压稳定的情况下，利用螺旋输送机进行排浆，降低衡盾泥液面。排浆前，可以适当控制刀盘缓慢转动，排土过程中应保持土仓压力波动控制在±0.2bar内。

6. 允许开仓标准

1) 浆气置换完成后，在开启自动保压系统的情况下，至开仓工作压力能够稳压6h，并满足空压机加载时间小于其待机时间的10%，则认为衡盾泥泥膜护壁完成，否则应重新制作泥膜。

2) 现场必须对衡盾泥置换、分级加压、地表监测数据、浆气置换过程中具体泄压时间、衡盾泥补注量进行详细记录，并经过综合分析，才能确定是否具备开仓条件。

9.4.4 事后控制

同9.2.3事后监理。相关记录如表9-1～表9-3所示。

开仓程序表（一） 表9-1

1. 开仓目的：
2. 计划开仓位置及环境条件：
项目经理部意见：　　　　　　　　　　　　　　　　　　项目经理： 　　　　　　　　　　　　　　　　　　　　　　　　　日　　期：
监理机构意见：　　　　　　　　　　　　　　　　　　　总　　监： 　　　　　　　　　　　　　　　　　　　　　　　　　日　　期：

开仓程序表（二） 表9-2

开仓位置		土木技术人员		月 日 时 分
经机电技术人员组织，由维保班、电工班负责实施，准备开仓相关工具、鼓风机、风水管、水泵、照明灯具、倒链、气体检测仪器等		维保班		月 日 时 分
		机电技术人员		月 日 时 分
		机电总工程师		月 日 时 分

续表

交底情况		土木总工		月　日　时　分
		机电总工		月　日　时　分
		安全员		月　日　时　分
仓内渣土出至人舱以下		土木技术人员		月　日　时　分
		土木总工程师		月　日　时　分
气体检测情况		检测人		月　日　时　分
通风情况		机电技术人员		月　日　时　分
安全员				月　日　时　分
副经理				月　日　时　分
现场监理				月　日　时　分
开仓后进行项目				
气体检测情况		检测人		月　日　时　分
地层情况判断		土木值班		月　日　时　分
		土木总工程师		月　日　时　分
		现场监理		月　日　时　分
仓内灯具和通风的引入		维修人员		月　日　时　分
		机电技术人员		月　日　时　分
检查刀盘安排两人：仓内1人，仓门口1人，负责检查并做好详细记录		机电技术人员		月　日　时　分
刀具更换				
换刀情况：				
计划情况		机电技术人员		月　日　时　分
		机电总工程师		月　日　时　分
		现场监理		月　日　时　分
执行情况		机电技术人员		月　日　时　分
		机电总工程师		月　日　时　分
关闭仓门恢复施工				
关闭仓门恢复施工				
一切工作结束后，清理仓内机具及材料，关闭仓门，通风盖板		掘进班长		月　日　时　分
		机电技术人员		月　日　时　分
		机电总工程师		月　日　时　分
恢复施工	仓门关闭，开仓作业程序完成，可以恢复掘进	生产经理		月　日　时　分
		现场监理		月　日　时　分

××工程质量安全检测中心
盾构机开仓前气体检测初步结果临时通知单

表 9-3

工程名称：　　　　　　　　　　　　　　工程地点：
施工进度：
仪器设备及型号：

样品编号	采样位置	检测时间	氧气 O$_2$（%）	甲烷 CH$_4$（%）	二氧化碳 CO$_2$（%）	一氧化碳 CO（mg/m³）	氮氧化物（mg/m³）	二氧化硫 SO$_2$（%）	硫化氢 H$_2$S（%）	氨气 NH$_3$（%）
	—	—	≥20	<0.75	≤0.5	≤30	≤5	≤0.0005	≤0.00066	≤0.004
标准限量										
结论										
建议										
备注										

检测：

第 10 章
盾构隧道附属结构施工监理要点

本章执笔：张海彬　杨木桂

盾构隧道工程中，盾构始发与到达要有端头井（工作井），始发与到达端头依据地层情况作相应的加固处理，双线隧道按要求设联络通道，隧道两端与端头井（工作井）结构的接头有专门的要求，这些属于盾构隧道附属结构施工内容。

10.1　端头加固监理要点

10.1.1　端头加固方式

端头加固主要是对端头地层进行土体加固来增加土体强度及切断渗水通道，保证盾构顺利安全通过。端头加固的常用工法有外包素混凝土连续墙、高压旋喷桩、水泥搅拌桩和洞内水平注浆等，或多种工法相互结合来进行土体加固。

端头加固施工质量对于盾构能否安全始发和到达非常重要，监理必须对施工前准备工作及施工过程中每道工序进行仔细的审核、检查和核实。

10.1.2　外包素混凝土连续墙

在端头井按盾构机长度和盾构机直径外扩约3m的范围设置外包素混凝土连续墙，其主要作用是阻断或减小涌水涌砂的通道，降低盾构始发、到达时洞门破除的风险。在连续墙施工过程中，监理审核、检查、抽检、验收等内容较多，主要控制要点如下。

1. 事前控制

1）详细了解端头加固施工图纸，理解设计意图，确保连续墙基底能进入隔水层，素混凝土强度通常在C20以下。

2）组织承包商参与设计交底，并提出监理意见。

3）审查承包商提交的施工组织设计（施工方案），重点审查其质量管理体系、技术管理体系、质量保证体系、人员、机械、材料及施工工艺等，并提出监理意见。

4）审查承包商（分包商）的技术资质，审查内容包括技术能力、管理水平、施工业绩、关键岗位的人员上岗证等，签字并经业主认可后方可准许进场。

5）要求承包商对施工范围内地上、地下的障碍物进行调查，并编写调查报告上报监理审核。

6）提前督促承包商提交水下混凝土配合比试验报告。

7）要求承包商提交连续墙平面分幅图，接口尽可能不要处在洞身范围内。

8）检查泥浆系统是否按要求设置（三个池：新浆池、循环池、沉淀池），容量能否满足施工要求。

9）检查混凝土灌注导管的气密性，施工前应试拼、试压并进行隔水栓通过试验，确保管节连接严密、牢固。

2. 事中控制

1）导墙施工检查。横断面应严格按图纸施工，一般顶面宜略高于地面 100mm 左右，每个槽段内的导墙至少应设有一个溢浆孔。

2）抽查泥浆性能。新拌制的泥浆应存放 24h 膨化，使黏土或膨润土充分膨化后方可使用。泥浆特性指标如表 10-1 所示。

泥浆特性指标   表 10-1

泥浆性能	新配制	循环泥浆	废弃泥浆	检测方法	检测频率
相对密度（g/cm³）	1.04~1.08	1.10~1.20	>1.25	相对密度计	2次/幅
黏度（s）	22~28	25~30	>50	漏斗计	2次/幅
含砂率（%）	<3	<4	>11	洗砂瓶	1次/幅
pH值	8~9	8~10	>12	试纸	1次/幅

3）槽段定位检查。组织测量工程师复测导墙顶标高及中心线，检查单元槽段位置划分。

4）成槽施工检查。成槽前必须对上道工序进行检查，合格后方能进行下道工序。

（1）严格控制大型机械尽量不在已成槽段边缘行走，确保槽壁稳定。

（2）成槽过程中，发现泥浆大量流失、地面下陷等异常现象时，要求承包商暂停施工，待商议处理后再行施工。

（3）成槽过程中，泥浆液面应控制在规定的液面高度上。

（4）成槽过程中，应不定时检查设备垂直度。

（5）槽段检测。成槽完成后，应进行垂直度和深度检查。要求采用超声波检测仪进行垂直度检查，用测绳垂直放入槽段，读取槽段深度；刷壁（道数必须满足要求）、清孔、吊放锁口管后，槽底泥浆性能必须满足要求才能进行混凝土浇筑。槽段开挖验收质量标准如表 10-2 所示。

槽段开挖验收质量标准　　　　　　　　　　　　　表 10-2

序号	项目	单位	质量标准
1	垂直度（主控项目）	‰	3/1000H
2	槽深	mm	+100
3	槽宽	mm	0～+50
4	沉渣厚度	mm	≤100

5）混凝土浇筑旁站检查要点：

（1）清孔完成后，应及时浇筑混凝土，等待混凝土浇筑时间不应超过 4h。

（2）导管插入距槽底标高 300～500mm，浇筑混凝土前应在导管内邻近泥浆面位置吊挂隔水栓，方可浇筑混凝土。

（3）检查导管的安装长度，并做好记录，导管间水平布置距离一般为 2.5m，最多不大于 3m，距槽段端部不应大于 1.5m。

（4）检查混凝土进场时间、施工配合比、强度等，并见证取样，做好抗渗、抗压试件。

（5）导管集料斗混凝土储量应保证初灌量，现场应有混凝土 3 车以上，才能开始浇筑，以保证开始浇筑混凝土时埋管深度不小于 1000mm。

（6）为了保证混凝土在导管内的流动性，防止出现混凝土夹泥现象，槽段混凝土面应均匀上升且连续浇筑，浇筑上升速度不小于 2m/h，因故中断浇筑时间不得超过 30min，两根导管间的混凝土面高差不大于 50cm。

（7）每次拆管前都应测量混凝土面高度并填写记录，保证导管插入混凝土深度在 1.5～3m 范围内。

（8）在浇筑混凝土时，不得将路面洒落的混凝土扫入槽内，污染泥浆。

（9）混凝土灌注宜高出墙顶设计标高 30～50cm，以保证墙顶混凝土强度满足设计要求。

（10）素混凝土连续墙接缝处要求采用锁口管装置，保证接缝处规整，以利于后期防水。

（11）对各类安全重点部位进行检查、监理和验收。

（12）对混凝土浇筑过程中出现的异常情况做好详细记录，以便对存在的质量问题进行分析，并制定有针对性的补救处理措施。

10.1.3　高压旋喷桩

高压旋喷桩施工质量控制的好坏是端头加固质量保证的关键，为防基坑围护结构变形，高压旋喷桩施工安排在基坑开挖前，多适用于砂质土层。施工过程的质量控制分为施工前、施工过程中和完工后的质量控制，其工作重点是施工前和施工过程中的质量控制。根据监理施工控制程序，主要工作内容如下：

1. 事前控制

1）组织承包商参与设计交底，并提出意见。

2）审查承包商（分包商）的技术资质，审查内容包括：技术能力、管理水平、施工业绩、关键岗位的人员上岗证等，签字并经业主认可后方可准许进场。

3）审查承包商提交的分项工程施工方案，重点审查其人员、机械、材料及施工工艺等，提出审核意见，并经总监理工程师审核、签认后报建设单位。

4）检查督促施工单位复查施工现场地上、地下埋设物，做好迁改或保护措施。

5）审核承包商提交的工程材料计划，审核水泥及外加剂的种类、品名、强度等级等质量指标是否符合设计、合同等要求，同时按照抽检要求对进场水泥进行抽检，抽检不合格的水泥不得用于本工程，对进场材料做好台账记录。

6）试喷：高压旋喷注浆方案确定后，要求施工单位进行现场试验或试验性施工，通过试喷检查桩位、核对地质资料、确定正式施工的技术参数，通过试喷检查注浆机械设备的运行状况是否完好、正常。

（1）试喷主要工艺参数包括：浆液配合比、注浆压力、旋喷提升与旋转速度、浆液流量、水泥掺入比、外加剂的掺入量等。

（2）试喷数量一般为每个工程1~3个，有特殊地层变化时作适当调整，试桩完成达到龄期后应进行旋喷质量检测，合格后才能全面开展施工。

2. 事中控制

坚持以工序质量控制为核心，通过对端头地层特点的分析，防止工法质量通病的发生，做到工程质量预控与施工过程中平行检查、抽样检查等工作相结合，使施工质量满足设计要求。

1）主要质量控制要点如表10-3所示。

主要质量控制要点　　表10-3

项目	质量控制要点	要求
工程测量定位	标准轴线、定位轴线、标高	孔口平面位置偏差不得大于50mm
旋喷桩成孔过程	孔深、垂直度、土层状况、持力层岩性	钻孔倾斜度不得大于1%，注浆前应检查桩深垂直度
水泥浆搅拌、注浆过程	水泥质量、搅拌时间、注浆压力、浆液配合比、技术参数	浆液搅拌时间；检查注浆流量、风量、压力、旋喷提升速度等
施工机械	搅拌机、引孔机、旋喷机	正常运行
其他	施工技术环境、劳动环境、管理环境	尽可能减少对环境的影响

2）旋喷桩施工过程质量控制要点如下。

施工过程中，监理工程师严格按照施工程序及施工参数（压力、水泥浆量、提升速度、旋转速度等）进行施工质量控制。

（1）桩施打顺序。旋喷桩由于喷射压力较大，容易发生窜浆，影响邻孔的质量，应采用间隔跳打法施工。

（2）钻孔就位。钻头对准孔位中心，钻孔的位置与设计位置的偏差不大于50mm。钻机平面放置平稳、水平，保证钻孔达到设计要求的垂直度，钻机就位后必须做水平校正，使钻杆轴线垂直对准钻孔中心线，钻杆角度和设计要求的角度之间不大于1%～5%。

（3）实际孔位、孔深和每个孔内的地下障碍物、洞穴、涌水及工程地质报告不符等情况均应进行详细记录。

（4）在进行高压喷射注浆作业时，严格控制各工艺参数，并随时做好关于喷射时间、用浆量、喷射压力、提升速度、冒浆情况等的记录。喷射过程中用的泥浆随制随用，防止水泥浆沉淀。

（5）钻杆需匀速旋转、提升，确保桩体连续、均匀；当换卸钻杆或因故障停喷后继续喷浆时，应重复喷射不小于100mm。

（6）注浆管分段提升的搭接长度不得少于100mm，根据设计的桩径或喷射范围要求，可以采用复喷的方法扩大加固范围。

（7）在高压喷射注浆过程中出现压力骤降、上升或大量冒浆等异常现象时，应查明原因并及时采取措施，故障排除后方可继续施工。

（8）喷射注浆完毕，应迅速拔出注浆管，并及时清洗。

3. 事后控制

施工结束后，按规定的质量评定标准和方法，对完成的高压旋喷桩加固体工程进行质量检查验收。检验桩体强度、搭接范围、平均直径、桩身中心位置、桩体质量等。桩体质量及承载力检验，应在施工结束后28天进行。整理有关工程项目质量的技术文件，并编目、建档。旋喷桩地基（帷幕）质量检验标准应符合表10-4的规定。

旋喷桩质量检验标准 表10-4

项目	序号	检查项目	允许偏差或允许值		检查方法
			单位	数值	
主控项目	1	水泥及外掺剂质量	符合出厂要求		检查产品合格证书或抽样送检
	2	水泥用量	按设计要求		查看流量计、施工记录和进场原材料台账
	3	桩体强度或完整性检验	按设计要求		轻便触探或其他检测方法，查看试验报告
	4	地基承载力	按设计要求		荷载板试验，查看试验报告
一般项目	1	钻孔位置	mm	≤50	用钢尺量
	2	钻孔垂直度	%	≤1.5	经纬仪测钻杆或实测
	3	孔深	mm	±200	用钢尺量

续表

项目	序号	检查项目	允许偏差或允许值		检查方法
			单位	数值	
一般项目	4	注浆压力	按设定参数指标		查看压力表
	5	桩体搭接	mm	按设计	用钢尺量
	6	桩体直径	mm	≤50	开挖后用钢尺量
	7	桩身中心允许偏差	mm	≤0.2D	开挖后桩顶下500mm处用钢尺量，D为桩径

10.1.4 水泥搅拌桩

搅拌桩作为盾构机的始发与到达端头加固处理措施方法之一，多适用于软弱黏土、淤泥、砂质土层，常用设备为单轴和三轴搅拌桩机。搅拌桩施工质量控制的工作重点是施工前和施工过程中控制，主要内容如下：

1. 事前控制

1）参与设计交底，并提出意见。注意加固方法与现场环境的适应性。

2）审查承包商提交的施工组织设计（施工方案），重点审查其人员、机械、材料及施工工艺等，并提出修改意见。

3）审查承包商（分包商）的技术资质，审查内容包括技术能力、管理水平、施工业绩、关键岗位的人员上岗证等，签字并经业主认可后方可准许进场。

4）要求承包商对加固范围内地上、地下的障碍物进行调查，并编写调查报告上报监理审核。

5）检查水泥仓库是否达到防潮、防毁、防变质的条件，达不到条件的要求承包商采取相应的防护措施。

6）检查搅拌机械的灰浆泵输送量、灰浆管到达搅拌机喷浆口时间、设备提升速度等施工参数能否满足施工工艺要求。

7）审核承包商提交的工程材料计划，审核水泥及外加剂的种类、品名、强度等级等质量指标是否符合设计、合同等要求，对进场材料做好台账记录。

8）试桩中监理工程师旁站监理，对泵送、搅拌提升、下沉速度、复拌和复喷次数、深度及注浆量等做好施工记录，并应做好试桩质量检测，合格后才能全面开展施工。试桩数量为1~2根。

2. 事中控制

1）复核轴线、桩位布置尺寸和桩数。

2）检查水泥品种、强度等级、水泥浆的水灰比和外加剂品种、掺量。

3）检查水泥用量、水泥浆流量、提升时间、复拌次数。

4）检查桩位中心位移、管垂直度、搅拌深度、直径、成桩顺序、桩数。重点检查对成桩质量有重要影响的桩机水平度和垂直度、浆液制备、注浆量、有无断桩、喷浆搅拌、提升时间与速度、复搅（喷浆）次数和有效桩长等质量关键点，防止违章操作和偷工减料。

5）运用数理统计分析法，通过搜集、整理质量数据分析、发现质量问题，以便及时纠正。

6）做好监理日志等监理工作记录，发现问题及时向业主、承包商反映，必要时发监理备忘录或监理通知书、停工令以及复工令。

7）进行加固强度检验（要求取28天的芯样进行检测，钻孔取芯位置可取搭接处）。

3. 事后控制

施工验收是保证工程质量的重要手段。施工质量检验标准如表10-5所示。

水泥搅拌桩质量检验标准　　　　　　　　　表10-5

项目	序号	检查项目		允许偏差或允许值		检查方法
				单位	数值	
主控项目	1	水泥及外掺剂质量		设计要求		查看产品合格证书，抽样送检
	2	水泥用量		参数指标		查看流量计和施工记录
	3	桩体强度		设计要求		轻便触探或其他检测方法，查看试验报告
	4	地基承载力		设计要求		荷载板试验，查看试验报告
一般项目	1	机头提升速度		m/min	≤ 0.5	测量机头上升距离及时间
	2	桩底标高		mm	± 200	测量机头深度
	3	桩顶标高		mm	+100 −50	水准仪（最上部500mm不计入）
	4	桩位偏差	地基加固	mm	< 50	用钢尺量
			支护	mm	± 30	
	5	桩径			< 0.04D	用钢尺量，D为直径
	6	垂直度	地基加固	%	≤ 1.5	经纬仪
			支护	%	≤ 0.3	
	7	搭接		mm	>200	用钢尺量

10.2　盾构区间联络通道施工监理要点

10.2.1　联络通道地层加固和开挖方式

联络通道地层加固和开挖施工工艺必须与地层地质条件和周边环境条件相适应，由于联络通道所处地层不同，所采用的施工方法也不尽相同。目前常用的工法主要有：

1）地面环境条件许可，采用地面加固竖井开挖法和地面加固暗挖法，加固方法包括：地面搅拌桩加固法、高压旋喷注浆加固法、冻结法等（竖井开挖可参见基坑开挖施工监理要点，搅拌桩加固法可参见搅拌桩施工监理要点，注浆法可参见旋喷桩施工监理要点,冻结法可参见冻结法施工监理要点)。

2)地面无作业空间时,采用暗挖法,地层加固只能在隧道内进行,加固方法为水平注浆加固和冻结法加固等(冻结法施工可参见冻结法施工监理要点)。水平注浆加固暗挖法是目前区间联络通道的主要施工方法。

10.2.2 联络通道水平注浆加固监理要点

1)设计方案审查,依据地层地质特点,选择注浆加固方式和注浆材料,常用的注浆方式有管幕(棚)注浆、袖阀管注浆、WSS注浆,浆液有水泥浆、双液浆等。

2)注浆材料进场检验和台账管理,保证注浆材料的质量和数量,尤其是水泥用量的管理。

3)水平注浆开孔要做好防涌水涌砂,严格开孔作业管理,防喷涌装置要安装到位。

4)注浆开始时,先开观察孔,观察地层涌水涌泥情况,后续注浆过程对比注浆效果,修正注浆的配比和孔位的布置。

5)注浆过程中应注意注浆压力控制,避免压力超过管片承受压力,造成管片质量问题。

6)通过打设探孔取芯,观察浆脉的渗入情况,观察探孔的来水,判断封水情况,综合评估注浆效果。

10.2.3 施工工艺流程

洞口前后5环二次双液浆注浆止水→搭设临时支撑→超前导管打设、注浆→切除开挖侧洞口范围的管片→联络通道隧道开挖→安装钢筋格栅并喷射混凝土→喷射混凝土至设计厚度→防水层施工→通道结构施工并达到一定强度→泵房土方开挖→防水层施工→泵房结构施工并达到一定强度→拆除隧道内临时支撑。

10.2.4 开洞门监理要点

1. 探孔位置的确定

着重检查联络通道开挖范围内土体稳固情况,并根据探孔情况确定地层加固的效果,探孔应设置在开挖掌子面的薄弱处、边界处,重点是通道顶部探孔,能代表开挖范围土体的整体稳固情况。

2. 联络通道钢管片割除开洞门

1)开洞门前要求作关键节点验收,详见第12章。

2)钢管片先割除第一块,将背后同步砂浆凿除清理后判断掌子面情况,若掌子面稳定无水再进行下一步作业。混凝土管片切割,选择的砂轮片与切割机要匹配,砂轮片应选择韧性较好的型号;切割作业中,要求在砂轮切割正面设置防护隔离装置,防止砂轮片飞出伤人，同时，严禁切割前方站人。

3）剩余钢管片采取拉拔方法拆除，拉拔的吊点及受力点应稳固，采用的钢丝绳和倒链应完好并能满足拉拔受力，避免拆除管片发生大的摆动，冲击伤人。

4）钢管片拆除期间，项目部管理人员（技术人员、安全人员）应现场值班。

5）现场临时用电、动火作业应满足安全操作及管理的规定。

6）拆除钢管片应及时运出，避免堆放在洞口影响安全门的开闭。

10.2.5 监理控制要点

1. 超前小导管施工质量控制

1）材料质量

（1）钢管、水玻璃、缓凝剂应符合设计和规范要求。

（2）水泥应符合规范要求，采用硅酸盐水泥或普通硅酸盐水泥，强度等级不应低于42.5MPa。

2）安装前的作业要求

（1）应将工作面封闭严密、牢固、清理干净。

（2）放线定出钻孔位置。

（3）检查钢管是否直顺，规格及长度是否符合设计要求，是否报验合格。

3）安装作业要求

（1）应从高孔位向低孔位进行钻孔。

（2）钻孔合格后应及时安装钢管。

（3）遇卡钻、塌孔时应注浆后重钻。

（4）导管如锤击打入时尾部应补强，前端应加工成尖锥形。

4）注浆浆液制作

（1）浆液拌制所用材料是否报验合格。

（2）浆液配合比应经现场试验确定。

（3）投料顺序：水泥，同时加入水及缓凝剂，搅拌1min，加入水玻璃，搅拌1min。

（4）缓凝剂比例控制在浆液的2%~3%。

5）注浆作业要求

（1）注浆浆液必须充满钢管及周围的空隙并密实，注浆量和压力应根据试验确定。

（2）注浆过程中应根据地质、注浆量等控制注浆压力。

（3）注浆口的最大压力严格控制在0.5MPa以内，以防压裂工作面。

（4）未经过滤的浆液不得进入泵内。

（5）注浆过程中不得溢出及超出有效注浆范围。

（6）注浆结束后应检查其效果，不合格者应补浆。

（7）注浆期间应对地下水取样检查，如有污染应采取措施。

（8）注浆时要严格记录，并计算填充率。一般情况下孔隙的填充率不小于75%。填充率低，浆液注进的少，固结率就低，开挖就易涌水涌砂。

（9）注浆时，监理必须在场，注浆量必须有监理签字确认，才能有效。

（10）注浆质量：一看注入量，二看注浆压力。

6）导管安装质量要求

（1）导管允许偏差：采用钻孔时，钻孔应不大于导管长度；采用锤击或钻机顶入时，顶入长度不应小于管长的90%。

（2）纵向两排钢管搭接长度不应小于设计搭接长度。

2. 土方开挖施工要点

1）严格控制开挖轮廓线，必须满足衬砌要求，防止超挖、欠挖，沿轮廓线预留10cm厚，用人工找平层，用手工修边。拱部平均超挖值10cm，最大15cm。边墙、仰拱平均10cm。

2）每衬砌前检查一次验收开挖轮廓线。

3）开挖过程中，应进行地质描述，检查与设计是否相符。

4）通道分台阶开挖时，上步台阶施工时应留核心土，上、下台阶在掌子面处留稳定坡度，步距2～4m。

5）开挖过程中做好超前探孔，观察探孔的来水情况。

3. 初衬混凝土喷射质量控制

1）原材料质量要求

（1）水泥：采用不低于42.5级的矿渣硅酸盐水泥，使用前对其强度、凝结时间、安定性进行复查试验，其性能符合现行国家标准《通用硅酸盐水泥》GB 175的规定。

（2）细骨料：采用硬质、洁净的中砂或粗砂，其颗粒级配、坚固性、氯离子含量指标应符合现行行业标准《普通混凝土用砂、石质量及检验方法标准（附条文说明）》JGJ 52的规定，细度模数大于2.5，含水率应为5%～7%。

（3）粗骨料：采用坚硬而耐久的碎石或卵石，粒径为5～15mm，含泥量不应大于1%，级配良好。若使用碱性速凝剂时，不得使用活性二氧化硅的石料。

（4）速凝剂：使用合格产品，质量应符合现行国家标准《混凝土外加剂》GB 8076和《混凝土外加剂应用技术规范》GB 50119的规定。使用前与水泥做相容性试验及水泥净浆凝结效果试验，其初凝时间不得大于5min，终凝时间不得大于10min。

（5）配合比：水∶水泥∶砂∶石子按现场试验确定的施工配合比进行配料（应提前一个月作配合比送检）。

2）喷射混凝土的质量检验

（1）坍落度：喷射混凝土为80~120mm。

（2）抗压强度试块取样：每喷射50~100m³不小于一组（一组三块）。

（3）试块强度取值规定：符合设计要求。

3）喷射混凝土前检查要求

（1）是否设置控制喷射混凝土厚度的标志（其标志长度比喷射厚度长10mm，每m²埋1~2根）。

（2）松动土和拱、墙脚处的土等杂物是否清除。

（3）清理受喷面并检查断面尺寸，保证尺寸符合设计要求。

（4）喷射混凝土作业区有足够的照明，作业人员佩戴好作业防护用具。

4. 混凝土喷射过程质量控制

1）联络通道土石方每开挖一榀后及时安装通道初衬并喷射混凝土。通道开挖后先喷射40mm厚混凝土，封闭开挖面，挂网、架立钢架，然后喷射混凝土至设计厚度。

2）混凝土喷射机具性能良好，输送连续、均匀，技术性能满足喷射混凝土作业要求。

5. 钢筋格栅加工要求

1）施焊应符合设计及钢筋焊接标准的规定。

2）拱架（包括顶拱和墙拱架）应圆顺，直墙架应直顺。

3）钢筋焊接搭接长度：单面焊不小于10d，双面焊不小于5d。

4）钢筋焊接连接区长度：不小于35d且不小于500mm。

5）钢筋格栅在地面应做组装试拼检查。

6. 防水施工质量控制

1）材料质量：防水板的材质应符合《地下工程防水技术规范》GB 50108相关规定要求；防水板存放库应整洁、干燥、无火源、通风好，要立放，库内温度不高于40℃。

2）防水安装前的规定要求：铺设防水板前应检查喷射混凝土面是否有钢筋等露头，如有，应用砂浆抹平。铺设防水板的基面应坚实、平整、圆顺、无漏水现象，基面平整度为50mm，基面阴、阳角应做成100mm圆弧或50mm×50mm钝角。

3）安装作业规定要求：两幅防水板的搭接宽度应为100mm，焊缝应为双条焊缝，单条焊缝的有效宽度不小于10mm。环向铺设先拱后墙，下部防水板应压住上部防水板。相邻两幅防水板接缝应错开，错开位置距结构转角处不小于600mm。应先将缓冲衬垫用暗钉固定在基层上，然后将防水板与暗钉圈焊接牢固。

7. 钢筋工程质量控制

1）钢筋绑扎应用同强度等级砂浆垫块支撑，支垫间距为1m左右，并与钢筋固定牢固。

2）钢筋绑扎必须牢固稳定，不得变形、松脱和开焊，变形缝处主筋和分布筋均不得触及止水带和填缝板，混凝土保护层厚度，以及钢筋级别、直径、数量、间距、位置等应符合设计要求，预埋件固定应牢固、位置正确，钢筋位置允许偏差应符合规定要求。

8. 模板工程质量控制

1）模板及支架要有足够的承载力、刚度和稳定性，能可靠地承受浇筑混凝土的重量、侧压力以及施工荷载。

2）保证混凝土结构和构件各部设计形状、尺寸和相互间位置正确。

3）固定在模板上的预埋件、预留孔和预留洞不得遗漏，且应安装牢固。

4）拱部模板应预留沉落量 10~30mm。

5）变形缝端头（挡头）模板处的填缝板中心应与初期支护结构变形缝重合。

6）变形缝及垂直施工缝端头（挡头）模板处应与初期支护结构的缝隙嵌堵严密，支立必须垂直、牢固。

7）边墙与拱部应预留混凝土浇筑及振捣孔口。

9. 二衬混凝土质量控制

1）泵送混凝土施工控制

（1）由于泵送混凝土对模板产生较大侧压力，应检查模板和支架有无足够的强度、刚度和稳定性。

（2）钢筋骨架的底部和侧面应有足够的保护层垫块支承，在重要节点上要有加固措施。

（3）管道安装：管线宜直，转弯宜缓（曲率半径不应小于0.5m）以减少压力损失；接头应严密，防止漏水漏浆；避免下斜，防止泵空堵管；浇筑点先远后近（管道只拆不接，方便工作）。

（4）管道应合理固定，不影响交通运输，不搞乱已绑扎好的钢筋，不影响模板。

2）混凝土浇筑

（1）要注意新拌混凝土的可泵性，可用压力泌水试验（系指恒压为 $4.2N/mm^2$，时间为10s的泌水率）结合施工经验控制。用压力泌水试验，10s时的泌水率为 20%~30%，不宜超过40%。

（2）二衬混凝土的坍落度：墙体为 100~150mm，拱部为 160~210mm。

（3）模板要能承受泵送混凝土的侧压力；如模板外胀，除及时加固外，可降低泵送速度，或转移浇筑点。

（4）二衬混凝土浇筑至墙拱交界处，应间歇 1~1.5h 后方可继续浇筑。

（5）浇筑地面或基础时，每层厚度应小于500mm，可按 1:6~1:10 的坡度分层浇筑，上层混凝土超前覆盖下层 500mm 以上。

（6）浇筑竖向结构或高度大于500mm的梁时，布料管口离模板侧板应大 50mm，不得直冲侧板，不得直冲钢筋骨架；分层厚度为 300～500mm。

10. 监控量测控制

1）监理工作的控制要点及目标值

（1）地表下沉最大控制在 30mm，竖井围护结构（若存在）最大水平位移控制在 30mm 以内。

（2）收敛量控制在已达总收敛量的 80% 以上，收敛速度小于 0.15mm/d，拱顶位移速度小于 0.1mm/d。

（3）当开挖隧道断面小于 $10m^2$ 时，周边位移率 V_n 应小于 0.1mm/d。断面大于 $10m^2$ 时，V_n 应小于 0.2mm/d，可认为基本稳定在 30mm 以内。

2）监理工作的方法及措施

（1）施工前应审查承包商所提量测实施方案。根据量测控制布置图的要求，实地检查监控点埋设。

（2）根据规范的规定，检查量测所使用的仪器、设置，要求监测人员必须准确、真实地记录监测数据。

（3）按照施工进度和监测频率，督促承包商及时对监控点进行量测。

（4）要求承包商的监控量测点的初始读数，应在开挖完循环节点施工后 24h 内，并在下一循环施工前取得，其测点距开挖面不得大于 2m。

（5）根据承包商量测结果的综合评价，以及报送到监理部的"时间位移曲线散点图"或"距离位移曲线散点图"分析监测控制点是否达到目标值，判断土层是否稳定。

10.3 盾构隧道洞门施工监理要点

10.3.1 施工方案审查要点

1）督促承包商在洞门施工开始前提交施工方案，报送监理工程师审查和批准。

2）督促施工单位至少提前一个月做好混凝土配合比送检，开工前申报混凝土配合比报告。

3）主要内容应包括：施工工艺、防水措施、安全措施、进度计划、监测方案等。

4）对洞门密封拆除要有专门的应对措施。

10.3.2 拆除零环管片施工监理

1）做好高处作业架子验收。

2）拆除管片应遵循先上后下的原则。在待拆管片吊装孔上穿上钢丝绳，把钢丝绳悬挂在捯链的吊钩上，拆除管片连接螺栓。管片连接螺栓应依次进行拆卸，拆除一块管片连接螺栓并吊走该管片后，才能拆除下一件待拆管片的连接螺栓。

3）管片吊拆过程中不允许斜拉，吊物下不允许站人。

10.3.3 洞门防水施工控制要点

1）洞口环梁与管片、各结构内衬之间设置缓膨型遇水膨胀橡胶止水条（简称止水条）。

（1）在粘贴止水条处用高压水枪清洗干净，待表面干燥后，再均匀涂刷单组分氯丁—酚醛胶粘剂。

（2）胶粘剂涂刷后，晾置一段时间（一般 10~15min），待手指接触不粘时，再将橡胶条粘结压实。

（3）沿止水条长度方向每隔 500mm 再用高强钉加以固定。

（4）止水条延伸使用时，接头处采用重叠的方法进行搭接，搭接长度 100mm 并用高强钉加以固定，安装路径闭合成环，其间不得留断点。

（5）止水条粘贴后，应平顺，不得出现脱胶、起鼓、歪曲等现象。

（6）浇筑混凝土振捣时，避免插入式振捣棒触及止水条。

2）洞口环梁与管片之间埋设注浆管。可采用 $\phi 42$ 注浆小导管（如设计有）沿洞门环向布置，间距 500mm。

10.3.4 钢筋绑扎和模板施工监理要点

1）检查恢复洞口环向预埋的连接筋，或者在洞门预留钢板上焊接连接钢筋。

2）钢筋安装由下至上进行，钢筋安装位置要准确，牢固，钢筋搭接长度单面焊不小于 $10d$ 双面焊不小于 $5d$。

3）模板安装尺寸应准确，接缝应平齐、无间隙，确保不漏浆，并支撑牢固。

4）洞门腰部与顶部预留混凝土浇筑、振捣口。

10.3.5 浇筑混凝土和养护施工监理要点

1）进行混凝土浇筑前应清除一切杂物，模板要用水淋透。

2）混凝土浇筑应由下而上进行。浇筑混凝土首先从洞门两个腰部预留的浇筑口浇筑，然后封闭腰部浇筑口，从顶部预留口继续浇筑。

3）确保振捣密实，混凝土面不冒气、泛泡，且均匀起伏。整个洞门浇筑混凝土需一次完成，不可产生施工冷缝。

4）洞门上的导水沟槽沿洞门施作至道床边沟处。

5）洞门进行喷淋湿润养护，5 天后拆除模板，继续养护。

6）拆除洞门模板时，注意防止撞坏已成型的洞门混凝土。

7）混凝土浇筑时，应按规范要求现场制作混凝土块，并将试验结果上报监理工程师。

10.3.6 验收

1）防水等级应达到 B 级（有少量漏水点，不得有线流，实际渗漏量小于 $0.1L/m^2 \cdot d$）。

2）现浇混凝土应与隧道和车站端墙密贴、稳固连接。

3）竣工验收时，对不符合质量要求的部分要进行修补，承包商应将修补方案报监理工程师审查和批准。

第 11 章
盾构施工测量和监测监理要点

本章执笔：张义龙　邹先科

盾构隧道工程中，施工测量和监测是盾构隧道施工的眼睛，是信息化指导施工的重要组成，施工测量和监测贯穿施工全过程，专业性强，所以，要求施工过程中要配置专业人员、专用的测量和监测设备，测量数据要及时、准确反映结构实体和施工环境的状况。

11.1 盾构施工测量监理要点

11.1.1 盾构施工测量主要工作内容

1）在盾构施工准备阶段，测量监理的重点是对承包商的质保体系、测量分级复核制度的落实情况、测量技术人员、设备、施工测量方案的设计等方面进行重点监理，以确保监理总目标的实现。

2）盾构施工过程中，承包商须提交的施测主要工作有：建设单位的交桩控制网复测与加密测量技术方案、始发联系测量方案、始发洞门中心点复测、始发托架及反力架定位复测、盾构机姿态人工复测、隧道内的控制点联系测量、成型隧道管片姿态复测、接受洞门中心点复测、接受托架的定位复测、贯通测量、竣工测量方案等。

3）施工过程中，测量监理工程师对关键节点需独立复测，其他节点采用旁站、独立计算等方式进行测量复核。

11.1.2 施工准备阶段测量监理工作要点

1. 施工测量专项方案审查要点

1）审核测量专项方案中测量质量管理、技术管理和质量保证的组织机构是否完善。

2）审核测量专项方案中测量技术措施的可行性。

3）审核测量专项方案中贯通误差计算分析的可靠性。

4）审核测量专项方案中盾构法施工工序的完整性。

5）审核测量专项技术方案是否达到工程要求，出具盾构测量专项方案审核单，并报业主审定与备案。

2. 测量技术人员要求

1）审核测量专项方案中测量分级复核机制是否满足相关管理要求。

2）审核测量专项方案公司级及项目部级测量复核人员数量是否满足现场测量复核要求。

3）审核测量专项方案公司级及项目部级测量负责人职称（中级）及工作经历是否满足要求。

4）考核项目部测量负责人的盾构施工测量专业技术水平。

3. 测量仪器要求

1）审核测量专项方案拟投入测量仪器及设备数量和精度，是否满足本工程的需要。

2）审核测量专项方案拟投入本工程的测量仪器及设备的检定情况。

3）盾构施工需配备标称精度不低于1″的全站仪用于竖井联系测量及主控导线测量。

11.1.3 地面控制测量监理工作要点

1. 控制测量交桩工作要求

1）工程开工前，业主应向相关承包商和驻地监理工程师提供首级控制网点，各方签署交接桩记录文件。

2）承包商接桩后，必须对首级控制网进行复测和对桩点进行保护，复测情况及保护措施报告须提交监理工程师审核批准，并于接桩后15天内上报给业主审定。

3）如果业主交桩的控制点损坏、不通视、控制点交桩数量不符合要求，应书面告知业主并要求按照相关要求重新进行交接桩。

2. 控制网加密测量工作要求

地面首级控制网检测无误后，承包商应根据检测的控制点再进行施工专用控制网的布设，以保证施工测量及隧道贯通测量的顺利进行，施工控制网的布设包括平面控制网的加密和水准控制网的加密。

1）平面控制网的加密测量工作要求

（1）业主移交提供的首级控制点的密度与数量并不一定能满足施工需要，为了施工的便利，承包商应根据现场实际情况布设施工加密控制网，以满足施工放样、隧道贯通测量等测量工作的需要。

（2）施工平面控制网的等级及技术要求应根据设计文件及测量规范确定，一般应按照精密导线测量的技术要求执行，精密导线测量的技术要求如表11-1所示。

精密导线测量的技术要求　　　　　　　　　　　表 11-1

平均边长（m）	导线总长度（km）	每边测距中误差（mm）	测距相对中误差	测角中误差（"）	测回数 Ⅰ级全站仪	测回数 Ⅱ级全站仪	方位角闭合差（"）	全长相对闭合差	相邻点的相对点位中误差（mm）
350	3~5	±3	1/60000	±2.5	4	6	$5\sqrt{n}$	1/35000	±8

注：n 为导线的角度个数。

（3）导线应沿线路方向布设，并应采用附合导线或多个结点的导线网形式。

（4）精密导线测距边在进行严密平差前应根据规范要求进行高程归化和高斯投影改化，在此基础上再进行严密平差，并按规定进行精度评定。

2）高程控制网的加密测量工作要点

（1）在对业主提供的首级高程控制点进行复核的同时，承包商应根据现场的实际情况，沿线路走向布设施工专用高程控制网。施工专用高程控制网应布设成附合路线、闭合路线或结点网，高程控制点必须布设在沉降影响区域以外且能长久保存的地方。

（2）施工专用高程控制网应采用城市二等水准测量的技术要求施测，其路线高程闭合差应在 $±8\sqrt{L}$ mm（L 为线路长度，以 km 计）之内，并采用严密平差法进行平差。

（3）施工过程中应定期对控制网进行复测。

（4）高程控制网采用严密平差法进行平差，主要技术要求如表 11-2 所示。

高程控制网的技术要求　　　　　　　　　　　表 11-2

水准测量等级	每千米高差中数中误差（mm）偶然中误差 M_Δ	每千米高差中数中误差（mm）全中误差 M_w	环线或附合水准路线最大长度（km）	水准仪等级	水准尺	观测次数 与已知点联测	观测次数 附合或环线	往返较差、附合或环线闭合差（mm）
一等	±1	±2	400	DS1	铟瓦尺或条码尺	往返各测一次	往返各测一次	$±4\sqrt{L}$
二等	±2	±4	40	DS1	铟瓦尺或条码尺	往返各测一次	往返各测一次	$±8\sqrt{L}$

3. 地面控制测量监理工作要求

1）检查交桩控制点的数据和质量是否满足现场施工要求，审核交桩控制点复测的作业过程及复测成果，检查交桩控制点复测数据与交桩点数据的差值是否符合要求，如不满足现场施工要求，应书面通知业主重新提供测量控制点。

2）检查承包商对控制点的保护措施落实情况，跟进交桩控制点和加密控制点定期复测工作，发现差值异常应立即报告。

3）审查控制点加密测量报告，跟踪承包商的测量过程，抽检控制点的测量数据，检查加密点的成果资料，并报业主审定与复测。

11.1.4 联系测量监理工作要点

1. 联系测量概念

联系测量是将地面的平面坐标系统和高程系统传递到地下，使地上、地下能采用同一个坐标基准和高程基准而进行的测量工作。

2. 联系测量的工作内容

联系测量的主要内容有：地面趋近导线测量、趋近水准测量、竖井定向及高程联系测量、洞内导线测量及洞内水准测量等工作。

1）趋近导线及趋近水准测量

（1）地面趋近导线及趋近水准应附合在高等级控制点上。近井点应与 GPS 点或高等级控制点通视，并应使定向具有最有利图形。

（2）趋近导线应参照如前所述的精密导线测量的技术要求进行施测，并进行严密平差，地面趋近导线全长不应超过 350m，近井点的点位中误差应小于 ±10mm，相邻两导线点的相对点位中误差应小于 ±8mm。

（3）趋近水准应参照城市二等水准测量的技术要求进行施测，其近井水准附合或闭合路线的闭合差应小于 $±8\sqrt{L}$ mm（L 为线路长度，以 km 计）。

2）联系测量

联系测量的方法主要有：两井定向法、联系三角形定向法、导线定向法及陀螺仪定向法。

（1）两井定向法

①每次两井定向均应独立进行三次，取三次的平均值作为一次定向成果。

②井上、井下联系三角形应满足两钢丝间距离大于 60m，特殊情况不得小于 30m。

③角度观测要求和联系三角形定向法相同。

（2）陀螺经纬仪定向法

陀螺经纬仪定向法，应采用手动逆转点法、中天法等，也可采用半自动或全自动定向方法，定向时符合下列规定：

①独立三测回零位较差不应大于 0.2 格；当绝对零位偏移大于 0.5 格时，应进行零位校正，观测中零位读数大于 0.2 格时应进行零位改正。

②测前、测后各三测回测定的陀螺经纬仪两常数平均值较差不应大于 15″。

③测回间的陀螺方位角较差不应大于 25″。

④定向边陀螺方位角之差的角值与全站仪实测角较差应小于 10″。

⑤独立三次测定的陀螺方位角平均值较差应小于 12″。

⑥独立三次定向陀螺方位角平均值中误差应小于 8″。

（3）联系三角形定向法

每次联系三角形定向均应独立进行三次，取三次的平均值作为一次定向成果。

①两悬吊钢丝间距应不小于 5m。

②联系三角形应尽量布设成伸展形状，角度 d 及 e 应接近零，在任何情况下其定向角 d 都应小于 3°。

③ b/a 的数值应大约等于 1.5。

④传递方向应选择经过小角 e 的路线。

（4）导线定向法

①从地面向地下采用导线测量的方法进行定向，其垂直角应小于 30°。

②导线定向时应采用具有双轴补偿功能的全站仪。当采用光学经纬仪进行定向时，应严格检查仪器横轴的倾斜误差，当横轴倾斜误差较大时，必须进行横轴倾斜改正，导线定向的距离必须进行对向观测。

③导线定向测量应按照如前所述的精密导线测量的技术要求进行作业，定向边中误差应控制在 ±8″ 以内。

3）高程传递测量

高程传递的测量方法有：悬垂钢尺法、水准测量法、光电测距三角高程测量法。将地面上的高程传递到地下去时，必须先对地面上的近井水准点进行稳定性检查，确认其高程数据无误时，才能进行下一步工作。

（1）悬垂钢尺法传递高程，就是将检定过的钢尺一端悬挂在架子上，其零端放入竖井中，并在该端挂一重锤（一般为 10kg），一台水准仪 A 安置在地面上，另一台水准仪安置于隧道中，两台水准仪同时进行观测，再经过计算，则可将地面上的高程数据传递至井下近井水准点。

（2）传递高程时，每次应独立观测三测回，每测回应变换仪器高度，三测回所测得的地上、地下水准点的高差较差应小于 3mm。

4）各项检测限差

各项检测的限差如下：

（1）地上导线点的坐标互差 ≤ ±12mm。

（2）地下导线点的坐标互差：在近井点附近 ≤ ±16mm、在贯通面附近 ≤ ±25mm；盾构法区间隧道单向掘进超过 1.5km 时，过 1000m 后 ≤ ±20mm。

（3）盾构始发井：地下高程点高程的互差 ≤ ±5mm。

（4）区间隧道较长时，各地下高程点的高程较差：盾构法区间隧道单向掘进超过 1.5km 时，过 1000m 后 ≤ ±10mm；贯通前，高程较差 ≤ ±10mm。

（5）地下导线起始边（基线边）方位角的互差 ≤ ±12″。

（6）相邻高程点高差的互差 ≤ ±3mm。

（7）导线边的边长互差≤±8mm。

3. 联系测量监理工作要求

1）严格审查联系测量报告，包括联系测量的方法、测量仪器精度及预测误差是否满足设计及规范要求。

2）测量监理工程师旁站联系测量的全过程，核查是否按批准的测量方案进行施测，施测时的操作方法是否规范。

3）抽检测站点原始数据，并与承包商的原始数据进行比较，以此为依据对承包商的测量成果做出评价，检查各项检测限差是否符合要求。

4）检查承包商联系测量的计算方法及成果是否达到了设计及规范要求。

11.1.5 地下控制测量监理工作要点

1. 地下控制测量概念

1）地下控制测量从各洞口或井口引进，随隧道掘进而逐步延伸。地下控制网的形状和测量方法，依隧道的形状和净空的大小而定。

2）平面控制一般多采用导线或狭长的导线网。在地下导线中，隧道长度超过一定的长度，应采用能够保证设计精度的陀螺经纬仪，加测一边或数边的陀螺方位角，可减少横向贯通误差的积累。高程控制采用水准测量测高。

3）盾构隧道掘进过程中，成型隧道存在不稳定性，所设的测量控制点可能产生位移，每次在使用前应予检测，检测起算点以地面测量控制点或井口测量控制点引测。

2. 地下控制测量工作内容

1）地下控制测量内容

地下控制测量每次施测需从地面测量加密控制点起算，地面测量控制点每半年需复测一次，如发现复测成果超限，需报送业主测量队进行复核或者重新测量交桩。

地下施工控制导线点应布设在隧道的两侧墙壁上，采用强制对中标志，在条件允许的情况下，直线隧道应每100m左右布设一点，曲线隧道应每60m左右布设一点，以竖井定向建立的基线边为坐标和方位角起算依据。

随着隧道掘进，隧道内的测量控制点需加布引测，规范要求如下：

（1）当隧道掘进100~150m时，应布设地下施工控制导线和水准。

（2）在隧道掘进至300~400m处时，应包括联系测量在内的地下导线及水准。

（3）在隧道掘进至距离贯通面150~200m处时，应包括联系测量在内的地下导线及水准。

（4）若单向掘进长度超过1500m时，掘进至800m时需加测陀螺定向以校核坐标方位，之后每800m均需加测陀螺定向，若单向掘进超过3km时，应编制测量专项方案，采取测量加强措施（如采集地面钻孔投点的方法），提高测量贯通的精度。

2）地下控制测量注意事项

（1）地下高程控制点的位置与导线控制点重合，即地下测量控制点需包含平面坐标数据和高程数据。

（2）做好地下测量控制点的保护工作，定期检查复核地下测量控制点的稳定性，发现异常超限，应立即从稳定的测量控制点重新引测，盾构测量导向系统重新建站施测。

（3）每次测量转站延伸施工控制导线测量前，应对已有的施工控制导线前三个点进行检测，选择稳定的施工控制导线点进行施工控制导线延伸测量。

（4）每次地下施工控制导线测量，需检测始发基线边的差值。

（5）每次地下控制测量的作业成果需对比原测量的差值，且需满足检测限差要求。

3. 地下控制测量监理工作要求

1）审核地下控制测量报告的测量过程和测量成果，是否能满足设计与规范要求。

2）旁站地下控制测量的全过程，检测测量人员和测量设备是否满足作业要求。

3）抽检测站点原始数据，并与承包商的原始数据进行比较，以此为依据对承包商的测量成果做出评价，检查各项检测限差是否符合要求。

4）旁站测量转站的过程，检查转站前后的测量导向系统数据差值，超过30mm时，需检查分析原因，必要时人工测量盾构机姿态。

11.1.6 竣工测量监理工作要点

1. 竣工测量的概念

盾构隧道竣工测量是指：盾构隧道贯通后，对隧道测量控制点进行检测和恢复测量完成后，按照运行车辆的外形、尺寸对隧道结构净空断面进行测量，为下一步的轨道铺设提供数据支持。

2. 竣工测量的主要内容及技术要求

1）线路中线测量以施工控制导线点为依据，利用区间施工控制中线点组成附合导线。中线点的间距直线上平均150m左右，曲线上除曲线元素点外不应小于60m，中线点组成的导线应采用Ⅱ级全站仪，左、右角各测一测回，左、右角之和与360°之差应小于5″，测距往返各二测回。

2）隧道净空断面测量：以测定的中线点为依据，直线段每6m，曲线上包括曲线元素点每5m应测设一个结构横断面，结构断面可采用全站仪或者三维扫描仪进行测量，测定断面里程允许误差为±50mm，断面测量精度允许误差为±10mm。

3）竣工测量的数据，一般一个断面不少于10个测量点，顶部和底部各1个，另外6个测量点按运行车辆的外形和尺寸布置在三个水平线左、右侧。

3. 竣工测量形成的成果

盾构隧道净空断面测量成果包括，全线隧道贯通后联测的测量控制点成果，盾构隧道结构净空断面的测量成果。竣工测量的测量控制点成果是隧道铺轨控制基标及加密基标测量的依据，竣工测量的净空断面成果是线路调坡调线的依据。

11.1.7 盾构掘进测量控制要点

盾构始发与到达、盾构穿越建（构）筑物、特殊地层施工测量工作监理控制要点，详见各章节分述。

11.2 测量监理工作流程

测量监理工作流程如图 11-1 所示。

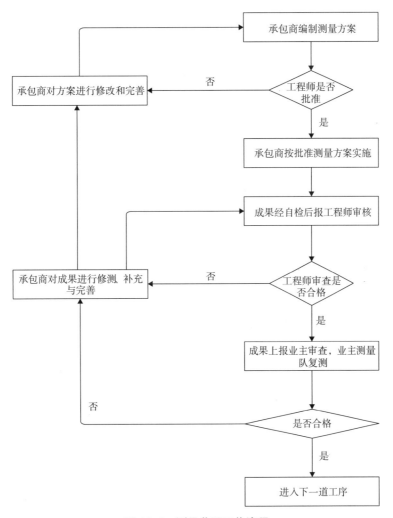

图 11-1 测量监理工作流程

11.3 相关检查记录表格

1）测量旁站记录表。
2）工程测量交接桩记录表。
3）施工放线报验单。
4）工程定位测量（复测）记录表。
5）工程轴线测量（复测）记录表。
6）盾构区间断面测量记录表。
7）成型隧道管片姿态人工测量报表。
8）盾构姿态报表。

11.4 盾构施工监测监理要点

盾构施工属于地下工程，不可预见风险多，为保证盾构施工中的安全，需就盾构施工影响范围区域的地表及管线、建（构）筑物和隧道本身的变形进行监测，为盾构施工掘进参数控制提供数据技术支持。

11.4.1 盾构施工监测的主要内容和方法

1）根据设计文件并结合盾构区间的地质、水位和周边环境情况，在盾构掘进过程中，对影响范围区域的地表及管线、建（构）筑物和隧道本身的变形进行监测，并设定监测控制值。

2）地表沉降监测内容和方法：在盾构始发、接收段100m范围内沿中线方向5m布设一个监测点，横向间距2~5m布设一个监测点，每20m布设一个沉降监测断面；100m范围以外沿中线10~20m布设一个监测点，横向间距2~5m布设一个监测点，每50m布设一个沉降监测断面，采用水准仪测量其高程变化情况，监测控制值以累计变化量和日变化量双控。

3）管线变形监测内容和方法：管线监测按压力管道、无压管道区分，监测布点应直接布置在管道上方或监测与管道同深度深层监测点，采用水准仪测量其高程变化情况，监测控制值需与产权单位确认。

4）建（构）筑物监测内容和方法：盾构施工影响范围内的建（构）筑物需进行沉降、倾斜、裂缝的变形监测工作。沉降监测点每栋建筑物不少于3个，监测方法采用水准仪测量其高程变化情况。重点建（构）筑物需测量倾斜度和进行裂缝监测，监测方法可采用全站仪测量倾斜值，采用游标卡尺测量裂缝变化情况。

5）成型隧道变形监测内容和方法：盾构隧道成型后需对拱顶沉降和净空变形进行

监测，可采用全站仪测量其三维坐标，计算监测点变化值作为变形值。

11.4.2 监测监理工作要点

1）监测控制点需定期复测，复测成果需与测量交桩成果对比，超过限差时需全网联测。

2）监测点的埋设和验收，需按照设计及规范要求布设监测，监理工程师需现场核查监测点埋设数量、质量、标识等是否满足要求。关于监测点的初始值，应采用不少于两次现场采集数据的平均值。

3）现场监测监理工作，主要分为监测方案的审核、日常监测数据的审核，以及施工现场巡查。因监测数据的不及时性，对比分析第三方监测和施工监测单位的数据，发现异常情况需跟进处理。日常现场安全巡查更为重要，每日安排监理人员巡查现场，检查工程自身和周边环境的稳定性，发现问题及时反馈给参建单位。

11.4.3 监测布点的工作要点

1. 监测基准点的要求

基准点的选设必须保证点位地基坚实稳定、通视条件好，利于标识长期保存与观测。基准点的数量应不少于3个，使用时应做稳定性检查或检验。下列地点不应设置基准点：

1）易受水淹、潮湿或地下水位较高的地点。

2）未完全固结的回填土、河堤土质松软与地下水变化较大的地点。

3）距铁路50m、距公路30m（特殊情况可酌情处理）以内以及其他受剧烈振动或环境条件影响较强的地点。

4）短期内将因新建项目施工而可能毁坏路缘石或阻碍观测的地点。

5）地形隐蔽不便观测的地点。

2. 监测布点的布设要求

施工单位按照经批准的监测方案，布置施工监测点后，监理单位工程师需现场核查，监测布点的数量、质量、标识及保护措施是否按照有关规定实施，监测点验收主要有：

1）隧道地表变形监测

隧道地表沉降监测点应根据隧道埋深和洞体围岩条件，沿隧道中线方向每隔20m左右建立一个监测断面，每个断面上布设3~5个观测点，对软弱土层或埋深较浅的区域应加密监测断面和测点。

在盾构机始发的初始阶段内，为确定掘进参数和地面沉降的关系曲线，盾构施工过程中，实时监测开挖工作对周围地层的扰动，以及引起周围地层向开挖空间运动。开挖地层与竣工隧道体积之差即地层损失。周围地层在弥补地层损失过程中，发生地层运动，引起地层地表移动和变形。地表沉降即盾构施工过程中产生的地层损失引起的地层移动，且该变位呈现以盾构机为中心的三维扩散分布。典型的地面沉降曲线如图 11-2 和图 11-3 所示。

图 11-2　盾构法施工过程中地面典型横向沉降槽形状

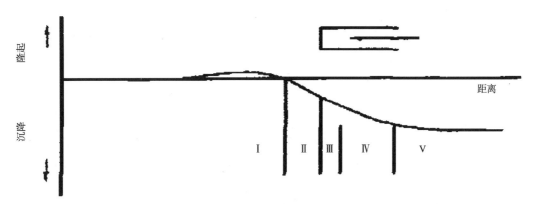

图 11-3　盾构法施工过程中沿隧道纵向地面沉降组成

因此，一方面，应沿盾构轴线方向布置沉降测点，测点间距为 5～10m。地表监测点的布置应钻孔抽芯并击穿硬化路面；另一方面，在隧道中心轴线两侧（$H+D$）的沉降槽范围内（其中 H 为隧道覆土厚度，D 为盾构外径）设置横向监测点，一般可在轨道交通结构外沿两侧各 50m 范围内布设或依据盾构隧道埋深沿隧道外径 45° 切线方向至地面范围内，一横排测点不少于 7 个，且应依据近密远疏的原则布置，以期测得完整的沉降槽。

在盾构始发段因一般要进行盾构施工参数的优化和调整，故宜适当加密布点，并布置一定数量的横向监测断面。盾构施工时导致地表变形的因素很多，是一个综合性的技术问题。具体来说，引起地层变位有以下 8 个方面的因素：开挖面土体的移动、降水、土体挤入盾尾空隙、盾构姿态的改变、外壳移动与地层间的摩擦和剪切作用、土体由于施工引起的固结、水土压力作用下隧道衬砌产生的变形，以及随盾构推进而移动的正面障碍物，使地层在盾构通过后产生空隙又未能及时注浆。盾构施工引起地表沉降发展的过程及不同阶段如表 11-3 所示。

盾构施工引起地表沉降发展阶段　　　　　　　表 11-3

地表沉降发展阶段		产生沉降的原因
Ⅰ	先期沉降	开挖面前方滑裂面因地下水位下降而导致土体固结沉降。正前方土体受压致密，孔压消散，土体压缩模量增大
Ⅱ	盾构到达时沉降	周围土体因开挖卸荷（应力释放）导致弹性或弹塑性变形的发生。开挖面设定压力过大时产生隆起
Ⅲ	盾构通过时沉降	推进时盾壳和土层间的摩擦剪切力导致土体向盾尾空隙后移、仰头或叩头时纠偏。此时周边土体超孔隙水压力达到最大，推进速度和管背注浆对其也有影响
Ⅳ	盾尾空隙沉降	盾尾空隙沉降，尾部空隙增加且沉陷，底土扰动
Ⅴ	长期延续沉降	底土蠕变而产生的塑性变形，包括超孔隙水压消散引起的主固结沉降和土体骨架蠕变引起的次固结沉降

具体布设参照《城市轨道交通工程监测技术规范》GB 50911—2013 中 5.3 盾构法布点要求。

地表沉降监测，需从稳定的水准点引测，监测作业要求按二等水准标准测设，闭合到稳定的水准点。监测的数据采用高差闭合差改正后的数据。

2）邻近建（构）筑物变形

沿线地表建（构）筑物沉降观测点，应根据建（构）筑物的详细调查资料和其结构特点进行布设；观测点应埋设在能明显反映建（构）筑物变形敏感部位且便于观测之处，观测点应与建（构）筑物的外观协调一致，监测范围一般可在轨道交通结构外沿两侧各 50m 范围内布设或依据盾构隧道埋深沿隧道外径 45°放射角内所有的建（构）筑物，重要的建（构）筑物监测点不少于 3 个。

房屋密集段监测方法：采用以房屋的方向进行地下及房屋相对应布点编号的形式，并以图对照的方式进行数据处理，以达到数据的清晰明了。在盾构机通过时启动应急预案，对盾构机通过线路中心的建筑物及其影响范围内的房屋进行 24 小时跟踪监测，以确保建筑物的安全。

主要检查沉降观测点的位置和数量是否根据工程地质和水文地质条件、建（构）筑物的体形特征、基础形式、结构种类、建（构）筑物的重要程度及其与轨道交通结构的距离等因素综合考虑。对于烟囱、水塔、油罐等高耸建（构）筑物，应沿周边在其基础轴线上的对称位置布点。对于城市桥梁，应按不同施工状况在桥墩、盖梁和梁、板结构上布点。

邻近建（构）筑物沉降监测，需从稳定的水准点引测，监测作业要求按二等水准标准测设，闭合到稳定的水准点。监测的数据采用高差闭合差改正后的数据。

3）地下管线变形

地下管线管顶竖向位移监测点宜采用测杆形式埋设于管线顶部结构上，测杆底端宜采用混凝土与管线结构或周边土体固定，测杆外应加保护管，保护管外侧应回填密实。

地下管线管侧土体监测点宜采用测杆形式埋设于管线外侧土体中,测杆底端宜与管线底标高一致,并宜采用混凝土与管线周边土体固定,测杆外应加保护管,保护管外侧应回填密实。

轨道交通结构外沿两侧各50m范围内布设的地下管线需布点监测,延管线延伸方向10m布设一个监测点,管线转角处需加布监测点。检查盾构施工影响范围内的重要地下管线是否与方案编制前进行实地的调查一致,其中应特别了解有压管线的结构、材料情况和污水管的接头和渗漏状况,在调查的基础上作出本施工标段管线平、断面图和管线状况报告及点位实际布置图。地下管线测点重点布置在有压管线(如燃气管道、给水管线等)上,对抗变形能力差、易于渗漏和年久失修的雨水、污水管也应重点监测。

地下管线沉降监测,需从稳定的水准点引测,监测作业要求按二等水准标准测设,闭合到稳定的水准点。监测的数据采用高差闭合差改正后的数据。

4)隧道变形监测

隧道变形监测包括:隧道隆沉、椭圆度、收敛变形监测等。每10环管片布置1个监测断面。在盾构进出洞处各布置一断面。在量测断面上的拱顶(0°)、拱底(180°)、拱腰(90°和270°)处共埋设4个测点(反射贴),采取各监测点三维坐标值。计算横径和竖径的变化,并以椭圆度表示管片圆环的变形,实测椭圆度=横径-竖径。计算隧道拱顶变化值和拱底变化值判断隧道隆沉情况。计算两侧拱腰的净距变化值作为隧道收敛变形监测数据。

隧道变形监测,采用隧道内稳定的测量控制点引测,直接测量监测点的三维坐标数据,通过计算各监测点的相对关系,得出隧道变形各监测数据。

5)土体分层沉降及深层沉降监测

在盾构始发试验段30~50m范围内、水文地质与工程地质变化较大的区段、有重要建(构)筑物的区段,选取监测断面进行监测。对于土体分层沉降,磁力环沉降标的设置间距为1~2m。埋设磁力环时,在隧道两侧的钻孔深度应超过隧道底部2~3m。位于隧道顶部的钻孔深度应在拱顶之上1~2m。沉降标应在盾构到达10天前埋设。深层沉降监测点应直接钻孔至设计深度,按要求制作相应长度的沉降标埋设在钻孔中,并回填砂土压实。

土体分层沉降采用分层沉降监测仪监测,监测精度为1mm,每个磁力环读取一个数据。深层沉降监测,需从稳定的水准点引测,监测作业要求按二等水准标准测设,闭合到稳定的水准点。监测的数据采用高差闭合差改正后的数据。

6)管片衬砌和地层间接触应力

根据工程具体情况选择土体应力变化最大或地质条件最不利等典型断面布置,每一环向断面不少于5个测点,并宜与地表沉降监测的横断面对应布置。土压力盒应在管片预制时安设，一般采用在管片背面埋设土压计的方法，土压计外膜应与管片背面保持在一个平面上。

11.4.4 监测初始值采集

在监测点埋设验收合格后，盾构掘进始发前或者刀盘距离监测点200m前，应对监测点的初始值进行采集，沉降监测点初始值的采集不少于三次，采集的初始值应采三次平均数，并确保施工监测与第三方监测的初始值差值符合要求后报监理部备案。在对土体、隧道结构和周围环境进行监测的同时，应同步采集盾构开挖面土压力、推力、推进速度、盾构姿态、注浆量、注浆压力、出土量等施工参数，及时进行监测数据的分析和反馈。

11.4.5 日常监测数据报送与分析

应结合场地工程地质和水文地质条件、周边建（构）筑物情况和城市轨道交通地下工程施工进展，进行监测分析和评价。应利用不同监测项目的监测数据进行综合分析。分析评价应依据充分、针对性强，所提建议技术可行、经济合理。

对同一监测点，当施工监测与第三方监测数据差异超过允许值后，监理单位应及时组织第三方监测单位和施工单位进行分析，核定数据的准确性，采取应对、处理措施。发现异常时，及时向建设单位业主代表反馈。

除测量专业监理工程师对施工方监测与第三方监测数据进行统计分析外，监理部其他人员都必须对监测数据进行分析，土建工程师需熟知每天监测数据的变形累计最大值和日变形最大值，如有超限，及时通知总监、测量工程师等，紧急情况现场及时处理。

11.4.6 监测数据报警处理

1. 监测预警值、控制值的设定

盾构法施工监测项目主要包括沉降监测和管片变形监测，控制值包括累计沉降控制值和变化速率控制值，其控制值按表11-4和表11-5要求执行，或遵循设计单位给出的各监测项目的具体控制值。

盾构法隧道管片变形监测项目控制值　　　　　表11-4

监测项目及岩土类型		累计值（mm）	变化速率（mm/d）
管片结果沉降	坚硬~中硬土	10~20	2
	中软~软弱土	20~30	3
管片结果差异沉降		$0.04\%L_s$	—
管片结果净空收敛		$0.2\%D$	3

盾构法隧道地面沉降隆起监测项目控制值　　　　　　表 11-5

监测项目及岩土类型		工程监测等级					
		一级		二级		三级	
		累计值（mm）	变化速率（mm/d）	累计值（mm）	变化速率（mm/d）	累计值（mm）	变化速率（mm/d）
地表沉降	坚硬~中硬土	10~20	3	20~30	4	30~40	4
	中软~软糯土	15~25	3	25~35	4	35~45	5
地表隆起		10	3	10	3	10	3

注：本表主要适用于标准端木的盾构法隧道工程。

2. 监测预警分级管理

1）监测预警级别划分，按照双控指标和单控指标分成三色预警：黄色、橙色和红色预警，针对不同的预警级别，按照相应的管理办法处理（表 11-6）。

监测预警双控分色预警标准　　　　　　表 11-6

监测预警级别	双控指标 超过监理量测控制值	单控指标 超过监测量测控制值
黄色预警	70%	85%
橙色预警	85%	100%
红色预警	100%	100%

注："双控"指标是指监测对象变化量累计值与变化速率两个指标。

2）巡视预警分级标准

巡视预警按严重程度由小到大分为黄色、橙色和红色巡视预警 3 级。

（1）黄色巡视预警：工程存在轻度安全风险的不安全状态。

（2）橙色巡视预警：工程存在较严重安全风险的不安全状态。

（3）红色巡视预警：工程存在严重安全风险的不安全状态。

3）综合预警分级标准

综合预警根据监测数据和现场巡视情况综合分析，按严重程度由小到大分为黄色、橙色和红色综合预警 3 级，如表 11-7 所示。

综合预警等级判定　　　　　　表 11-7

预警级别	判定条件		
	监测预警	巡视预警	风险状况评价
黄色	橙色或红色	橙色	存在轻度风险不安全状态，基本可控
	红色	黄色	
橙色	红色	红色	存在较严重风险不安全状态，且出现危险征兆，风险基本不可控，需采取处理措施
	红色	橙色	
红色	红色	红色	出现严重危险征兆或险情，风险不可控，需立即采取措施和启动应急预案

3. 预警发布及闭合流程

预警发布及闭合流程主要包括预警条件判断、发布、制定方案、处置、消警申请、消警审批、消警和备案，预警发布及闭合流程如图 11-4 所示。

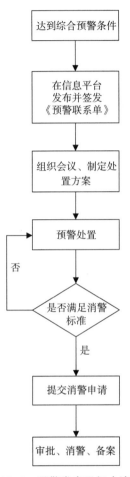

图 11-4　预警发布及闭合流程

11.4.7　基准点及监测点的观测方法及精度要求

1. 基准点测量

基准点按表 11-8 所示的二等水准的技术要求进行测量，每次沉降观测时对工作点进行检核，基准网定期检测，每隔 3 个月检测一次。

等级水准测量的技术要求　　　　表 11-8

等级	二级	三级	四级	五级
M_Δ（mm）	≤ ±1	±3	±5	±10
M_w（mm）	≤ ±2	±6	±10	±20

续表

等级		二级	三级	四级	五级
仪器型号		DS05、DS1	DS1、DS3	DS3	DS3
水准尺		铟瓦尺	铟瓦尺、双面	双面	双面、单面
观测方法		光学测微法	光学测微法 中丝读数法	中丝读数法	中丝读数法
观测顺序		奇数站：后前前后 偶数站：前后后前	后前前后	后后前前	—
观测次数	与已知点联测	往返	往返	往返	往返
	环线或附合	往返	往返	往	往
往返较差、环线或附合线路闭合差（mm）	平丘地	$\pm 4\sqrt{L}$	$\pm 12\sqrt{L}$	$\pm 20\sqrt{L}$	$\pm 30\sqrt{L}$
	山地	—	$\pm 3\sqrt{n}$	$\pm 5\sqrt{n}$	$\pm 10\sqrt{n}$

注：1. n 为水准路线单程测站数，每公里多于16站，按山地计算闭合差限差。

2. M_Δ 为每千米高程测量高差中数的偶然中误差。

3. M_w 为每千米高程测量高差中数的全中误差。

2. 沉降观测点的限差

为使测量满足设计的监测精度，采用国家二等水准测量的精度要求和观测方法进行施测。

国家二等水准测量规范规定，基辅分划所测高差的差应为 $\Delta = \pm 0.7$ mm，则基辅分划高差的中误差应为：$M_h' = (1/2)\Delta = \pm 0.35$ mm。基辅分划所测高差的中误差应为 $M_a = (1/\sqrt{2})M_h' = \pm 0.25$ mm。即 M_h 可视为一个测站所测高差的中误差。在建筑物沉降监测中最远观测点到基点的水准点观测站数不多于10个，所以最弱水准点的高程中误差为

$$M_h = \sqrt{10}\, M_a = \pm 0.78 \text{mm}$$

最弱水准点两周期观测高程值之差（即相对沉降量）的相对中误差为

$$M = \sqrt{2}\, M_h = \pm 1.1 \text{mm}$$

因此，按国家二等水准测量的观测精度进行沉降观测，相对沉降量的测量监测精度能满足建筑物沉降监测的精度要求。

3. 沉降观测的周期

1）地面沉降观测点

盾构机机头前20m至后30m范围每天早晚各观测一次，并随施工进度递进。每次观测点应与上次观测点部分重合，以做比较，范围之外的监测点每周观测一次，直至稳定。

当沉降或隆起超过规定限差（-30/+10mm）或变化异常时，应加大监测频率和检测范围。

2）地面建筑物沉降观测点

对盾构机机头前 20m 至后 30m 范围内的建筑物进行沉降监测，每天早晚各一次，以后每周一次，直至稳定。

11.4.8 监测信息反馈

1. 监测日报表

通常作为施工调整和安排的依据，内容包括测点编号、初始值、本次监测值、较上次监测值增量值及累计变化量。日报表须在当天报送监理。

2. 监测周报表

主要结合工程例会、阶段性小结。须在每周末报送监理。

3. 监测月报表

主要归入工程监测总报告中。须在每月末报送监理。

4. 监测总结报告

单位工程结束后，需编制单位工程监测总结报告。

11.4.9 专项监测

盾构始发、到达及盾构穿越建（构）筑物、特殊地层施工监测工作监理控制要点，详见各章节分述。

11.5 监测监理工作流程

监测监理工作流程如图 11-5 所示。

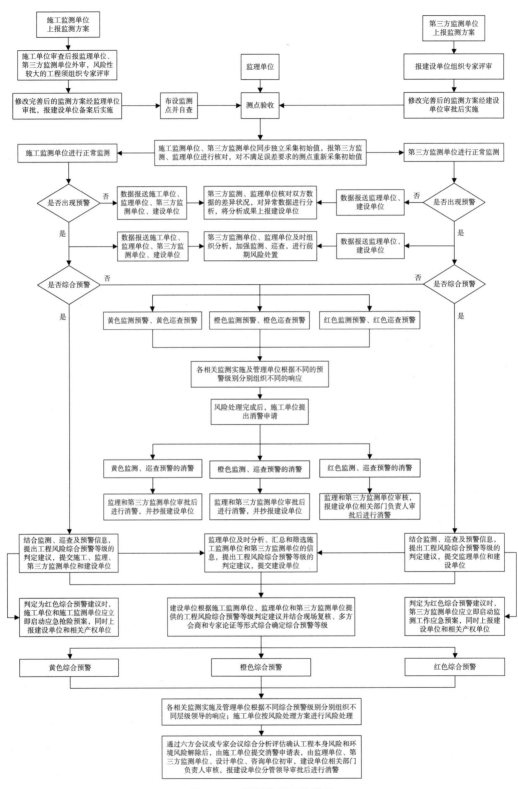

图 11-5 监测监理工作流程

11.6 相关检查记录表格

相关检查记录表格如表 11-9 和表 11-10 所示。

监测数据对比分析表

表 11-9

工程名称：　　　　　　　　　　　　　　　　　　　监测项目：
第三方监测单位：　　　　　　　　　　　　　　　　施工单位：

序号	点号	速率最大变化			点号	累计最大变化			异常值		比对结果	备注
		第三方监测	施工监测	差值		第三方监测	施工监测	差值	变化速率	累计变化	有无异常	
1	/	/	/	/	ZCL-	kN	kN	kN	/	kN		
2	LZC-	mm/d	mm/d	mm/d	LZC-	mm	mm	mm	mm/d	mm		
3	GXC	mm/d	mm/d	mm/d	GXC	mm	mm	mm	mm/d	mm		
4	JGC	mm/d	mm/d	mm/d	JGC	mm	mm	mm	mm/d	mm		
5	ZQS	mm/d	mm/d	mm/d	ZQS-	mm	mm	mm	mm/d	mm		
6	JGQ-	/	/	/	JGQ-	‰	‰	‰	/	‰		

结论：

比对单位（监理单位）：　　　　　　　比对人：　　　　　　　复核人：　　　　　　　比对日期：

比对原则：1. 累计变形量差值超过 5mm，水位差值 800mm，应力差值 800kN 即为有异常；2. 双方数据中，若只有一方累计变形量达到设计预警标准，即为有异常；3. 双方数据中，若只有一方速率达到设计预警标准，即为有异常；4. 上述三个指标出现异常，结论即为有异常，须在备注栏中注明预警标准；5. 若双方数据均达到预警标准，须在备注栏中注明预警级别；6. 若测点被阻挡或破坏而没有监测数据，须备注注明。

盾构法隧道现场巡查报表 表 11-10

工程名称：　　　　　　　　　天气：　　　　报表编号：

本次巡查时间：　年　月　日　时

分类	巡查内容	巡查结果	备注
施工工况	盾构始发端、接收端土体加固情况		
	盾构掘进位置（环号）		
	盾构停机、开仓等的时间和位置		
	联络通道开洞口情况		
	其他		
管片变形	管片破损、开裂、错台情况		
	管片渗漏水情况		
	其他		
周边环境	建（构）筑物、桥梁墩台或梁体、既有轨道交通结构等的裂缝位置、数量和宽度，混凝土剥落位置、大小和数量，设施能否正常使用		
	地下构筑物积水及渗水情况，地下管线的漏水、漏气情况		
	周边路面或地表的裂缝、沉陷、隆起、冒浆的位置、范围等情况		
	河流湖泊的水位变化情况，水面有无出现漩涡、气泡及其位置、范围，堤坡裂缝宽度、深度、数量及发展趋势等		
	工程周边开挖、堆载、打桩等可能影响工程安全的其他生产活动		
	其他		
监测设施	基准点、监测点的完好状况、保护情况		
	监测元器件的完好状况、保护情况		
	其他		

现场巡查人：　　　　　　监测负责人：

监测单位：　　　　　　　　　　　　　　　　　　　第　页　共　页

第 12 章
盾构工程风险管控关键节点监理要点

本章执笔：郭建军 徐明辉

盾构隧道工程为地下工程，由于地下地层地质的复杂性、多变性和不可预见性较强，施工风险多、风险大，依据《住房城乡建设部办公厅关于加强城市轨道交通工程关键节点风险管控的通知》（建办质[2017]68号）等文件的相关要求，盾构工程实施风险管控关键节点管理。

12.1 基本概念

风险管控关键节点是指工程施工过程中，风险较大、风险集中或工序转换时容易发生质量安全事故的工程重要部位和环节。

风险管控关键节点实施前条件验收是指关键节点施工前相关单位对施工现场的技术、环境、人员、设备、材料等相关条件是否满足工程质量和安全生产要求进行核对检查的系列活动，是参建单位落实施工现场质量安全风险管控管理的重要手段。

12.2 盾构工程风险管控关键节点清单编制要点

12.2.1 盾构工程风险管控关键节点清单编制依据

在工程开工前，施工单位应根据工程特点和相关文件的要求编制"盾构工程风险管控关键节点清单"，明确需进行条件验收的关键节点、验收条件、内容和要点。

"盾构工程风险管控关键节点清单"须经总监理工程师审查批准后实施，并报送建设、设计、勘察、第三方监测、业主测量队等单位备案。

相关文件主要包括以下内容：

1）《城市轨道交通地下工程建设风险管理规范》GB 50652—2011。

2）《住房城乡建设部办公厅关于加强城市轨道交通工程关键节点风险管控的通知》（建办质[2017]68号）。

3）《危险性较大的分部分项工程安全管理规定》（中华人民共和国住房和城乡建设

部令第 37 号）。

4）住房城乡建设部办公厅关于实施《危险性较大的分部分项工程安全管理规定》有关问题的通知（建办质 [2018]31 号）。

12.2.2　盾构工程风险管控关键节点范围

盾构工程关键节点范围主要包括以下内容：

1）盾构始发/到达。
2）盾构隧道联络通道开挖。
3）盾构开仓（第一次常压、气压开仓）。
4）盾构始发后盾尾刷更换。
5）盾构穿越既有铁路、地铁隧道、高速公路、江河湖海、密集建筑群、重要建筑物、文物、重要管线（中压及以上的燃气管道、高压输油管及大体量雨水箱涵、大直径污水管等）、有毒有害气体地层、高架桥等。
6）盾构机吊装。
7）盾构机过空推段。
8）强风化及以下地层（可能出现涌水涌砂的情况）洞门密封拆除。
9）其他（可根据实际情况动态增加风险管控关键节点）。

12.3　盾构工程风险管控关键节点验收监理要点

12.3.1　验收组织

项目监理机构应协助建设单位组织监理、勘察、设计、施工、第三方监测等参建单位召开风险管控关键节点实施条件验收会议，对施工前的技术、环境、人员、设备、材料、安全设施、应急管理等相关条件进行审查验收。

12.3.2　风险管控关键节点实施前通用条件验收

风险管控关键节点实施前通用条件验收，主要包括以下内容：

1）勘察和设计交底的完成情况。
2）专项施工方案编制、审批和专家论证情况，监理专项细则的编制情况。
3）监测方案编制审批及落实情况。
4）施工安全技术交底情况。
5）安全技术措施落实情况。
6）周边环境核查和保护措施落实情况。
7）材料、施工机械准备情况。

8）项目管理、技术人员和劳动力组织情况。

9）应急预案编制审批和救援物资储备情况。

10）相关工程质量检测资料。

11）法规、标准及合同约定的其他情况。

12.3.3 盾构机始发风险管控关键节点专用条件验收

盾构机始发风险管控关键节点专用条件验收，主要包括以下内容：

1）始发工作井主体结构满足始发要求。

2）端头加固检测符合设计相关要求。

3）洞门水平探孔（一般不少于9个，深度要求进入加固体约2.5~3.5m，但不打穿加固体）已按要求打孔检测，符合规定要求且未发现异常情况。

4）盾构机组装调试验收已完成。

5）地面配套设施：搅拌站、渣土池、泥浆处理系统（泥水盾构）、充电棚、冷却塔等设施已建设并完成验收。

6）渣土吊运设备已安装、报验、备案并验收完成。

7）电瓶车数量满足要求，防溜车系统，措施到位。

8）反力架及托架验算、定位、安装已完成并通过验收。

9）洞门及密封系统满足要求，防栽头措施到位。

10）基准环定位安装满足要求，防倾覆措施到位。

11）盾尾刷油脂填充专项检查满足要求。

12）管片储存数量满足100环掘进要求。

13）应完成盾构远程监理系统连接调试，并完成盾构掘进风险组段划分、始发预警参数设定等工作。

14）始发段100m监测点已布设、标识与验收，并成功采取初始值。

15）其他应满足的条件。

12.3.4 盾构机到达风险管控关键节点专用条件验收

盾构机到达风险管控关键节点专用条件验收，主要包括以下内容：

1）到达工作井主体结构满足到达要求。

2）端头加固检测符合设计相关要求。

3）洞门水平探孔（一般不少于9个，深度要求进入加固体约2.5~3.5m，但不打穿加固体）已按要求打孔检测，符合规定要求且未发现异常情况。

4）洞门钢环安装牢固，密封系统满足要求。

5）到达托架验算、定位、安装已完成并通过验收。

6）管片连接加固措施已完成（不少于10环管片钢带连接或其他措施）。

7）盾构到达前100m联系测量已完成。

8）注浆堵漏设备及材料准备就位。

9）其他应满足的条件。

12.3.5 盾构机常压开仓风险管控关键节点专用条件验收

常压开仓风险管控关键节点专用条件验收，主要包括以下内容：

1）安全专项施工方案（包括应急预案、盾构开仓方案等）编审完成，审批齐全有效。盾构开仓方案须组织专家论证、审查。

2）按方案要求的地面或洞内土体加固措施已完成，并通过验收。

3）盾构机所处位置定位测量完毕，开仓区域地面警示标识及隔离带设置合理。开仓区域监测点已布设完成，且已测取初始值。

4）开仓前止水环施作完成，并通过开孔检查确认。

5）有限空间作业施工准备完成。有害气体检测设备、常压开仓通风设备已报验合格。

6）建（构）筑物及管线核查，地上、地下管线标识，针对性保护措施落实到位。

7）已落实专项方案及规范规定的其他要求。

12.3.6 盾构机带压开仓风险管控关键节点专用条件验收

盾构机带压开仓风险管控关键节点专用条件验收，主要包括以下内容：

1）按方案要求的地面或洞内土体加固措施已完成，并通过验收。

2）开仓位置地层稳定性、气密性满足要求。

3）盾构机所处位置定位测量完毕，开仓区域地面警示标识及隔离带设置合理。

4）开仓区域监测点已布设完成，且已测取初始值。

5）开仓前止水环施作完成，并通过开孔检查确认。

6）有限空间作业施工准备完成。有害气体检测设备、空压设备已报验合格。

7）作业人员体检、安全教育、施工和安全技术交底已完成。

8）建（构）筑物及管线核查，地上、地下管线标识，针对性保护措施落实到位。

9）人闸气密性检测合格。

10）掌子面闭气效果检测合格。

11）应急设备、物资及材料配备齐全，配备救援药品及救援人员。

12）各种仪器仪表工作正常，施工工具及更换刀具准备到位，盾构刀盘已锁定。

13）开仓程序签认表各方签字完成。

14）其他应满足的条件。

12.3.7 联络通道开挖风险管控关键节点专用条件验收

联络通道开挖风险管控关键节点专用条件验收，主要包括以下内容：

1）设计要求的开挖加固措施已经完成，地面或洞内各项加固或止水指标已经达到设计要求并有检测报告：水泥浆等化学加固已探测加固体范围内强度的均匀性；冻结法加固已估算冻结壁厚度和交圈情况。

2）探孔或卸压孔已打，未发现异常情况并满足开挖条件。

3）防护门已经安装并启闭灵活。

4）联络通道前后至少3环管片全部打开二次注浆并检查无渗漏。

5）联络通道前后管片的内支撑系统安装完成且通过验收。

6）监测控制点已按监测方案布置，且已测取初始值。

7）开洞的边线（环框梁外边线）已准确放样，并符合无误。

8）调查周围的建（构）筑物、管线等现有状况，制定切实可行的保护措施。

9）格栅加工验收完成，数量满足要求。

10）管片已设置纵向拉结，拉结范围与地质条件相适应。

11）视频探头已安装到位，可正常使用，通信畅通。

12）已落实设计、专项施工方案及规范规定的其他要求。

12.3.8 盾构始发后盾尾刷更换风险管控关键节点专用条件验收

盾构始发后盾尾刷更换风险管控关键节点专用条件验收，主要包括以下内容：

1）盾构停机位置地面环境、地质情况确认，地面无敏感建筑物或重要管线，地层稳定或已经过加固且检测合格，满足盾构停机更换尾刷要求。

2）隧道内通风设备完好，作业人员劳动防护用品齐备。

3）拟更换的新尾刷、手涂型盾尾油脂准备充足。

4）盾尾位置后面10环管片壁后已进行二次注浆封堵止水，打开吊装孔检查无渗漏现象。通过盾体上径向孔注浆已将盾壳外壁与土体间空隙封堵，打开盾尾管片吊装孔盾构机土仓压力稳定无损失。

5）为使尾刷露出而使用的临时管片或钢结构已按施工方案准备到位，临时结构安全防护措施到位。

6）已有监测点数据稳定，满足要求，临时加设的监测点已按方案要求布置完毕，且已测取初始值并经第三方监测单位复核。

7）已办理动火作业审批手续，且现场消防设施满足要求。

8）已安装盾构远程监理系统的，完成远程监理系统预警参数设定。

9）已落实设计、专项施工方案及规范规定的其他要求。

12.3.9 盾构穿越特殊地段风险管控关键节点专用条件验收

盾构穿越特殊地段风险管控关键节点专用条件验收，主要包括以下内容：

1）已完成对风险的评估、分析和专家论证；产权单位及相关部门审批手续齐全。
2）盾构机及配套系统已全面检修，状态良好。
3）穿越前期盾构施工的各项参数控制满足其穿越的建（构）筑物、河流等安全控制的相关要求。
4）监测方案已审批，监测点已按监测方案布置好，且已测取初始值并经第三方监测单位复核，控制值已确定。
5）风险源自身专项保护措施落实已完成；建（构）筑物及管线核查、针对性保护措施落实到位。
6）应急物资到位，通信畅通，应急照明、消防器材符合要求。
7）已安装盾构远程监理系统的，完成远程监理系统预警参数设定。
8）已完成对的风险评估、分析和专家论证。产权单位及相关部门审批手续齐全。
9）已落实设计、专项施工方案及规范规定的其他要求。

12.3.10 盾构吊装风险管控关键节点专用条件验收

盾构吊装风险管控关键节点专用条件验收，主要包括以下内容：

1）起重设备进场报验资料符合要求，资料齐全。
2）盾构机各部件摆放符合要求。
3）地基承载力验算符合要求。
4）盾构机吊装吊耳的探伤检查试验报告按要求上报。
5）反力架、托架已安装就位并完成加固，反力架与托架的定位已完成测量复核，满足要求并通过验收。洞门中心、洞门环的复核完成。
6）操作工、信号工等安全培训资料齐全，考核合格，持证上岗。施工和安全技术交底已完成。
7）周边环境及气候条件满足吊装要求。
8）大风、大雨等极端天气预报工作已落实。
9）已落实设计、专项施工方案及规范规定的其他要求。

12.3.11 盾构空推风险管控关键节点专用条件验收

盾构空推风险管控关键节点专用条件验收，主要包括以下内容：

1）检查端头墙的施工质量是否满足盾构进出空推段。
2）空推段轴线、结构强度、净空满足盾构通过的条件。

3）模筑导台的强度、标高、位置满足盾构通过的条件。

4）盾构后方反力架或成型管片质量能提供足够的反作用力。

5）人工复测盾构机姿态正常。

6）对矿山法段影响范围内的地面建（构）筑物、管线及其他地面环境，需做好监测布点并进行日常监测。

7）针对施工期间可能出现的特殊情况，需准备常用的应急物资与设备，并保证其能正常工作。

8）针对矿山法隧道的管片容易出现上浮，需制定有针对性的预防处理措施，并准备相应的物资与设备。

9）进入矿山法空推前有必要检查地层水位情况，并提前做好降水和防止盾构机上浮措施。

10）实时跟进管片的背衬回填豆砾石情况，确保管片背后与矿山法初支间的空隙填充密实。

11）已安装盾构远程监理系统的，完成远程监理系统预警参数设定。

12）已落实设计、专项施工方案及规范规定的其他要求。

12.3.12 拆除洞门密封风险管控关键节点专用条件验收

拆除洞门密封风险管控关键节点专用条件验收，主要包括以下内容：

1）洞门位置所处地质条件、端头加固效果确认。

2）洞门附近成型隧道管片外侧已按方案施作止水环，止水效果经检查满足要求。

3）洞门密封拆除作业平台已搭设并通过验收。

4）按照施工方案要求，拆除密封圈、管片可能需要用到的临时吊环符合方案要求，现场手动葫芦型号、数量符合方案要求。

5）如涉及动火作业，已办理动火作业审批手续，且现场消防设施满足要求。

6）已落实设计、专项施工方案及规范规定的其他要求。